JRA
公式データを
用いた
データ分析
マニュアル

遠藤理平●著

カットシステム

はじめに

　2020 年に世界を席巻した新型コロナウイルス感染症（COVID-19）の影響で、JRA（日本中央競馬会）は史上初めてとなる無観客による競馬開催と場外馬券場の休止に追い込まれました。この結果、これまで競馬場や場外馬券場で馬券を購入していた方にとって、従来足を運べないときに利用するといった補助的な役割であったインターネットを経由した馬券購入への切り替えを余儀なくされました。これは単に馬券購入の手段が制限されただけと思われがちですが、実は馬券購入までの思考プロセスそのものの変更を強要される事態に発展したと言っても過言ではありません。と言うのも、競馬新聞を片手に競馬場や場外馬券場に足を運んでパドックや返し馬を確認しながらあれこれ検討して馬券を購入するというスタイルの方にとっては死活問題で、福島競馬場の春と秋の開催にそれぞれ 1 回足を運ぶ程度のライトな競馬ファンである私は、上記の変化に戸惑って対応できず全く馬券が的中しなくなってしまいました。しかし、この事態はただ悪いことだけではなく、以前より興味を持っていた過去の競走結果のデータ分析にチャレンジするきっかけを得ることができたのは嬉しい誤算でした。実際にデータ解析をもとに馬券を検討するようになると、「目前のレースの勝ち馬を予想する」という従来の楽しみに加えて、「似たようなレースの勝ち馬の傾向を予想する」という全く異質の楽しみ方があることに気付かされました。

　そもそもデータ分析に取り組もうと考えた理由は、JRA 公式データをインターネット経由で月額 2,040 円の定額で利用できることを知ったことです。この公式データには 30 年以上前からの JRA 主催レースに関する詳細なデータが蓄積され、また直近の週末に開催されるレースの予想に必要なデータまでが JRA システムサービス株式会社によって一元的に管理・提供されています（提供会社が JRA の子会社であるため本書では「公式」と表現しています）。公式データの提供は、1992 年に電話回線を用いたパソコン通信から始まり、2004 年には現行サービス（JRA-VAN Data Lab）が提供開始されていることからして、本書を執筆すること自体今更と思われるかもしれませんが、ここには大きな理由があります。それは、JRA システムサービス株式会社公式ページで現在公開されている取得したデータの加工・分析方法が、Microsoft 社が提供する Visual Basic というプログラミング言語である点です（一部 C# やVisual C++ も紹介されています）。Visual Basic は 2000 年代では使いやすい言語として非常に人気があり、現在でも多くのユーザが愛用しているとのことですが、言語的な将来性に疑念があることから、折角 JRA 公式データの存在を知ったとしても、利用開始には敷居が高くなっ

てしまっていると感じていたからです。

　そこで、OS に依存せずプログラミングが容易かつ応用範囲が広いとして非常に人気が高いプログラミング言語として知られる Python を用いて、JRA 公式データを利用するための手引きとなる書籍を執筆しました。近年ではビックデータの活用やその後に一大飛躍を遂げたことで注目を集めた深層学習、強化学習等を含めた機械学習の教育目的に Python が利用される場面が非常に多く、データサイエンス関連のライブラリが豊富であるため、JRA 公式データを用いて機械学習などを行いたい方にはうってつけです。公式データへのアクセス自体は OS（オペレーティングシステム）が Windows の PC で行う必要がありますが、リレーショナル・データベース SQLite ファイルを生成後、Mac あるいは Linux で取得することできる環境であれば OS に依存せず実行することができます。

　本書は表題のとおり、公式データを用いてデータ分析を行うことを目的としています。JRA-VAN Data Lab（有料：月額 2,040 円）の登録方法からはじめ、データベースの構築に必要なアプリケーションの使用方法（無料）と JRA システムサービス株式会社によって提供されるデータの詳細情報（第 1 章）、Python の基礎（第 2 章）、SQLite の利用方法（第 3 章）、データ集計方法（第 4 章）と分析方法（第 5 章）を解説しています。また、ステップバイステップで学習を進められるようにサンプルプログラムを用意しているので、プログラム初心者でも無理なく理解していけるものと考えております。本書を通じて公式データを用いたデータ分析の面白さに触れるきっかけとなれば幸いです。

　最後に、JRA 公式データを利用した書籍執筆に関してご快諾頂きました JRA システムサービス株式会社様、本書の執筆の機会を頂きました株式会社カットシステムの石塚勝敏さん、非常に丁寧な編集を行なって頂きました同社編集部の皆さん、また、本書執筆にあたって 1 年間に渡り議論につきあって頂きました友人の荒川成二さんには大変感謝申し上げます。

2021 年 2 月

遠藤理平

目次

はじめに iii

第1章　JRA 公式データからのデータベース構築方法 1

1.1　JRA-VAN データラボへの会員登録 2

1.2　データベース構築用ソフト「EveryDB2」のダウンロード 4

1.3　EveryDB2 の利用方法 6
- 1.3.1　ソフトウェア選定の要件／6　　● 1.3.2　初期設定の手順 1：JV-LINK 設定／7
- 1.3.3　初期設定の手順 2：データベースの接続設定／8
- 1.3.4　初期設定の手順 3：セットアップデータの設定／9
- 1.3.5　セットアップデータの構築／10　　● 1.3.6　テーブルごとのレコード数の確認方法／12
- 1.3.7　通常データと今週データの更新方法／13　　● 1.3.8　SQLite ファイルの確認方法／15
- 1.3.9　本書で解析するデータベースの準備／15

1.4　JRA 公式データの詳細 16
- 1.4.1　JRA 公式データのテーブルリスト／17
- 1.4.2　レース詳細情報テーブル（RACE）／18
- 1.4.3　馬毎レース情報テーブル（UMA_RACE）／22
- 1.4.4　払戻情報テーブル（HARAI）／26　　● 1.4.5　競走馬マスタ情報テーブル（UMA）／30
- 1.4.6　騎手マスタ情報テーブル（KISHU）／34

1.5　コード表 36
- 1.5.1　競馬場コード（コード表 2001）／36　　● 1.5.2　グレードコード（コード表 2003）／37
- 1.5.3　競走種別コード（コード表 2005）／38　　● 1.5.4　競走記号コード（コード表 2006）／38
- 1.5.5　競走条件コード（コード表 2007）／39　　● 1.5.6　重量種別コード（コード表 2008）／40
- 1.5.7　トラックコード（コード表 2009）／40　　● 1.5.8　馬場状態コード（コード表 2010）／42
- 1.5.9　天候コード（コード表 2011）／42　　● 1.5.10　性別コード（コード表 2202）／43
- 1.5.11　毛色コード（コード表 2203）／43　　● 1.5.12　馬記号コード（コード表 2204）／44
- 1.5.13　東西所属コード（コード表 2301）／44

1.6　JRA 全 10 競馬場データ 45

第2章　Python 環境構築とプログラミング入門 51

2.1　Python のインストール 52

2.2　テキストエディタ「Visual Studio Code」の準備 54

2.3 Python の基本構文 **57**

● 2.3.1　変数の型と演算子／ 57　　● 2.3.2　繰り返し文（for 文）／ 58

● 2.3.3　条件分岐文（if 文）／ 59　　● 2.3.4　continue 文と break 文／ 60

● 2.3.5　関数の定義と関数の実行／ 60　　● 2.3.6　外部テキストファイルの読み込み／ 60

● 2.3.7　ファイル書き込み／ 62　　● 2.3.8　フォルダ生成／ 62　　● 2.3.9　年月日の扱い／ 63

● 2.3.10　データの並び替え／ 64

2.4 解析に必要となるデータの準備 **65**

● 2.4.1　全競馬場コース情報配列の準備／ 65

● 2.4.2　コードから値への変換関数 getCodeValue の準備／ 68

第 3 章　データベースの操作方法 **73**

3.1 SQLite の基礎 **74**

● 3.1.1　SQLite とは／ 74　　● 3.1.2　データベースからレコードを取得：SELECT 文／ 75

● 3.1.3　カラム名をキーとした辞書型へ変換／ 77

● 3.1.4　2019 年全 GI レース一覧の作成方法／ 80

3.2 レース結果詳細情報の取得方法 **83**

● 3.2.1　指定したレース出走馬の生成方法／ 83　　● 3.2.2　指定したレース結果を取得する方法／ 86

● 3.2.3　払い戻しも含めたレース詳細結果の生成／ 88

3.3 競走馬成績の取得方法 **95**

● 3.3.1　競走馬のマスタデータの取得／ 95　　● 3.3.2　競走馬ごとの全レース結果の取得／ 99

● 3.3.3　地方競馬レース・海外国際レースを含んだ競走成績の取得／ 103

3.4 騎手成績の取得方法 **103**

● 3.4.1　騎手マスタデータの取得／ 103　　● 3.4.2　騎手成績の取得／ 106

● 3.4.3　騎手リーディングの作成／ 109

3.5 独自ライブラリの定義 **111**

● 3.5.1　独自ライブラリと利用方法／ 11　　● 3.5.2　4 つの基礎関数の定義／ 112

● 3.5.3　指定したレースの払戻情報・馬毎レース情報を取得する関数の定義／ 114

● 3.5.4　指定した競走馬の前走「UMA_RACE」を取得する関数の定義／ 115

● 3.5.5　指定した競走馬の前走「RACE」を取得する関数の定義／ 117

● 3.5.6　指定した競走馬のレース間隔を取得する関数の定義／ 119

● 3.5.7　指定した競走馬の前走上がり順位を取得する関数の定義／ 121

● 3.5.8　指定した競走馬の脚質を判定する関数の定義／ 123

第 4 章　様々な条件に対するデータ集計方法 **127**

4.1 人気別　単勝・複勝の勝率と回収率の集計 **128**

● 4.1.1　2019 年東京競馬場 1 番人気のデータ集計／ 128

● 4.1.2　10 年間の東京競馬場 1 番人気のデータ集計／ 131

●4.1.3　東京競馬場人気別データ集計（10 年間）／ 134
●4.1.4　JRA 全競馬場人気別単勝回収率の集計（10 年間）／ 136

4.2　オッズ別　単勝・複勝の勝率と回収率の集計 **140**
●4.2.1　東京競馬場オッズ別データ集計（10 年間）／ 140
●4.2.2　JRA 全競馬場オッズ別単勝回収率の集計（10 年間）／ 142
●4.2.3　東京競馬場 3 倍台の人気別成績（10 年間）／ 142
●4.2.4　全競馬場 3 倍台の人気別単勝回収率（10 年間）／ 144

4.3　コース別　単勝・複勝回収率の集計 **145**
●4.3.1　東京競馬場　芝 1400m オッズ別成績（10 年間平均）／ 145
●4.3.2　東京競馬場　全コース別オッズ別単勝回収率（10 年間平均）／ 147
●4.3.3　全競馬場ごとの全コース別オッズ別単勝回収率（10 年間平均）／ 151

4.4　レース条件別　単勝・複勝回収率の集計 **158**
●4.4.1　「競走種別」ごとの単勝・複勝回収率／ 158　　●4.4.2　「重量種別」ごとの単勝・複勝回収率／ 160
●4.4.3　「競走条件」ごとの単勝・複勝回収率／ 161
●4.4.4　「競走グレード」ごとの単勝・複勝回収率／ 162
●4.4.5　「馬場状態」ごとの単勝・複勝回収率／ 165
●4.4.6　「牝馬限定」レースの単勝・複勝回収率／ 166

4.5　出走馬属性ごと　単勝・複勝回収率の集計 **167**
●4.5.1　「馬齢」ごとの単勝・複勝回収率／ 168　　●4.5.2　「性別」ごとの単勝・複勝回収率／ 169
●4.5.3　「枠番」ごとの単勝・複勝回収率／ 170　　●4.5.4　「馬体重」ごとの単勝・複勝回収率／ 172
●4.5.5　「馬体重増減」ごとの単勝・複勝回収率／ 174
●4.5.6　「レース間隔」ごとの単勝・複勝回収率／ 175　　●4.5.7　「脚質」ごとの単勝・複勝回収率／ 177

4.6　前走データごと　単勝・複勝回収率の集計 **179**
●4.6.1　「前走競馬場」ごとの単勝・複勝回収率の集計／ 179
●4.6.2　「前走距離差」ごとの単勝・複勝回収率／ 181
●4.6.3　「前走芝・ダート」ごとの単勝回収率／ 182　　●4.6.4　「前走オッズ」ごとの単勝回収率／ 183
●4.6.5　「前走順位」ごとの単勝・複勝回収率／ 185　　●4.6.6　「前走上がり順位」ごとの単勝回収率／ 186

第 5 章　　東京競馬場 1 番人気の回収率 **189**

5.1　コース別回収率集計プログラムの紹介 **190**
●5.1.1　集計データの構造／ 190　　●5.1.2　辞書型変数 Data の値設定用関数 setData ／ 193
●5.1.3　setData 関数の利用方法／ 194　　●5.1.4　集計結果のテキストファイルへの出力方法／ 196

5.2　芝 1400m、1 番人気の各種条件下の成績 **197**

5.3　芝 1600m、1 番人気の各種条件下の成績 **203**

5.4　芝 1800m、1 番人気の各種条件下の成績 **209**

5.5　芝 2000m、1 番人気の各種条件下の成績 **215**

5.6　芝 2400m、1 番人気の各種条件下の成績 **221**

5.7 ダート 1300m、1 番人気の各種条件下の成績.................................227

5.8 ダート 1400m、1 番人気の各種条件下の成績.................................233

5.9 ダート 1600m、1 番人気の各種条件下の成績.................................239

5.10 ダート 2100m、1 番人気の各種条件下の成績...............................245

第6章　馬券投資の実践！：1 番人気で行こう！............ 251

6.1 絞り込み条件を課した後の回収率計算.......................................252
　●6.1.1 絞り込み条件の立て方／252　　●6.1.2 絞り込み結果／253
　●6.1.3 絞り込み条件を課した後の集計結果／253
　●6.1.4 絞り込み条件を課すためのプログラム／259

6.2 単勝馬券投票条件の構築..262
　●6.2.1 単勝馬券投票条件の検討／262　　●6.2.2 単勝馬券投票条件を課した場合の成績／263
　●6.2.3 単勝馬券投票条件を課した場合の 2020 年度成績／264
　●6.2.4 単勝馬券投票条件を課すためのプログラム／266

6.3 さらなる高みを目指して：差し優位...267
　●6.3.1 「絞り込み条件」＋「脚質：差し」の集計結果／267
　●6.3.2 「脚質：差し」単勝馬券投票条件の検討／273
　●6.3.3 「脚質：差し」単勝馬券投票条件を課した場合の成績／274
　●6.3.4 2020 年度の集計結果／275

索 引...277

1

JRA 公式データからのデータベース構築方法

1.1 JRA-VAN データラボへの会員登録

　JRA 公式データへは JRA システムサービス株式会社によって提供されるサービスを介してアクセスすることができます。Python で利用できるデータベース形式の一つである「SQLite」による構築自体は後に紹介するソフトウェア「EveryDB2」で行いますが、JRA 公式データへのアクセスを行うには「JRA-VAN データラボ」に会員登録する必要があります（有料）。まずは会員登録までの手順を示します。https://jra-van.jp/ にアクセスすると以下のようなページが表示されます。JRA-VAN では競馬を楽しむための様々なツールが提供されています。

図 1.1 ● JRA-VAN 公式ページ（https://jra-van.jp/、2020 年 12 月）

　JRA-VAN データラボの会員登録は、トップメニューの「製品情報」（図 1.2 ①）をクリック後、表示されるページの左メニューの「JRA-VAN データラボ」（同②）をクリックします。このページでは JRA-VAN データラボで利用可能なソフトウェアが紹介されています。次に、中段タブの「料金・使用方法」（同③）をクリックすると、会員登録の案内が表示されます。月額 2,090 円の支払いを決意したら「今すぐ会員登録」ボタン（同④）をクリックして、画面の指示に従ってください。本ウェブサイトでは、JRA-VAN データラボの他に JRA-VAN ネクストやその他のサービスの購入も行うことができますが、これらを購入しても JRA 公式データへのアクセスはできないため注意が必要です。

　この JRA-VAN データラボは、単に JRA の公式データにアクセスできる権利の他に、100 以上のソフトを無料で使用することもできます。次節で紹介するデータベース構築用ソフト「EveryDB2」

もそのうちの一つというわけです。

図 1.2 ● JRA-VAN データラボへの会員登録方法

　会員登録後、上記ページの下部で示されている通りの手順で準備を進めます。ウェブページに記載されたステップを抜粋します。ステップ3の「基本ソフトのインストール」までが必須となります。

ステップ1　パソコンから会員登録
ステップ2　利用キーの発行

ステップ 3 　基本ソフト（JV-Link）のインストール
ステップ 4 　利用キーの設定
ステップ 5 　好きなソフトをインストールして利用開始

1.2 データベース構築用ソフト「EveryDB2」のダウンロード

　JRA 公式データにオンラインでアクセスして、Python で利用可能なデータベースを構築するためのソフトウェア「EveryDB2」をダウンロードします。JRA-VAN のトップページに戻って、トップメニューの「製品情報」（図 1.3 ①）をクリック後、表示されるページの左メニューの「JRA-VAN データラボ」（同②）をクリックします。続いて中段タブの「対応ソフト一覧・ダウンロード」（同③）をクリックすると、JRA-VAN データラボで利用可能なソフトウェアの一覧が表示されます。ソフトウェアを見つけやすくするために「データベース」リンク（同④）をクリックしてページを少しスクロールすると EveryDB2 が見つかります。「詳しく見る」ボタン（同⑤）をクリックしてみましょう。

図 1.3 ●データベース構築用ソフト「EveryDB2」へのアクセス

1

2

3

4

5

6

EveryDB2 の紹介ページが表示されますので記載された内容を熟読してください。問題がなけれ
ば、「今すぐダウンロード」をクリック後、インストールを行ってください。

図 1.4 ● EveryDB2 の紹介ページ

1.3 EveryDB2 の利用方法

1.3.1 ソフトウェア選定の要件

今回このデータベース構築ソフトを選択したのには理由があります。それは次の 2 つの条件を
満たしているからです。

① JRA-VAN が提供するデータの構造と同一のデータベースを出力できること
② Python でアクセスできるリレーショナル・データベース「SQLite」を出力できること

本書の目的は JRA-VAN が公開しているデータ上の生データを**独自に加工して利用する**ことなの
で、①の条件は外すことができません。JRA-VAN データラボで利用可能なソフトウェアの中でこ

の条件を満たしているのは、筆者が探した限りでは EveryDB2 しか存在しませんでした。次に②の条件を挙げたのは、Python で扱いが最も容易なリレーショナル・データベースだからです。幸いにも EveryDB2 はこの条件も満たすため最適と言えます。

1.3.2 初期設定の手順 1：JV-LINK 設定

　本ソフトウェアはダウンロードしたファイルを解凍後、EveryDB2.exe ファイルを実行するだけで利用できるのは魅力的です。EveryDB2.exe をクリックしてソフトウェアを起動してみてください。はじめに初期設定を行います。「表示」メニュー（図 1.5 ①）をクリックして「JV-LINK 設定」メニュー項目（同②）をクリックします。すると、「JV-LINK 設定」ダイアログが表示されますので、その「利用キー設定」の入力欄（同③）に、会員登録時に取得した利用キーを入力します（基本ソフト（JV-Link）のインストール後に利用キーを登録している場合はすでに入力されています）。利用キーの入力が必要なのは最初の 1 度だけです。JRA-VAN データラボの会員登録時の説明にもありますが、この利用キーはパソコンごとに 1 つ必要となるので、実際に作業を行うパソコンで登録してください。問題がなければ「OK」ボタン（同④）をクリックして、ダイアログを閉じます。

図 1.5 ●初期設定の手順 1：JV-LINK 設定

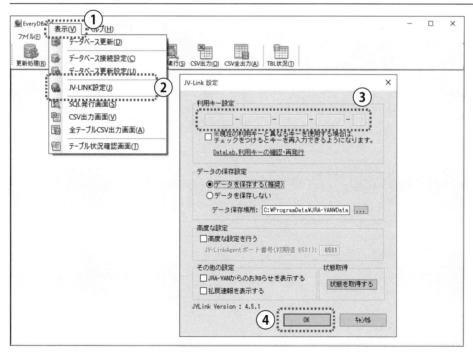

1.3.3 初期設定の手順 2：データベースの接続設定

　次に、利用するデータベースの設定を行います。「接続設定」アイコンメニュー（図 1.6 ①）を
クリックして図に示すような設定画面を表示します。今回、データベースは SQLite を利用するの
で、左欄の「SQLite」ラジオボタン（同②）を選択してください。SQLite は非常に簡易的なデー
タベースなため、ユーザ名やパスワードなど一切必要なく利用することができます（それでも小規
模なデータベースとしての利用は機能的に十分です）。

　③の欄では生成する SQLite のファイルパスを指定します。最後の ecore.db がファイル名で、デ
フォルトでは EveryDB2.exe と同じフォルダ内に生成されます。④の欄の文字コードが UTF-8 であ
ることを確認後、「接続確認」ボタン（同⑤）をクリックしてください。問題がなければ「データ
ベースに接続できました」と表示されます。ecore.db が存在しない場合は新しく生成されます。
だたし、この時点では ecore.db にテーブルが存在しないため、「テーブル生成」ボタン（同⑥）を
クリックします。

　最後に「保存」ボタン（同⑦）をクリックします。なお、不要になった SQLite ファイルは削除
してかまいません。また、接続するファイルを変更したい場合は③の欄で指定したファイルパスを
変更するだけで対応できます。

図 1.6 ●初期設定の手順 2：データベースの接続設定

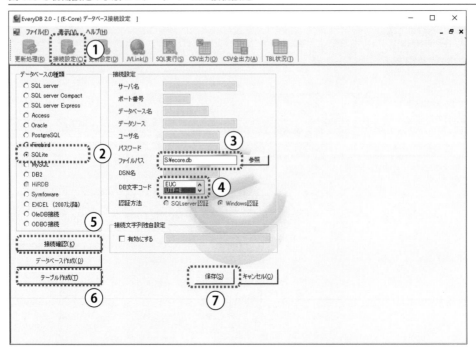

1.3.4 初期設定の手順 3：セットアップデータの設定

　はじめてデータベースを構築する場合、セットアップデータを用いる必要があります。「接続設定」アイコンメニュー（図 1.7 ①）をクリックしてください。図のような設定画面が表示されます。「蓄積系データを更新する」チェックボックス（同②）にチェックが入っていることを確認してください。そして、今回はセットアップデータの設定を行うので、「セットアップデータ」ラジオボタン（同③）を選択します。

　次に、取得するデータの期日範囲を指定する「更新範囲」テキストボックス（同④）を書き換えます。ここで指定した日付以降のデータを取得してデータベースの構築を行います。デフォルトでは「1900/01/01 00:00:00」と記述されていますが、一番古いデータからすべてを取得する意味となります。このままでも問題ありませんが、古すぎて利用しないデータがあることで、不必要にデータベースのファイルサイズが大きくなってしまうと扱いづらくなってしまいます。また、はじめの内はデータベースの構造や値を確認するために外部アプリケーションで閲覧する機会が多いと思いますが、ファイルサイズが大きくなるに従って動作が非常に遅くなってしまいます。初めてデータベースを構築する場合、すべてのテキストボックスを「2020/01/01 00:00:00」と設定して、2020 年 1 月 1 日以降のデータを取得してください。続いて、取得するデータの種別を⑤のチェックボックスで指定します。チェックする項目は以下のとおりです。票数やオッズはデータサイズが非常に大きいので必要性が生じてから追加することをお勧めします。

「C. セットアップデータ種別」のチェック項目

（TOKU-TK）特別登録馬
（RACE-RA）レース詳細
（RACE-SE）馬毎レース情報
（RACE-HR）払戻
（RACE-WF）重勝式（WIN5）
（DIFF-UM）競走馬マスタ
（DIFF-KS）騎手マスタ
（DIFF-CH）調教師マスタ
（DIFF-BR）生産者マスタ
（DIFF-BN）馬主マスタ
（DIFF-RC）レコードマスタ
（BLOD-HN）繁殖馬マスタ
（BLOD-SK）産駒マスタ
（BLOD-BT）系統情報

「速報系データを更新する」チェックボックス（同⑥）のチェックが外れていることを確認して、「保存」ボタン（同⑦）をクリックします。なお、**何らかの理由でセットアップデータの再更新を行う場合には、「初期化実施」ボタン（同★）を必ずクリックしてください。**

図 1.7 ●初期設定の手順 3：セットアップデータの設定

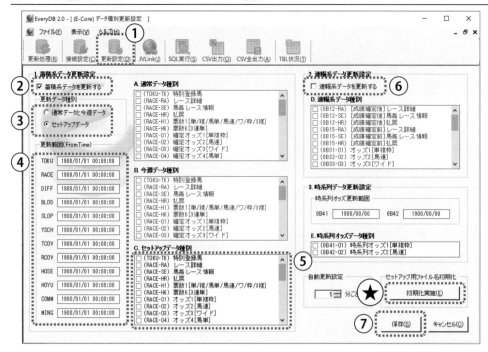

1.3.5　セットアップデータの構築

前項までの設定を踏まえてセットアップデータの構築を行います。「更新処理」アイコンメニュー（図 1.8 ①）をクリックし、表示された画面で「手動更新」ラジオボタン（同②）が選択されているか確認してください。そして、「取得開始」ボタン（同③）をクリックします。すると「セットアップ」ダイアログが表示されます。スタートキットは必要ないので、「スタートキット（CD/DVD-ROM）を持っていない」ラジオボタン（同④）を選択後、「OK」ボタン（同⑤）をクリックします。すると、セットアップデータの構築が始まります。更新状況がステータスバーや更新件数などの数値で確認できます。もし、更新が途中で止まってしまった場合、予期しない問題が発生している可能性が高いです。データの破損などの問題が生じている可能性もあるため、データベースを削除してもう一度はじめからやり直すことをお勧めします。

なお、このページを閉じるには、図 1.9 ①に示す「×」ボタンをクリックします。

図 1.8 ●セットアップデータの構築

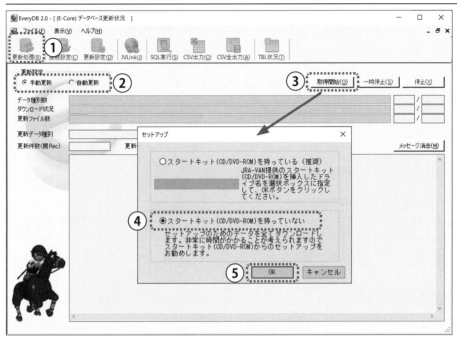

図 1.9 ●セットアップデータ構築中の様子

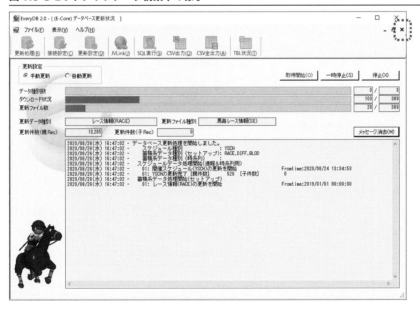

1.3.6 テーブルごとのレコード数の確認方法

データベースのデータは、データ構造が定義された「テーブル」に格納されます。また、1つデータのまとまりを「レコード」と呼び、1件、2件と数えます（数量呼称は「件」）。「TBL状況」アイコンメニュー（図1.10①）をクリックして表示される画面の「最新の情報に更新」ボタン（同②）をクリックすると、データベース上のテーブル一覧とそれぞれのレコード件数を確認することができます。EveryDB2ではJRA公式データのテーブル名に頭文字「N_」がつけられているテーブルと、同様に「S_」がつけられているテーブルがあります。「N_」は通常データ（蓄積系）、「S_」は速報データ（速報系）とデータの用途に応じて管理の都合上分けているようです。本書では「N_」がついたほうのみを利用します。なお、各テーブルごとの解説は1.4節で行います。このページを閉じるには「×」ボタン（同③）をクリックします。

図1.10 ●テーブルごとのレコード数の確認方法

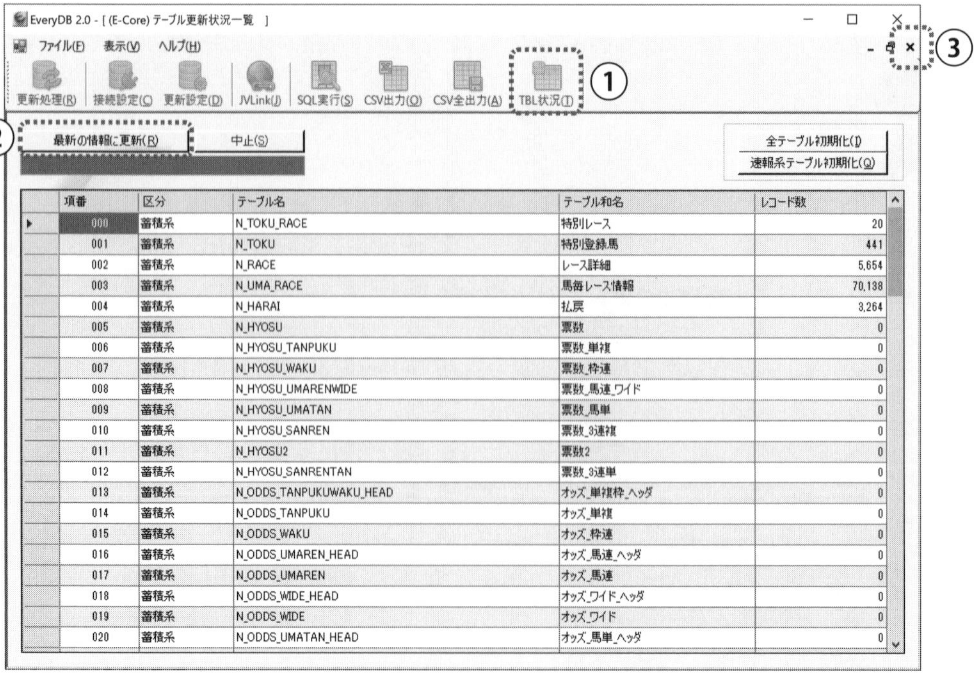
EveryDB 2.0 - [(E-Core) テーブル更新状況一覧]
ファイル(F) 表示(V) ヘルプ(H)
更新処理(R) 接続設定(C) 更新設定(D) JVLink(J) SQL実行(S) CSV出力(O) CSV全出力(A) TBL状況(T)
①
②
③
最新の情報に更新(R)
中止(S)
全テーブル初期化(I)
速報系テーブル初期化(Q)
項番 区分 テーブル名 テーブル和名 レコード数
000 蓄積系 N_TOKU_RACE 特別レース 20
001 蓄積系 N_TOKU 特別登録馬 441
002 蓄積系 N_RACE レース詳細 5,654
003 蓄積系 N_UMA_RACE 馬毎レース情報 70,138
004 蓄積系 N_HARAI 払戻 3,264
005 蓄積系 N_HYOSU 票数 0
006 蓄積系 N_HYOSU_TANPUKU 票数_単複 0
007 蓄積系 N_HYOSU_WAKU 票数_枠連 0
008 蓄積系 N_HYOSU_UMARENWIDE 票数_馬連_ワイド 0
009 蓄積系 N_HYOSU_UMATAN 票数_馬単 0
010 蓄積系 N_HYOSU_SANREN 票数_3連複 0
011 蓄積系 N_HYOSU2 票数2 0
012 蓄積系 N_HYOSU_SANRENTAN 票数_3連単 0
013 蓄積系 N_ODDS_TANPUKUWAKU_HEAD オッズ_単複枠_ヘッダ 0
014 蓄積系 N_ODDS_TANPUKU オッズ_単複 0
015 蓄積系 N_ODDS_WAKU オッズ_枠連 0
016 蓄積系 N_ODDS_UMAREN_HEAD オッズ_馬連_ヘッダ 0
017 蓄積系 N_ODDS_UMAREN オッズ_馬連 0
018 蓄積系 N_ODDS_WIDE_HEAD オッズ_ワイド_ヘッダ 0
019 蓄積系 N_ODDS_WIDE オッズ_ワイド 0
020 蓄積系 N_ODDS_UMATAN_HEAD オッズ_馬単_ヘッダ 0

1.3.7　通常データと今週データの更新方法

　セットアップデータの構築が完了した後、今後は公式データとの差分のみを更新していくことになります。差分データには大きく「通常データ」と「今週データ」の2種類があります。

- （1）　通常データ：先週までのレース結果（月曜日14時ごろ更新（※））
- （2-1）今週データ：今週の出走情報（枠番・馬番なし：木曜日16時30分ごろ更新）
- （2-2）今週データ：今週の出走情報（枠番・馬番あり：前日12時ごろ更新）
- （※）　月曜日開催がある場合は火曜日14時ごろ更新

　上記のとおり「今週データ」は公式データへのアクセスの日時によって得られる差分データが異なります。枠番・馬番まで確定した段階の出走データが欲しい場合には、レース前日の12時以降に取得する必要があるというわけです。

　通常データと今週データの更新は、「更新設定」アイコンメニュー（図1.11①）をクリックします。今回は通常データと今週データの設定を行うので、「通常データと今週データ」ラジオボタン（同②）を選択します。「更新範囲」のテキストボックス（同③）を確認すると、セットアップデータの設定時に指定した日付が更新されています。この日付は公式データの最終更新日時を表しています（日時が更新されていない欄はもともとデータを取得していない項目を意味します）。通常データと今週データの更新はこの日付以降に更新されたデータのみを取得して、パソコン側のデータベースを更新していくという仕組みになっており、通常データと今週データを更新する度にこの日付も更新されていきます。

　続いて、通常データと今週データの取得する差分データの種別をチェックボックス（同④、⑤）で指定します。チェックする項目はそれぞれ以下のとおりです。セットアップデータの種別と少し異なります。チェックが完了したら「保存」ボタン（同⑥）をクリックします。

「A. 通常データ種別」のチェック項目

(TOKU-TK)　特別登録馬	(DIFF-BR)　生産者マスタ
(RACE-RA)　レース詳細	(DIFF-BN)　馬主マスタ
(RACE-SE)　馬毎レース情報	(DIFF-RC)　レコードマスタ
(RACE-HR)　払戻	(DIFF-RA)　[地方/海外]レース詳細
(RACE-WF)　重勝式(WIN5)	(DIFF-SE)　[地方/海外]馬毎レース情報
(DIFF-UM)　競走馬マスタ	(BLOD-HN)　繁殖馬マスタ
(DIFF-KS)　騎手マスタ	(BLOD-SK)　産駒マスタ
(DIFF-CH)　調教師マスタ	(BLOD-BT)　系統情報
(DIFF-BR)　生産者マスタ	

「B. 今週データ種別」のチェック項目

（TOKU-TK）特別登録馬	（TCOV-UM）［特別登録馬］レース詳細
（RACE-RA）レース詳細	（TCOV-SE）［特別登録馬］馬毎レース情報
（RACE-SE）馬毎レース情報	（TCOV-UM）［出走予定馬］競走馬マスタ
（RACE-HR）払戻	（TCOV-KS）［出走予定馬］騎手マスタ
（RACE-WF）重勝式（WIN5）	（TCOV-CH）［出走予定馬］調教師マスタ
（TCOV-UM）［特別登録馬］競走馬マスタ	（TCOV-BR）［出走予定馬］生産者マスタ
（TCOV-CH）［特別登録馬］調教師マスタ	（TCOV-BN）［出走予定馬］馬主マスタ
（TCOV-BR）［特別登録馬］生産者マスタ	（TCOV-RC）［出走予定馬］レコードマスタ
（TCOV-BN）［特別登録馬］馬主マスタ	（TCOV-RA）［出走予定馬］レース詳細
（TCOV-RC）［特別登録馬］レコードマスタ	（TCOV-SE）［出走予定馬］馬毎レース情報

　実際のデータの更新は 1.3.5 項「セットアップデータの構築」と同じ方法で行うことができます。レース結果を取得する通常データは翌月曜日 14 時 30 分以降、出走情報を取得する今週データはレース前日 12 時以降に本操作を行うことでデータベースを更新することができます。

　なお、通常データで取得することができる差分データは、公式データのレコード更新日から 1 年間となっています。それ以前のデータが必要な場合は改めてセットアップデータでデータベースの再構築が必要となります。

図 1.11 ●通常データと今週データの更新方法

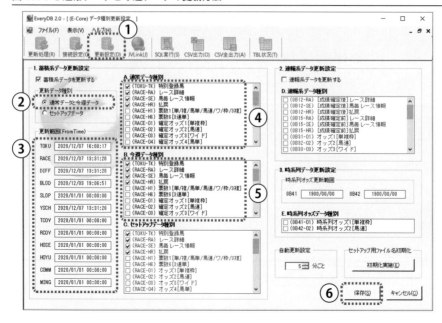

1.3.8 SQLite ファイルの確認方法

SQLite ファイルは、対応したソフトウェアでデータベースの内容を閲覧することができます。もし対応ソフトを持っていなければ、フリーソフト「PupSQLite」をお勧めします。検索エンジンで配布ページを検索後、ダウンロード並びにインストールを行ってください。PupSQLite を起動後、作成した SQLite ファイル ecore.db をソフトウェア上にドラックアンドドロップすることでファイルを開くことができます。図 1.12 は左リストでテーブル名「N_RACE」を選択したときの結果です。1 行がレコード 1 件に対応しています。列はテーブルに存在する項目を表しカラムと呼ばれます。各テーブルの意味と、それぞれに存在するカラムの意味は 1.4 節で詳しく解説します。

図 1.12 ● SQLite ファイル ecore.db の閲覧の様子

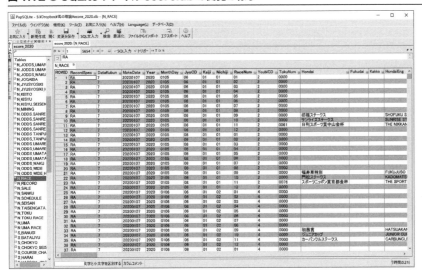

1.3.9 本書で解析するデータベースの準備

本節に従って作成した SQLite ファイル ecore.db のサイズは 320 メガバイト程度です。あえて 1 年分のデータベースを作成したのは、前項で紹介したフリーソフト PupSQLite を用いてテーブル内の具体的な値を確認するためです。320 メガバイト程度のファイルサイズでも実際に閲覧すると処理の重さを実感します。このファイルは PupSQLite による閲覧用としてファイル名を ecore.db から ecore_2020.db と変更して保存しておいて、1.3.3 項からの手順に従って改めてデータベースの構築を行います。

本書では 2010 年から 2019 年の 10 年間のレース結果を用いて解析を行うのですが、出走馬の

過去のレース情報も踏まえて解析を行うので、余裕を持って 2005 年 1 月 1 日以降のデータを用いるとします。つまり、図 1.7 の④を「2005/01/01 00:00:00」と設定します。1.3.5 項で解説したセットアップデータの更新は約 5 時間かかり、最終的なファイルサイズは 1.1 ギガバイト程度となります。以上で準備完了です。

1.4 JRA 公式データの詳細

　JRA 公式データに関する情報は JRA-VAN 公式ページにて取得することができます。「競馬ソフトを開発したい方へ」リンク（図 1.13 ①）をクリックしてください。このページでは公式データに関する情報に加え、これらを用いたソフトウェア開発に必要な情報、更にはサンプルプログラムやレッスン教材などの非常に有用なコンテンツが公開されています。その中で公式データの仕様書は、「ソフトウェア開発キット（SDK）提供コーナー」のリンク（同②）をクリックして表示されるページの「JV-Data 仕様書 PDF 版（Ver.4.5.1.5）」にて詳しく解説されています。本節では本書で必要な部分を抜粋して加筆した表を示します。

図 1.13 ● JRA 公式データの仕様書取得まで

1.4.1 JRA 公式データのテーブルリスト

JRA 公式データのテーブルの一覧と簡単な説明です。提供されるデータは通常データを表す「蓄積系」とレース当日に適宜更新されていく「速報系」の 2 種類の属性があります。本書では蓄積系のデータのみを用いて解析を行っていきます。なお、データベース構築用ソフト EveryDB2 では、蓄積系と速報系のテーブルを分けて、それぞれテーブル名の頭文字に「N_」と「S_」がつけられています（1.3.6 項）。

JRA 公式データのテーブル一覧

	テーブル名	説明	蓄積系	速報系	収録年	解説
1	TOKU	特別登録馬	○			
2	TOKU_RACE	特別登録馬毎レース情報	○			
3	RACE	レース詳細	○	○	1986 年以降	1.4.2 項
4	UMA_RACE	馬毎レース情報	○	○	1986 年以降	1.4.3 項
5	HARAI	払戻	○	○	1986 年以降	1.4.4 項
6	HYOSU_TANPUKU	票数（単複）	○	○	1986 年以降	
7	HYOSU_WAKU	票数（枠）	○	○		
8	HYOSU_UMARENWIDE	票数（馬連、ワイド）	○	○		
9	HYOSU_UMATAN	票数（馬単）	○	○		
10	HYOSU_SANREN	票数（3 連複）	○	○		
11	HYOSU_SANRENTAN	票数（単複）	○	○	2004 年以降	
12	ODDS_TANPUKU	オッズ（単複）	○	○	1993 年 6 月以降	
13	ODDS_WAKU	オッズ（枠）	○	○		
14	ODDS_UMAREN	オッズ（馬連）	○	○		
15	ODDS_WIDE	オッズ（ワイド）	○	○	1999 年 10 月以降	
16	ODDS_UMATAN	オッズ（馬単）	○	○	2002 年 6 月以降	
17	ODDS_SANREN	オッズ（3 連複）	○	○		
18	ODDS_SANRENTAN	オッズ（3 連単）	○	○	2004 年 8 月以降	
19	UMA	競走馬マスタ	○		1986 年以降	1.4.5 項
20	KISYU	騎手マスタ	○			1.4.6 項
21	CHOKYO	調教師マスタ	○			
22	SEISAN	生産者マスタ	○		1986 年以降	
23	BANUSI	馬主マスタ	○			
28	RECORD	レコードマスタ	○			
24	HANSYOKU	繁殖馬マスタ	○			
25	SANKU	産駒マスタ	○			

	テーブル名	説明	蓄積系	速報系	収録年	解説
26	KISYU_SEISEKI	騎手出走別着度数	○		2004 年以降	
27	CHOKYO_SEISEKI	調教師出走別着度数	○			
29	HANRO	坂路調教	○		2003 年以降	
30	SALE	競走馬市場取引価格	○		1997 年以降	
31	BAMEIORIGIN	馬名の意味由来	○		2000 年以降	
32	SCHEDULE	開催スケジュール	○		2000 年以降	
33	KEITO	系統情報	○			
34	COURSE	コース情報	○			
35	MINING	タイム型データマイニング予想	○		2001 年 9 月以降	
36	TAISENGATA_MINING	対戦型データマイニング予想	○		2010 年 4 月以降	
37	JYUSYOSIKI	重勝式（WIN5）	○		2011 年 4 月以降	
38	JOGAIBA	競走馬除外情報		○		
41	TORIKESI_JYOGAI	出走取消・競走除外		○		
39	BATAIJYU	馬体重		○		
40	TENKO_BABA	天候馬場状態		○		
42	KISYU_CHANGE	騎手変更		○		
43	HASSOU_JIKOKU_CHANGE	発走時刻変更		○		
44	COURSE_CHANGE	コース変更		○		

1.4.2 レース詳細情報テーブル（RACE）

　JRA に加え地方競馬場、海外競馬場におけるレースに関する詳細情報が格納されているテーブルです。本テーブルは、各レースごとの条件や賞金、天候や馬場状態、出走頭数、走破タイムといったレースに関する情報が対象でるため、各レースに出場した馬の情報は含みません。各レースごとの馬の着順などの情報は次項の「馬毎レース情報」を参照する必要があります。特定のレース詳細情報（レコード）を取得するには、主キーに設定されている「Year」「JyoCD」「RaceNum」に加えて「MonthDay」か「Kaiji」&「Nichiji」のいずれかが必要になります。

レース詳細情報テーブル（RACE）

項番	キー	カラム名	項目名	初期値	説明
1		RecordSpec	レコード種別 ID	"RA"	レコードフォーマットの種類
2		DataKubun	データ区分	0	1: 出走馬名表（木曜）、2: 出馬表（金・土曜）、3: 速報成績（3 着まで確定）、4: 速報成績（5 着まで確定）、5: 速報成績（全馬着順確定）、6: 速報成績（全馬着順＋コーナ通過順）、7: 成績（月曜）A: 地方競馬 B: 海外国際レース、9: レース中止、0: 該当レコード削除（提供ミスなどの理由による）
3		MakeDate	データ作成年月日	0	西暦 4 桁＋月日各 2 桁。yyyymmdd 形式
4	○	Year	開催年	0	該当レース施行年。西暦 4 桁 yyyy 形式
5	○	MonthDay	開催月日	0	該当レース施行月日。各 2 桁 mmdd 形式
6	○	JyoCD	競馬場コード	0	該当レース施行競馬場。コード表 2001（競馬場コード）参照
7	○	Kaiji	開催回［第 N 回］	0	該当レース施行回。その競馬場でその年の何回目の開催かを示す
8	○	Nichiji	開催日目［N 日目］	0	該当レース施行日目。そのレース施行回で何日目の開催かを示す
9	○	RaceNum	レース番号	0	該当レース番号。海外国際レースなどでレース番号情報がない場合は任意に連番を設定
10		YoubiCD	曜日コード	0	該当レース施行曜日。コード表 2002（曜日コード）参照
11		TokuNum	特別競走番号	0	重賞レースのみ設定。原則的には過去の同一レースと一致する番号（多数例外有り）
12		Hondai	競走名本題	S	全角 30 文字。レース名の本題
13		Fukudai	競走名副題	S	全角 30 文字。レース名の副題（スポンサー名や記念名など）
14		Kakko	競走名カッコ内	S	全角 30 文字。レースの条件やトライアル対象レース名、レース名通称など
15		HondaiEng	競走名本題欧字	sp	半角 120 文字
16		FukudaiEng	競走名副題欧字	sp	半角 120 文字
17		KakkoEng	競走名カッコ内欧字	sp	半角 120 文字
18		Ryakusyo10	競走名略称 10 文字	S	全角 10 文字
19		Ryakusyo6	競走名略称 6 文字	S	全角 6 文字
20		Ryakusyo3	競走名略称 3 文字	S	全角 3 文字

項番	キー	カラム名	項目名	初期値	説明
21		Kubun	競走名区分	0	重賞回次（第 N 回）を本題・副題・カッコ内のうちどれに設定すべきかを示す。0: 初期値、1: 本題、2: 副題、3: カッコ内。重賞のみ設定
22		Nkai	重賞回次 [第 N 回]	0	そのレースの重賞としての通算回数を示す
23		GradeCD	グレードコード	sp	コード表 2003（グレードコード）参照
24		GradeCDBefore	変更前グレードコード	sp	なんらかの理由により変更された場合のみ変更前の値を設定
25		SyubetuCD	競走種別コード	0	コード表 2005（競走種別コード）参照
26		KigoCD	競走記号コード	0	コード表 2006（競走記号コード）参照
27		JyuryoCD	重量種別コード	0	コード表 2008（重量種別コード）参照
28		JyokenCD1	競走条件コード 2 歳条件	0	2 歳馬の競走条件。コード表 2007（競走条件コード）参照
29		JyokenCD2	競走条件コード 3 歳条件	0	3 歳馬の競走条件。コード表 2007（競走条件コード）参照
30		JyokenCD3	競走条件コード 4 歳条件	0	4 歳馬の競走条件。コード表 2007（競走条件コード）参照
31		JyokenCD4	競走条件コード 5 歳以上条件	0	5 歳以上馬の競走条件。コード表 2007（競走条件コード）参照
32		JyokenCD5	競走条件コード 最若年条件	0	出走可能な最も馬齢が若い馬に対する条件。コード表 2007（競走条件コード）参照
33		JyokenName	競走条件名称	S	全角 30 文字。地方競馬の場合のみ設定
34		Kyori	距離	0	単位：メートル
35		KyoriBefore	変更前距離	0	なんらかの理由により変更された場合のみ変更前の値を設定
36		TrackCD	トラックコード	0	コード表 2009（トラックコード）参照
37		TrackCDBefore	変更前トラックコード	0	なんらかの理由により変更された場合のみ変更前の値を設定
38		CourseKubunCD	コース区分	sp	半角 2 文字。使用するコース("A" ～ "E") を設定。なお、2002 年以前の東京競馬場は "A1"、"A2" も存在
39		CourseKubunCDBefore	変更前コース区分	sp	なんらかの理由により変更された場合のみ変更前の値を設定
40		Honsyokin1 ～ Honsyokin7	本賞金	0	単位：百円。1 着～ 5 着の本賞金。5 着 3 同着まで考慮し繰返し 7 回
41		HonsyokinBefore1 ～ HonsyokinBefore5	変更前本賞金	0	単位：百円。同着により本賞金の分配が変更された場合のみ変更前の値を設定

項番	キー	カラム名	項目名	初期値	説明
42		Fukasyokin1 〜 Fukasyokin5	付加賞金	0	単位：百円。1 着〜3 着の付加賞金。3 着 3 同着まで考慮し繰返し 5 回
43		FukasyokinBefore1 FukasyokinBefore2 FukasyokinBefore3	変更前付加賞金	0	単位：百円。同着により付加賞金の分配が変更された場合のみ変更前の値を設定
44		HassoTime	発走時刻	0	時分各 2 桁。hhmm 形式
45		HassoTimeBefore	変更前発走時刻	0	なんらかの理由により変更された場合のみ変更前の値を設定
46		TorokuTosu	登録頭数	0	出走馬名表時点：出走馬名表時点での登録頭数 出馬表発表時点：出馬表発表時の登録頭数 　　　出馬表発表前（馬番確定前）に取消した馬を除いた頭数
47		SyussoTosu	出走頭数	0	実際にレースに出走した頭数（登録頭数から出走取消と競走除外・発走除外を除いた頭数）
48		NyusenTosu	入線頭数	0	出走頭数から競走中止を除いた頭数
49		TenkoCD	天候コード	0	コード表 2011（天候コード）参照
50		SibaBabaCD	芝馬場状態コード	0	コード表 2010（馬場状態コード）参照
51		DirtBabaCD	ダート馬場状態コード	0	コード表 2010（馬場状態コード）参照
52		LapTime1 〜 LapTime25	ラップタイム	0	99.9 秒。平地競走のみ設定。1 ハロン（200 メートル）毎地点での先頭馬ラップタイム。距離が 1 ハロンで割りきれないレースについては最初の 1 ハロン目に距離を 200 メートルで割ったあまりの距離のラップタイムを設定
53		SyogaiMileTime	障害マイルタイム	0	障害競走のみ設定。先頭馬の 1 マイル（1600 メートル）通過タイムの分＋秒（1 分 57 秒 2 は'1572'）
54		HaronTimeS3	前 3 ハロン	0	99.9 秒。平地競走のみ設定。ラップタイム前半 3 ハロンの合計。1 ハロン（200 メートル）毎で割れないレースの場合、200 メートルで距離を割ったあまりに 400 メートルを足した距離のタイム
55		HaronTimeS4	前 4 ハロン	0	99.9 秒。平地競走のみ設定。ラップタイム前半 4 ハロンの合計。1 ハロン（200 メートル）毎で割れないレースの場合、200 メートルで距離を割ったあまりに 600 メートルを足した距離のタイム
56		HaronTimeL3	後 3 ハロン	0	99.9 秒。ラップタイム後半 3 ハロンの合計
57		HaronTimeL4	後 4 ハロン	0	99.9 秒。ラップタイム後半 4 ハロンの合計

項番	キー	カラム名	項目名	初期値	説明
58			〈コーナー通過順位〉		
	a	Corner1 〜 Corner4	コーナー	0	コーナーを設定。1:1 コーナー、2:2 コーナー、3:3 コーナー、4:4 コーナー
	b	Syukaisu1 〜 Syukaisu4	周回数	0	周回数を設定。1:1 周、2:2 周、3:3 周
	c	Jyuni1 〜 Jyuni4	各通過順位	sp	順位を先頭内側から設定。():集団 =:大差 -:小差、*: 先頭集団のうちで先頭の馬番、,: 馬番の区切、スペース 3 桁後ろの馬番はコーナーを通過しなかった馬番 [例] (4,5,6,*7)=1-2,3,8,9(10,11)　12,13
59		RecordUpKubun	レコード更新区分	0	0: 初期値、1: 基準タイムとなったレース、2: コースレコードを更新したレース

1.4.3 馬毎レース情報テーブル（UMA_RACE）

　レースに出走した馬ごとの詳細なデータが格納されているテーブルです。このテーブル（UMA_RACE）とレース詳細（RACE）で競馬新聞などでおなじみの馬柱に必要な情報を取得することができます。特定のレースの馬毎レース情報（レコード）を取得するには、主キーに設定されている「Year」「KettoNum」に加えて、「MonthDay」か「Kaiji」&「Nichiji」のいずれかが必要になります。あるいは「RaceNum」と「Umaban」を用いても取得することもできます。本テーブルには人気に加えて単勝オッズも格納されていますが、それ以外の券種オッズは別のテーブル（1.4.1 項参照）で取得する必要があります。

馬毎レース情報テーブル（UMA_RACE）

項番	キー	カラム名	項目名	初期値	説明
1		RecordSpec	レコード種別 ID		"SE" をセットレコードフォーマットを特定する
2		DataKubun	データ区分	0	1: 出走馬名表（木曜）、2: 出馬表（金・土曜）、3: 速報成績(3 着まで確定)、4: 速報成績(5 着まで確定)、5: 速報成績（全馬着順確定）、6: 速報成績（全馬着順 + コーナ通過順）、7: 成績（月曜）A: 地方競馬 B: 海外国際レース、9: レース中止、0: 該当レコード削除（提供ミスなどの理由による）
3		MakeDate	データ作成年月日	0	西暦 4 桁 + 月日各 2 桁 yyyymmdd 形式
4	○	Year	開催年	0	該当レース施行年。西暦 4 桁 yyyy 形式

項番	キー	カラム名	項目名	初期値	説明
5	○	MonthDay	開催月日	0	該当レース施行月日。各 2 桁 mmdd 形式
6	○	JyoCD	競馬場コード	0	該当レース施行競馬場。コード表 2001(競馬場コード) 参照
7	○	Kaiji	開催回[第 N 回]	0	該当レース施行回。その競馬場でその年の何回目の開催かを示す
8	○	Nichiji	開催日目[N 日目]	0	該当レース施行日目。そのレース施行回で何日目の開催かを示す
9	○	RaceNum	レース番号	0	該当レース番号
10		Wakuban	枠番	0	
11	○	Umaban	馬番	0	特定のレース及び海外レースについては、特記事項を参照
12	○	KettoNum	血統登録番号	0	生年(西暦)4 桁 + 品種 1 桁(コード表 2201、品種コード参照) + 数字 5 桁
13		Bamei	馬名	S sp	通常全角 18 文字。海外レースにおける外国馬の場合のみ全角と半角が混在
14		UmaKigoCD	馬記号コード	0	コード表 2204 (馬記号コード) 参照
15		SexCD	性別コード	0	コード表 2202 (性別コード) 参照
16		HinsyuCD	品種コード	0	コード表 2201 (品種コード) 参照
17		KeiroCD	毛色コード	0	コード表 2203 (毛色コード) 参照
18		Barei	馬齢	0	出走当時の馬齢 (注) 2000 年以前は数え年表記 2001 年以降は満年齢表記
19		TozaiCD	東西所属コード	0	コード表 2301 (東西所属コード) 参照
20		ChokyosiCode	調教師コード	0	調教師マスタへリンク
21		ChokyosiRyakusyo	調教師名略称	S	全角 4 文字
22		BanusiCode	馬主コード	0	馬主マスタへリンク
23		BanusiName	馬主名(法人格無)	S sp	全角 32 文字〜半角 64 文字(全角と半角が混在)。株式会社、有限会社などの法人格を示す文字列が頭もしくは末尾にある場合にそれを削除したものを設定。また、外国馬主の場合は、馬主マスタの 8. 馬主名欧字の頭 64 バイトを設定
24		Fukusyoku	服色標示	S	全角 30 文字。馬毎に指定される騎手の勝負服の色・模様を示す(レーシングプログラムに記載されているもの) [例] " 水色，赤山形一本輪，水色袖 "
25		reserved1	予備	S	
26		Futan	負担重量	0	単位 :0.1 kg
27		FutanBefore	変更前負担重量	0	なんらかの理由により変更された場合のみ変更前の値を設定

項番	キー	カラム名	項目名	初期値	説明
28		Blinker	ブリンカー使用区分	0	0: 未使用、1: 使用
29		reserved2	予備	0	
30		KisyuCode	騎手コード	0	騎手マスタへリンク
31		KisyuCodeBefore	変更前騎手コード	0	なんらかの理由により変更された場合のみ変更前の値を設定
32		KisyuRyakusyo	騎手名略称	S	全角4文字
33		KisyuRyakusyoBefore	変更前騎手名略称	S	なんらかの理由により変更された場合のみ変更前の値を設定
34		MinaraiCD	騎手見習コード	0	コード表2303（騎手見習コード）参照
35		MinaraiCDBefore	変更前騎手見習コード	0	なんらかの理由により変更された場合のみ変更前の値を設定
36		BaTaijyu	馬体重	sp	単位:kg。002～998までが有効値、999: 今走計量不能、000: 出走取消
37		ZogenFugo	増減符号	sp	+:増加、-:減少、スペース：その他
38		ZogenSa	増減差	sp	単位:kg。001～998までが有効値、999:計量不能、000: 前差なし、スペース：初出走、ただし出走取消の場合もスペースを設定。地方馬については初出走かつ計量不能の場合でも"999"を設定。
39		IJyoCD	異常区分コード	0	コード表2101（異常区分コード）参照
40		NyusenJyuni	入線順位	0	失格、降着確定前の順位
41		KakuteiJyuni	確定着順	0	失格、降着時は入線順位と異なる
42		DochakuKubun	同着区分	0	0: 同着馬なし、1: 同着馬あり
43		DochakuTosu	同着頭数	0	0: 初期値、1: 自身以外に同着1頭、2: 自身以外に同着2頭
44		Time	走破タイム	0	9分99秒9で設定
45		ChakusaCD	着差コード	sp	前馬との着差。コード表2102（着差コード）参照
46		ChakusaCDP	＋着差コード	sp	前馬が失格、降着発生時に設定。前馬と前馬の前馬との着差
47		ChakusaCDPP	＋＋着差コード	sp	前馬2頭が失格、降着発生時に設定
48		Jyuni1c	1コーナーでの順位	0	
49		Jyuni2c	2コーナーでの順位	0	
50		Jyuni3c	3コーナーでの順位	0	
51		Jyuni4c	4コーナーでの順位	0	
52		Odds	単勝オッズ	0	999.9倍で設定。出走取消し等は初期値を設定

項番	キー	カラム名	項目名	初期値	説明
53		Ninki	単勝人気順	0	出走取消し等は初期値を設定
54		Honsyokin	獲得本賞金	0	単位：百円。該当レースで獲得した本賞金
55		Fukasyokin	獲得付加賞金	0	単位：百円。該当レースで獲得した付加賞金
56		reserved3	予備	0	
57		reserved4	予備	0	
58		HaronTimeL4	後4ハロンタイム	0	単位：99.9秒。出走取消・競走除外・発走除外・競走中止・タイムオーバーの場合は "999" を設定。基本的には後3ハロンのみ設定（後4ハロンは初期値）。ただし、過去分のデータは後4ハロンが設定されているものもある（その場合は後3ハロンが初期値）。障害レースの場合は後3ハロンに該当馬の当該レースでの1F平均タイムを設定（後4ハロンは初期値）
59		HaronTimeL3	後3ハロンタイム	0	
60			〈1着馬（相手馬）情報〉		同着を考慮して繰返し3回。自身が1着の場合は2着馬を設定
	a	KettoNum1 KettoNum2 KettoNum3	血統登録番号	0	生年(西暦)4桁＋品種1桁(コード表2201、品種コード参照)＋数字5桁
	b	Bamei1 Bamei2 Bamei3	馬名	S sp	通常全角18文字。海外レースにおける外国馬の場合のみ全角と半角が混在。
61		TimeDiff	タイム差	0	1着馬とのタイム差を設定（自身が1着の場合は2着馬を設定）。符号（＋または-）＋99秒9　符号は1着：-、2着以下：＋。出走取消・競走除外・発走除外・競走中止の場合は "9999" を設定
62		RecordUpKubun	レコード更新区分	0	0: 初期値、1: 基準タイムとなったレース、2: コースレコードを更新したレース
63		DMKubun	マイニング区分	0	1: 前日、2: 当日、3: 直前。ただし、確定成績登録時に3: 直前のみ設定
64		DMTime	マイニング予想走破タイム	0	9分99秒99で設定
65		DMGosaP	マイニング予想誤差（信頼度）＋	0	99秒99で設定。予想タイムの＋誤差を設定（＋方向の誤差。予想走破タイムに対して早くなる方向。予想走破タイムからマイナスする。）
66		DMGosaM	マイニング予想誤差（信頼度）－	0	99秒99で設定。予想タイムの－誤差を設定（－方向の誤差。予想走破タイムに対して遅くなる方向。予想走破タイムにプラスする。）
67		DMJyuni	マイニング予想順位	0	01〜18位を設定
68		KyakusituKubun	今回レース脚質判定	0	1: 逃、2: 先、3: 差、4: 追、0: 初期値

1.4.4 払戻情報テーブル（HARAI）

JRA 主催レースの払い戻し情報が格納されているテーブルです。特定のレースの払い戻し情報（レコード）を取得するには、主キーに設定されている「Year」「JyoCD」「RaceNum」に加えて「MonthDay」か「Kaiji」＆「Nichiji」のいずれかが必要になります。

それ以外の券種オッズは別のテーブル（1.4.1 項参照）で取得する必要があります。

払戻情報テーブル（HARAI）

項番	キー	カラム名	項目名	初期値	説明
1		RecordSpec	レコード種別 ID		"HR" をセットレコードフォーマットを特定する
2		DataKubun	データ区分	0	1: 速報成績（払戻金確定）、2: 成績（月曜）、9: レース中止、0: 該当レコード削除（提供ミスなどの理由による）
3		MakeDate	データ作成年月日	0	西暦 4 桁 + 月日各 2 桁 yyyymmdd 形式
4	○	Year	開催年	0	該当レース施行年。西暦 4 桁 yyyy 形式
5	○	MonthDay	開催月日	0	該当レース施行月日。各 2 桁 mmdd 形式
6	○	JyoCD	競馬場コード	0	該当レース施行競馬場。コード表 2001（競馬場コード）参照
7	○	Kaiji	開催回 [第 N 回]	0	該当レース施行回。その競馬場でその年の何回目の開催かを示す
8	○	Nichiji	開催日目 [N 日目]	0	該当レース施行日目。そのレース施行回で何日目の開催かを示す
9	○	RaceNum	レース番号	0	該当レース番号
10		TorokuTosu	登録頭数	0	出馬表発表時の登録頭数
11		SyussoTosu	出走頭数	0	登録頭数から出走取消と競走除外・発走除外を除いた頭数
12		FuseirituFlag1	不成立フラグ　単勝	0	単勝不成立の有無。0: 不成立なし、1: 不成立あり
13		FuseirituFlag2	不成立フラグ　複勝	0	複勝不成立の有無。0: 不成立なし、1: 不成立あり
14		FuseirituFlag3	不成立フラグ　枠連	0	枠連不成立の有無。0: 不成立なし、1: 不成立あり
15		FuseirituFlag4	不成立フラグ　馬連	0	馬連不成立の有無。0: 不成立なし、1: 不成立あり
16		FuseirituFlag5	不成立フラグ　ワイド	0	ワイド不成立の有無。0: 不成立なし、1: 不成立あり
17		FuseirituFlag6	予備	0	
18		FuseirituFlag7	不成立フラグ　馬単	0	馬単不成立の有無。0: 不成立なし、1: 不成立あり

項番	キー	カラム名	項目名	初期値	説明
19		FuseirituFlag8	不成立フラグ　3連複	0	3連複不成立の有無。0: 不成立なし、1: 不成立あり
20		FuseirituFlag9	不成立フラグ　3連単	0	3連単不成立の有無。0: 不成立なし、1: 不成立あり
21		TokubaraiFlag1	特払フラグ　単勝	0	単勝特払の有無。0: 特払なし、1: 特払あり
22		TokubaraiFlag2	特払フラグ　複勝	0	複勝特払の有無。0: 特払なし、1: 特払あり
23		TokubaraiFlag3	特払フラグ　枠連	0	枠連特払の有無。0: 特払なし、1: 特払あり
24		TokubaraiFlag4	特払フラグ　馬連	0	馬連特払の有無。0: 特払なし、1: 特払あり
25		TokubaraiFlag5	特払フラグ　ワイド	0	ワイド特払の有無。0: 特払なし、1: 特払あり
26		TokubaraiFlag6	予備	0	
27		TokubaraiFlag7	特払フラグ　馬単	0	馬単特払の有無。0: 特払なし、1: 特払あり
28		TokubaraiFlag8	特払フラグ　3連複	0	3連複特払の有無。0: 特払なし、1: 特払あり
29		TokubaraiFlag9	特払フラグ　3連単	0	3連単特払の有無。0: 特払なし、1: 特払あり
30		HenkanFlag1	返還フラグ　単勝	0	単勝返還の有無。0: 返還なし、1: 返還あり
31		HenkanFlag2	返還フラグ　複勝	0	複勝返還の有無。0: 返還なし、1: 返還あり
32		HenkanFlag3	返還フラグ　枠連	0	枠連返還の有無。0: 返還なし、1: 返還あり
33		HenkanFlag4	返還フラグ　馬連	0	馬連返還の有無。0: 返還なし、1: 返還あり
34		HenkanFlag5	返還フラグ　ワイド	0	ワイド返還の有無。0: 返還なし、1: 返還あり
35		HenkanFlag6	予備	0	
36		HenkanFlag7	返還フラグ　馬単	0	馬単返還の有無。0: 返還なし、1: 返還あり
37		HenkanFlag8	返還フラグ　3連複	0	3連複返還の有無。0: 返還なし、1: 返還あり
38		HenkanFlag9	返還フラグ　3連単	0	3連単返還の有無。0: 返還なし、1: 返還あり
39		HenkanUma1 〜 HenkanUma28	返還馬番情報（馬番 01〜28）	0	0: 返還なし、1: 返還あり。発売後取消しとなり返還対象となった馬番のエリアに "1" を設定
40		HenkanWaku1 〜 HenkanWaku8	返還枠番情報（枠番 1〜8）	0	0: 返還なし、1: 返還あり。発売後取消しとなり返還対象となった枠番のエリアに "1" を設定
41		HenkanDoWaku1 〜 HenkanDoWaku8	返還同枠情報（枠番 1〜8）	0	0: 返還なし、1: 返還あり。発売後取消しとなり返還対象となった枠番のエリアに "1" を設定
42			〈単勝払戻〉		3同着まで考慮し繰返し3回
	a	PayTansyoUmaban1 PayTansyoUmaban2 PayTansyoUmaban3	馬番	sp	単勝的中馬番。00: 発売なし、特払、不成立
	b	PayTansyoPay1 PayTansyoPay2 PayTansyoPay3	払戻金	sp	単勝払戻金（特払、不成立の金額が入る）

項番	キー	カラム名	項目名	初期値	説明
	c	PayTansyoNinki1 PayTansyoNinki2 PayTansyoNinki3	人気順	sp	単勝人気順
43			〈複勝払戻〉		3 同着まで考慮し繰返し 5 回
	a	PayFukusyoUmaban1 〜 PayFukusyoUmaban5	馬番	sp	複勝的中馬番。00: 発売なし、特払、不成立
	b	PayFukusyoPay1 〜 PayFukusyoPay5	払戻金	sp	複勝払戻金（特払、不成立の金額が入る）
	c	PayFukusyoNinki1 〜 PayFukusyoNinki5	人気順	sp	複勝人気順
44			〈枠連払戻〉		3 同着まで考慮し繰返し 3 回
	a	PayWakurenKumi1 PayWakurenKumi2 PayWakurenKumi3	組番	sp	枠連的中馬番。00: 発売なし、特払、不成立
	b	PayWakurenPay1 PayWakurenPay2 PayWakurenPay3	払戻金	sp	枠連払戻金（特払、不成立の金額が入る）
	c	PayWakurenNinki1 PayWakurenNinki2 PayWakurenNinki3	人気順	sp	枠連人気順
45			〈馬連払戻〉		3 同着まで考慮し繰返し 3 回
	a	PayUmarenKumi1 PayUmarenKumi2 PayUmarenKumi3	組番	sp	馬連的中馬番組合。0000: 発売なし、特払、不成立
	b	PayUmarenPay1 PayUmarenPay2 PayUmarenPay3	払戻金	sp	馬連払戻金（特払、不成立の金額が入る）
	c	PayUmarenNinki1 PayUmarenNinki2 PayUmarenNinki3	人気順	sp	馬連人気順
46			〈ワイド払戻〉		3 同着まで考慮し繰返し 7 回
	a	PayWideKumi1 〜 PayWideKumi7	組番	sp	ワイド的中馬番組合。0000: 発売なし、特払、不成立
	b	PayWidePay1 〜 PayWidePay7	払戻金	sp	ワイド払戻金（特払、不成立の金額が入る）

項番	キー	カラム名	項目名	初期値	説明
	c	PayWideNinki1 〜 PayWideNinki7	人気順	sp	ワイド人気順
			〈馬単払戻〉		3同着まで考慮し繰返し6回
	a	PayUmatanKumi1 〜 PayUmatanKumi6	組番	sp	馬単的中馬番組合。0000: 発売なし、特払、不成立
	b	PayUmatanPay1 〜 PayUmatanPay6	払戻金	sp	馬単払戻金（特払、不成立の金額が入る）
	c	PayUmatanNinki1 〜 PayUmatanNinki6	人気順	sp	馬単人気順
			〈3連複払戻〉		3同着まで考慮し繰返し3回
	a	PaySanrenpukuKumi1 PaySanrenpukuKumi2 PaySanrenpukuKumi3	組番	sp	3連複的中馬番組合。000000: 発売なし、特払、不成立
	b	PaySanrenpukuPay1 PaySanrenpukuPay2 PaySanrenpukuPay3	払戻金	sp	3連複払戻金（特払、不成立の金額が入る）
	c	PaySanrenpukuNinki1 PaySanrenpukuNinki2 PaySanrenpukuNinki3	人気順	sp	3連複人気順
			〈3連単払戻〉		3同着まで考慮し繰返し6回
	a	PaySanrentanKumi1 〜 PaySanrentanKumi6	組番	sp	3連単的中馬番組合。000000: 発売なし、特払、不成立
	b	PaySanrentanPay1 〜 PaySanrentanPay6	払戻金	sp	3連単払戻金（特払、不成立の金額が入る）
	c	PaySanrentanNinki1 〜 PaySanrentanNinki6	人気順	sp	3連単人気順

1.4.5 競走馬マスタ情報テーブル（UMA）

全競走馬の生年月日、血統情報や、競走実績、獲得賞金などのマスタ情報が格納されたテーブルです。本テーブルのレコードは、該当馬のレースが行われる度に更新されます。特定の競走馬情報（レコード）を取得するには、主キーに設定されている「KettoNum」が必要となります。

競走馬マスタ情報テーブル（UMA）

項番	キー	カラム名	項目名	初期値	説明
1		RecordSpec	レコード種別 ID		"UM" をセットレコードフォーマットを特定する
2		DataKubun	データ区分	0	1:新規馬名登録、2:馬名変更、3:再登録抹消後の再登録）、4:その他更新、9:抹消、0:該当レコード削除（提供ミスなどの理由による）
3		MakeDate	データ作成年月日	0	西暦 4 桁＋月日各 2 桁 yyyymmdd 形式
4	○	KettoNum	血統登録番号	0	生年（西暦）4 桁＋品種 1 桁（コード表 2201、品種コード参照）＋数字 5 桁
5		DelKubun	競走馬抹消区分	0	0: 現役、1: 抹消
6		RegDate	競走馬登録年月日	0	年 4 桁（西暦）＋月日各 2 桁 yyyymmdd 形式
7		DelDate	競走馬抹消年月日	0	年 4 桁（西暦）＋月日各 2 桁 yyyymmdd 形式
8		BirthDate	生年月日	0	年 4 桁（西暦）＋月日各 2 桁 yyyymmdd 形式
9		Bamei	馬名	S	全角 18 文字
10		BameiKana	馬名半角ｶﾅ	sp	半角 36 文字
11		BameiEng	馬名欧字	sp	半角 60 文字
12		ZaikyuFlag	JRA 施設在きゅうフラグ	sp	0:JRA 施設に在きゅうしていない。1:JRA 施設に在きゅうしている。JRA 施設とは競馬場およびトレセンなどを指す。（平成 18 年 6 月 6 日以降設定）
13		Reserved	予備	sp	予備
14		UmaKigoCD	馬記号コード	0	コード表 2204（馬記号コード）参照
15		SexCD	性別コード	0	コード表 2202（性別コード）参照
16		HinsyuCD	品種コード	0	コード表 2201（品種コード）参照
17		KeiroCD	毛色コード	0	コード表 2203（毛色コード）参照
18			〈3 代血統情報〉		父・母・父父・父母・母父・母母・父父父・父父母・父母父・父母母・母父父・母父母・母母父・母母母の順に設定

項番	キー	カラム名	項目名	初期値	説明
	a	Ketto3InfoHansyokuNum1 〜 Ketto3InfoHansyokuNum14	繁殖登録番号	0	繁殖馬マスタにリンク
	b	Ketto3InfoBamei1 〜 Ketto3InfoBamei14	馬名	S sp	全角18文字〜半角36文字（全角と半角が混在）。外国の繁殖馬の場合は、16.繁殖馬マスタの10.馬名欧字の頭36バイトを設定。
19		TozaiCD	東西所属コード	0	コード表2301（東西所属コード）参照
20		ChokyosiCode	調教師コード	0	調教師マスタへリンク
21		ChokyosiRyakusyo	調教師名略称	S	全角4文字
22		Syotai	招待地域名	S	全角10文字
23		BreederCode	生産者コード	0	生産者マスタへリンク
24		BreederName	生産者名（法人格無）	S sp	全角35文字〜半角70文字（全角と半角が混在）。株式会社、有限会社などの法人格を示す文字列が頭もしくは末尾にある場合にそれを削除したものを設定。また、外国生産者の場合は、生産者マスタの8.生産者名欧字の頭70バイトを設定。
25		SanchiName	産地名	S sp	全角10文字または半角20文字（設定値が英数の場合は半角で設定）
26		BanusiCode	馬主コード	0	馬主マスタへリンク
27		BanusiName	馬主名（法人格無）	S sp	全角32文字〜半角64文字（全角と半角が混在）。株式会社、有限会社などの法人格を示す文字列が頭もしくは末尾にある場合にそれを削除したものを設定。また、外国馬主の場合は、馬主マスタの8.馬主名欧字の頭64バイトを設定。
28		RuikeiHonsyoHeiti	平地本賞金累計	0	単位：百円（中央の平地本賞金の合計）
29		RuikeiHonsyoSyogai	障害本賞金累計	0	単位：百円（中央の障害本賞金の合計）
30		RuikeiFukaHeichi	平地付加賞金累計	0	単位：百円（中央の平地付加賞金の合計）
31		RuikeiFukaSyogai	障害付加賞金累計	0	単位：百円（中央の障害付加賞金の合計）
32		RuikeiSyutokuHeichi	平地収得賞金累計	0	単位：百円（中央＋中央以外の平地累積収得賞金）
33		RuikeiSyutokuSyogai	障害収得賞金累計	0	単位：百円（中央＋中央以外の障害累積収得賞金）
34		SogoChakukaisu1 〜 SogoChakukaisu6	総合着回数	0	1着〜5着及び着外（6着以下）の回数（中央＋地方＋海外）
35		ChuoChakukaisu1 〜 ChuoChakukaisu6	中央合計着回数	0	1着〜5着及び着外（6着以下）の回数（中央のみ）

項番	キー	カラム名	項目名	初期値	説明
			〈馬場別着回数〉		
36		Ba1Chakukaisu1 〜 Ba1Chakukaisu6	芝直・着回数	0	芝・直線コースでの1着〜5着及び着外（6着以下）の回数（中央のみ）
37		Ba2Chakukaisu1 〜 Ba2Chakukaisu6	芝右・着回数	0	芝・右回りコースでの1着〜5着及び着外（6着以下）の回数（中央のみ）
38		Ba3Chakukaisu1 〜 Ba3Chakukaisu6	芝左・着回数	0	芝・左回りコースでの1着〜5着及び着外（6着以下）の回数（中央のみ）
39		Ba4Chakukaisu1 〜 Ba4Chakukaisu6	ダ直・着回数	0	ダート・直線コースでの1着〜5着及び着外（6着以下）の回数（中央のみ）
40		Ba5Chakukaisu1 〜 Ba5Chakukaisu6	ダ右・着回数	0	ダート・右回りコースでの1着〜5着及び着外（6着以下）の回数（中央のみ）
41		Ba6Chakukaisu1 〜 Ba6Chakukaisu6	ダ左・着回数	0	ダート・左回りコースでの1着〜5着及び着外（6着以下）の回数（中央のみ）
42		Ba7Chakukaisu1 〜 Ba7Chakukaisu6	障害・着回数	0	障害レースでの1着〜5着及び着外（6着以下）の回数（中央のみ）
			〈馬場状態別着回数〉		
43		Jyotai1Chakukaisu1 〜 Jyotai1Chakukaisu6	芝良・着回数	0	芝・良馬場での1着〜5着及び着外（6着以下）の回数（中央のみ）
44		Jyotai2Chakukaisu1 〜 Jyotai2Chakukaisu6	芝稍・着回数	0	芝・稍重馬場での1着〜5着及び着外（6着以下）の回数（中央のみ）
45		Jyotai3Chakukaisu1 〜 Jyotai3Chakukaisu6	芝重・着回数	0	芝・重馬場での1着〜5着及び着外（6着以下）の回数（中央のみ）
46		Jyotai4Chakukaisu1 〜 Jyotai4Chakukaisu6	芝不・着回数	0	芝・不良馬場での1着〜5着及び着外（6着以下）の回数（中央のみ）
47		Jyotai5Chakukaisu1 〜 Jyotai5Chakukaisu6	ダ良・着回数	0	ダート・良馬場での1着〜5着及び着外（6着以下）の回数（中央のみ）
48		Jyotai6Chakukaisu1 〜 Jyotai6Chakukaisu6	ダ稍・着回数	0	ダート・稍重馬場での1着〜5着及び着外（6着以下）の回数（中央のみ）

項番	キー	カラム名	項目名	初期値	説明
49		Jyotai7Chakukaisu1 〜 Jyotai7Chakukaisu6	ダ重・着回数	0	ダート・重馬場での1着〜5着及び着外(6着以下)の回数(中央のみ)
50		Jyotai8Chakukaisu1 〜 Jyotai8Chakukaisu6	ダ不・着回数	0	ダート・不良馬場での1着〜5着及び着外(6着以下)の回数(中央のみ)
51		Jyotai9Chakukaisu1 〜 Jyotai9Chakukaisu6	障良・着回数	0	障害レース・良馬場での1着〜5着及び着外(6着以下)の回数(中央のみ)
52		Jyotai10Chakukaisu1 〜 Jyotai10Chakukaisu6	障稍・着回数	0	障害レース・稍重馬場での1着〜5着及び着外(6着以下)の回数(中央のみ)
53		Jyotai11Chakukaisu1 〜 Jyotai11Chakukaisu6	障重・着回数	0	障害レース・重馬場での1着〜5着及び着外(6着以下)の回数(中央のみ)
54		Jyotai12Chakukaisu1 〜 Jyotai12Chakukaisu6	障不・着回数	0	障害レース・不良馬場での1着〜5着及び着外(6着以下)の回数(中央のみ)
			〈距離別着回数〉		
55		Kyori1Chakukaisu1 〜 Kyori1Chakukaisu6	芝16下・着回数	0	芝・1600M以下での1着〜5着及び着外(6着以下)の回数(中央のみ)
56		Kyori2Chakukaisu1 〜 Kyori2Chakukaisu6	芝22下・着回数	0	芝・1601M以上2200M以下での1着〜5着及び着外(6着以下)の回数(中央のみ)
57		Kyori3Chakukaisu1 〜 Kyori3Chakukaisu6	芝22超・着回数	0	芝・2201M以上での1着〜5着及び着外(6着以下)の回数(中央のみ)
58		Kyori4Chakukaisu1 〜 Kyori4Chakukaisu6	ダ16下・着回数	0	ダート・1600M以下での1着〜5着及び着外(6着以下)の回数(中央のみ)
59		Kyori5Chakukaisu1 〜 Kyori5Chakukaisu6	ダ22下・着回数	0	ダート・1601M以上2200M以下での1着〜5着及び着外(6着以下)の回数(中央のみ)
60		Kyori6Chakukaisu1 〜 Kyori6Chakukaisu6	ダ22超・着回数	0	ダート・2201M以上での1着〜5着及び着外(6着以下)の回数(中央のみ)
61		Kyakusitu1 Kyakusitu2 Kyakusitu3 Kyakusitu4	脚質傾向	0	逃げ回数、先行回数、差し回数、追込回数を設定 過去出走レースの脚質を判定しカウントしたもの(中央レースのみ)
62		RaceCount	登録レース数	0	JRA-VANに登録されている成績レース数

項番	キー	カラム名	項目名	初期値	説明
63			レコード区切		CR/LF

1.4.6 騎手マスタ情報テーブル（KISHU）

　全騎手の生年月日、所属調教師や初騎乗情報、初勝利情報、最近重賞勝利情報などのマスタ情報が格納されたテーブルです。本テーブルのレコードは、情報に更新があった場合に更新されます。特定の騎手情報（レコード）を取得するには、主キーに設定されている「KisyuCode」が必要となります。

騎手マスタ情報テーブル（KISHU）

項番	キー	カラム名	項目名	初期値	説明
1		RecordSpec	レコード種別 ID		"KS" をセットレコードフォーマットを特定する
2		DataKubun	データ区分	0	1: 新規登録、2: 更新、0: 該当レコード削除（提供ミスなどの理由による）
3		MakeDate	データ作成年月日	0	西暦 4 桁 + 月日各 2 桁 yyyymmdd 形式
4	○	KisyuCode	騎手コード	0	
5		DelKubun	騎手抹消区分	0	0: 現役、1: 抹消
6		IssueDate	騎手免許交付年月日	0	年 4 桁（西暦）+ 月日各 2 桁 yyyymmdd 形式
7		DelDate	騎手免許抹消年月日	0	年 4 桁（西暦）+ 月日各 2 桁 yyyymmdd 形式
8		BirthDate	生年月日	0	年 4 桁（西暦）+ 月日各 2 桁 yyyymmdd 形式
9		KisyuName	騎手名	S	全角 17 文字姓 + 全角空白 1 文字 + 名）。外国人の場合は連続 17 文字
10		reserved	予備	S	
11		KisyuNameKana	騎手名半角ｶﾅ	sp	半角 30 文字（姓 15 文字 + 名 15 文字）。外国人の場合は連続 30 文字
12		KisyuRyakusyo	騎手名略称	S	全角 4 文字
13		KisyuNameEng	騎手名欧字	sp	半角 80 文字（姓 + 半角空白 1 文字 + 名）。フルネームで記載
14		SexCD	性別区分	0	1: 男性、2: 女性
15		SikakuCD	騎乗資格コード	0	コード表 2302（騎乗資格コード）参照
16		MinaraiCD	騎手見習コード	0	コード表 2303（騎手見習コード）参照
17		TozaiCD	騎手東西所属コード	0	コード表 2301（東西所属コード）参照

項番	キー	カラム名	項目名	初期値	説明
18		Syotai	招待地域名	S	全角 10 文字
19		ChokyosiCode	所属調教師コード	0	騎手の所属厩舎の調教師コード、フリー騎手の場合は ALL0 を設定
20		ChokyosiRyakusyo	所属調教師名略称	S	全角 4 文字
21			〈初騎乗情報〉		平地初騎乗・障害初騎乗の順に設定
	a	HatuKiJyo1Hatukijyoid HatuKiJyo2Hatukijyoid	年月日場回日 R	0	レース詳細のキー情報
	b	HatuKiJyo1SyussoTosu HatuKiJyo2SyussoTosu	出走頭数	0	登録頭数から出走取消と競走除外・発走除外を除いた頭数
	c	HatuKiJyo1KettoNum HatuKiJyo2KettoNum	血統登録番号	0	生年（西暦）4 桁 + 品種 1 桁（コード表 2201、品種コード参照）+ 数字 5 桁
	d	HatuKiJyo1Bamei HatuKiJyo2Bamei	馬名	S	全角 18 文字
	e	HatuKiJyo1KakuteiJyuni HatuKiJyo2KakuteiJyuni	確定着順	0	
	f	HatuKiJyo1IJyoCD HatuKiJyo2IJyoCD	異常区分コード	0	コード表 2101（異常区分コード）参照
22			〈初勝利情報〉		平地初騎乗・障害初騎乗の順に設定
	a	HatuSyori1Hatusyoriid HatuSyori2Hatusyoriid	年月日場回日 R	0	レース詳細のキー情報
	b	HatuSyori1SyussoTosu HatuSyori2SyussoTosu	出走頭数	0	登録頭数から出走取消と競走除外・発走除外を除いた頭数
	c	HatuSyori1KettoNum HatuSyori2KettoNum	血統登録番号	0	生年（西暦）4 桁 + 品種 1 桁（コード表 2201、品種コード参照）+ 数字 5 桁
	d	HatuSyori1Bamei HatuSyori2Bamei	馬名	S	全角 18 文字
23			〈最近重賞勝利情報〉		直近の重賞勝利から順に設定
	a	SaikinJyusyo1SaikinJyusyoid SaikinJyusyo2SaikinJyusyoid SaikinJyusyo3SaikinJyusyoid	年月日場回日 R	0	レース詳細のキー情報
	b	SaikinJyusyo1Hondai SaikinJyusyo2Hondai SaikinJyusyo3Hondai	競走名本題	S	全角 30 文字
	c	SaikinJyusyo1Ryakusyo10 SaikinJyusyo2Ryakusyo10 SaikinJyusyo3Ryakusyo10	競走名略称 10 文字	S	全角 10 文字
	d	SaikinJyusyo1Ryakusyo6 SaikinJyusyo2Ryakusyo6 SaikinJyusyo3Ryakusyo6	競走名略称 6 文字	S	全角 6 文字

項番	キー	カラム名	項目名	初期値	説明
	e	SaikinJyusyo1Ryakusyo3 SaikinJyusyo2Ryakusyo3 SaikinJyusyo3Ryakusyo3	競走名略称 3 文字	S	全角 3 文字
	f	SaikinJyusyo1GradeCD SaikinJyusyo2GradeCD SaikinJyusyo3GradeCD	グレードコード	sp	コード表 2003（グレードコード）参照
	g	SaikinJyusyo1SyussoTosu SaikinJyusyo2SyussoTosu SaikinJyusyo3SyussoTosu	出走頭数	0	登録頭数から出走取消と競走除外・発走除外を除いた頭数
	h	SaikinJyusyo1KettoNum SaikinJyusyo2KettoNum SaikinJyusyo3KettoNum	血統登録番号	0	生年（西暦）4 桁 + 品種 1 桁（コード表 2201、品種コード参照）+ 数字 5 桁
	i	SaikinJyusyo1Bamei SaikinJyusyo2Bamei SaikinJyusyo3Bamei	馬名	S	全角 18 文字

1.5 コード表

　JRA-VAN が提供しているデータで利用されているコード表を示します。なお、このコード表をプログラム内で利用するためのテキストファイル（CodeTable.csv）も提供されているので、Python で利用する方法を第 2 章で解説します。

1.5.1 競馬場コード（コード表 2001）

　テーブル「RACE」や「UMA_RACE」のカラム「JyoCD」に対応するコード表です。中央競馬の10 競馬場の他、地方競馬場や海外の競馬場も存在します。

競馬場コード（コード表2001）

値（2バイト）	表記（1）	表記（2）	表記（3）	表記（4）
01	札幌競馬場	札	札幌	札幌
02	函館競馬場	函	函館	函館
03	福島競馬場	福	福島	福島
04	新潟競馬場	新	新潟	新潟
05	東京競馬場	東	東京	東京
06	中山競馬場	中	中山	中山
07	中京競馬場	名	中京	中京
08	京都競馬場	京	京都	京都
09	阪神競馬場	阪	阪神	阪神
10	小倉競馬場	小	小倉	小倉

1.5.2　グレードコード（コード表2003）

　テーブル「RACE」のカラム「GradeCD」に対応するコード表です。レースごとに設定されたレースグレードを表します。「D（グレードのない重賞）」は、2019年ではJRA主催の「葵ステークス（京都競馬場、芝1200m）」を除き、すべて地方競馬場主催のレースです（葵ステークスは2021年からG3で実施予定とされています）。

グレードコード（コード表2003）

値（1バイト）	表記（1）	表記（2）
A	G1（平地競走）	G1
B	G2（平地競走）	G2
C	G3（平地競走）	G3
D	グレードのない重賞	
E	重賞以外の特別競走	
F	J・G1（障害競走）	J・G1
G	J・G2（障害競走）	J・G2
H	J・G3（障害競走）	J・G3
L	L（リステッド）	L
（半角空白1文字）	一般競走	

1.5.3 競走種別コード（コード表 2005）

テーブル「RACE」のカラム「SyubetuCD」に対応するコード表です。レースごとに設定された馬齢条件を表します。以前はサラブレッド系の他にもアラブ系も存在しましたが、現在はサラブレッド系のみとなります。平地レースは「11」から「14」の 4 種類しか存在しません。

競走種別コード（コード表 2005）

値 (2 バイト)	表記 (1)	表記 (2)	表記 (3)	表記 (4)
11	サラブレッド系 2 歳	サラ 2 才	サラ系 2 歳	サラ系 2 歳
12	サラブレッド系 3 歳	サラ 3 才	サラ系 3 歳	サラ系 3 歳
13	サラブレッド系 3 歳以上	サラ 3 上	サラ系 3 歳上	サラ系 3 歳以上
14	サラブレッド系 4 歳以上	サラ 4 上	サラ系 4 歳上	サラ系 4 歳以上
18	サラブレッド系障害 3 歳以上	障害 3 上	障害 3 歳上	サラ障害 3 歳以上
19	サラブレッド系障害 4 歳以上	障害 4 上	障害 4 歳上	サラ障害 4 歳以上

1.5.4 競走記号コード（コード表 2006）

テーブル「RACE」のカラム「KigoCD」に対応するコード表です。レースごとに設定されている出走条件が半角 3 文字で表現されています。例えば、牝馬限定レースを表す競走記号コードは「020」「021」「023」「024」「A20」「A21」「A23」「A24」「N20」「N21」「N23」「N24」 の 12 種類ありえます。各記号の意味は別表を参照してください。

競走記号コード（コード表 2006）

第 1 バイト：産地・購買条件等	第 2 バイト：性別制限	第 3 バイト：交流競走関係等
0:下記以外	0:下記以外（性別制限なし）	0:下記以外
A:(混合)	1: 牡	1:(指定)
B:(父)	2: 牝	2: 見習騎手
C:(市)	3: 牡・セン	3:[指定]
D:(抽)	4: 牡・牝	4:(特指)
E:[抽]		
F:(市)(抽)		
G:(抽) 関西配布馬		
H:(抽) 関東配布馬		
I:[抽] 関西配布馬		
J:[抽] 関東配布馬		
K:(市)(抽) 関西配布馬		

第1バイト：産地・購買条件等	第2バイト：性別制限	第3バイト：交流競走関係等
L:(市)(抽)関東配布馬		
M: 九州産馬		
N:(国際)		

コード表 2006 中の各記号の意味

記号	説明
(市)	公認されたせり市場において売買された(抽)以外のサラブレッド系の馬
(抽)	JRA が市場で購買し、抽せんによって希望する馬主へ売却、配布したサラブレッド系の内国産馬
[抽]	JRA が市場で購買し、抽せんによって希望する馬主へ売却、配布したアラブ系の内国産馬
(父)	父がサラブレッド系の内国産馬であるサラブレッド系の馬
(地)	JRA の馬名登録のとき、すでに地方競馬に出走したことのある馬であって[地]以外の馬
[地]	中央競馬に出走する地方競馬所属の馬
(外)	外国産馬であって[外]以外の馬
[外]	中央競馬に出走する以前に外国の競馬に出走したことのある外国産馬
(混合)	内国産馬に(外)が混合して出走できる競走
(国際)	内国産馬に(外)および[外]が混合して出走できる競走
(指定)	JRA が指定する地方競馬所属の馬が出走できる競走、および地方競馬所属の騎手が騎乗できる(特指)以外の競走
[指定]	地方競馬所属の騎手が騎乗できる競走
(特指)	認定競走(JRA が認定した地方競馬の競走)で第1着となった馬および地方競馬所属の騎手が騎乗できる競走

1.5.5 競走条件コード（コード表 2007）

　テーブル「RACE」のカラム「JyokenCD1（2歳馬）」「JyokenCD2（3歳馬）」「JyokenCD3（4歳馬）」「JyokenCD4（5歳以上）」「JyokenCD5（出走可能な最も低い馬齢）」に対応するコード表です。競走馬は実績（勝利数）によって6つのカテゴリに分けられたレースの1つに出場することができます。2019年春の改定まで馬齢によってカテゴリが異なるレースが存在していましたが、現在では馬齢によらず勝利数だけで決まります。そのため、異なる馬齢の馬が出走可能なレースでも出走できるのは同一の勝利数の競走馬のみとなり、参照するのは実質的に「JyokenCD5」だけで十分です。

競走条件コード（コード表 2007）

値（3 バイト）	内容
005	500 万円以下。1 勝クラス
010	1000 万円以下。2 勝クラス
016	1600 万円以下。3 勝クラス
701	新馬
702	未出走
703	未勝利
999	オープン

1.5.6 　重量種別コード（コード表 2008）

テーブル「RACE」のカラム「JyuryoCD」に対応するコード表です。レースごとに決められている負担重量（騎手、鞍などの総重量）を表します。

重量種別コード（コード表 2008）

値（3 バイト）	表記（1）	備考
1	ハンデ	実績や最近の状態などを考慮し、各出走馬に勝つチャンスを与えるよう決められた重量を負担させるレース
2	別定	そのレース毎に負担重量を決定する基準が個別に設けられているレース
3	馬齢	2 歳戦と 3 歳戦で定められているレース
4	定量	馬齢と性別のみで定められているレース

1.5.7 　トラックコード（コード表 2009）

テーブル名「RACE」のカラム「TrackCD」に対応するコード表です。レースで使用するコースを表します。各競馬場ともこの「トラックコード（TrackCD）」と「距離（Kyori）」で使用するコースが決まります。また、ラチ（柵）の位置を表す「コース区分（CourseKubunCD）」を加味することでさらに詳細なコース設定が決まります。なお、トラックコードは「22」以下が平地芝、「23」以上「26」以下が平地ダートであるため、この値を用いて取得したレース情報が芝であるかダートであるかの判定することもできます。

トラックコード（コード表2009）

値（2バイト）	表記（1）	表記（2）
10	平地 芝　直線	芝・直
11	平地 芝　左回り	芝・左
12	平地 芝　左回り 外回り	芝・左外
13	平地 芝　左回り 内一外回り	芝・左内→外
14	平地 芝　左回り 外一内回り	芝・左外→内
15	平地 芝　左回り 内2周	芝・左内2周
16	平地 芝　左回り 外2周	芝・左外2周
17	平地 芝　右回り	芝・右
18	平地 芝　右回り 外回り	芝・右外
19	平地 芝　右回り 内一外回り	芝・右内→外
20	平地 芝　右回り 外一内回り	芝・右外→内
21	平地 芝　右回り 内2周	芝・右内2周
22	平地 芝　右回り 外2周	芝・右外2周
23	平地 ダート 左回り	ダート・左
24	平地 ダート 右回り	ダート・右
25	平地 ダート 左回り　内回り	ダート・左内
26	平地 ダート 右回り　外回り	ダート・右外
27	平地 サンド 左回り	サンド・左
28	平地 サンド 右回り	サンド・右
29	平地 ダート 直線	ダート・直
51	障害 芝 襷	芝・襷
52	障害 芝 ダート	芝→ダート
53	障害 芝・左	芝・左
54	障害 芝	芝
55	障害 芝 外回り	芝・外
56	障害 芝 外一内回り	芝・外→内
57	障害 芝 内一外回り	芝・内→外
58	障害 芝 内2周以上	芝・内2周
59	障害 芝 外2周以上	芝・外2周

1.5.8 馬場状態コード（コード表2010）

テーブル名「RACE」のカラム「SibaBabaCD」「DirtBabaCD」に対応するコード表です。レース時の馬場状態を表します。芝コースの場合は「SibaBabaCD」のみに、ダートコースの場合は「DirtBabaCD」のみに 1 ～ 4 の値が与えられます。

馬場状態コード（コード表2010）

値（1バイト）	内容
0	未設定
1	良
2	稍重
3	重
4	不良

1.5.9 天候コード（コード表2011）

テーブル名「RACE」のカラム「TenkoCD」に対応するコード表です。レース時の天候を表します。

天候コード（コード表2011）

値（1バイト）	内容
0	未設定
1	晴
2	曇
3	雨
4	小雨
5	雪
6	大雪

1.5.10　性別コード（コード表 2202）

テーブル名「UMA」や「UMA_RACE」のカラム「SexCD」に対応するコード表です。レース出走時の性別を表します。

性別コード（コード表 2202）

値（1バイト）	内容
1	牡馬
2	牝馬
3	セン馬

1.5.11　毛色コード（コード表 2203）

テーブル名「UMA」や「UMA_RACE」のカラム「KeiroCD」に対応するコード表です。レース出走時の毛色を表します。

毛色コード（コード表 2203）

値（2バイト）	内容
00	
01	栗毛
02	栃栗毛
03	鹿毛
04	黒鹿毛
05	青鹿毛
06	青毛
07	芦毛
08	栗粕毛
09	鹿粕毛
10	青粕毛
11	白毛

1.5.12　馬記号コード（コード表 2204）

テーブル名「UMA」や「UMA_RACE」のカラム「UmaKigoCD」に対応するコード表です。競走馬ごとの属性を表します。記号の意味は 1.5.4 項の別表を参照してください。

馬記号コード（コード表 2204）

値（1 バイト）	hyouk	値（1 バイト）	hyouk	値（1 バイト）	hyouk
0		9	（父）（地）	20	（父）（外）
1	（抽）	10	（市）（地）	21	［地］
2	［抽］	11	（外）（地）	22	（外）［地］
3	（父）	12	（父）（市）（地）	23	（父）［地］
4	（市）	15	（招）	24	（市）［地］
5	（地）	16	（招）（外）	25	（父）（市）［地］
6	（外）	17	（招）（父）	26	［外］
7	（父）（抽）	18	（招）（市）	27	（父）［外］
8	（父）（市）	19	（招）（父）（市）	31	（持）

1.5.13　東西所属コード（コード表 2301）

テーブル名「KISHU」、「UMA」や「UMA_RACE」のカラム「TozaiCD」に対応するコード表です。騎手や競走馬の所属先を表します。

東西所属コード（コード表 2301）

値（1 バイト）	記述（1）	記述（2）	
0			下記以外　または未設定・未整備時の初期値（主に地方競馬・海外国際レースに関するデータ）
1	関東	美浦	美浦トレーニングセンターに所属する。
2	関西	栗東	栗東トレーニングセンターに所属する。
3	地方招待	招待	地方からの招待
4	外国招待	招待	外国からの招待

1.6　JRA 全 10 競馬場データ

　JRA は全国 10 箇所に競馬場を保有しています。障害競走を除く平地競走は、競馬場ごとに「芝」と「ダート」が「距離別」で設定されています。また、競馬場ごとに「右回り」あるいは「左回り」が決まっています。さらに競馬場によってはコースレイアウトに「内回り」あるいは「外回り」が用意されている場合もあります。なお、直線の欄に「A」「B」「C」とアルファベットで記載があるコースは、芝コースの痛みを考慮して設けられるコースの内側に沿って設けられている柵（内ラチ）の位置を表しています。

　本書では各競馬場のコースごとに分析を行うため、競馬場ごとのコース情報と 2019 年から直近 5 年間のレース数をまとめます。

札幌競馬場（コード 01）

コース情報					レース数				
芝・ダート	種類	コード	距離	直線	2019 年	2018 年	2017 年	2016 年	2015 年
芝	右回り	17	1200	A 266.1 B 267.6 C 269.1	22	22	22	22	22
			1500		18	18	18	18	18
			1800		18	19	19	18	18
			2000		19	17	17	18	17
			2600		8	8	8	8	7
ダート	右回り	24	1000	264.3	17	17	17	17	18
			1700		39	39	39	39	40
			2400		3	4	4	4	4

函館競馬場（コード 02）

コース情報					レース数				
芝・ダート	種類	コード	距離	直線	2019 年	2018 年	2017 年	2016 年	2015 年
芝	右回り	17	1000	A 262.1 B 262.1 C 264.5	1	2	2	2	2
			1200		44	42	41	41	41
			1800		18	18	19	19	18
			2000		15	16	16	16	15
			2600		6	6	6	6	6
ダート	右回り	24	1000	260.3	20	21	21	21	21
			1700		39	38	37	38	40
			2400		1	1	2	1	1

福島競馬場（コード 03）

コース情報					レース数				
芝・ダート	種類	コード	距離	直線	2019 年	2018 年	2017 年	2016 年	2015 年
芝	右回り	17	1200	A 292.0 B 297.5 C 299.7	56	56	56	56	55
			1800		32	31	31	31	32
			2000		24	25	25	25	25
			2600		11	11	11	11	11
ダート	右回り	24	1150	295.7	35	35	35	35	36
			1700		60	60	60	60	58
			2400		1	1	1	1	2

新潟競馬場（コード 04）

コース情報					レース数				
芝・ダート	種類	コード	距離	直線	2019 年	2018 年	2017 年	2016 年	2015 年
芝	直線	10	1000	1000.0	26	26	26	26	24
	左・内回り	11	1200	358.7	14	15	15	15	15
			1400		21	23	23	23	20
			2000		10	9	9	9	9
			2200		10	10	9	9	8
			2400		6	6	7	7	7
	左・外回り	12	1600	658.7	29	27	27	27	26
			1800		26	28	28	29	27
			2000		16	14	14	13	13
ダート	左回り	23	1200	353.9	59	62	62	60	54
			1800		66	64	64	66	62
			2500		2	2	2	2	0

東京競馬場（コード 05）

コース情報					レース数				
芝・ダート	種類	コード	距離	直線	2019 年	2018 年	2017 年	2016 年	2015 年
芝	左回り	11	1400	525.9	56	59	58	57	58
			1600		71	69	70	71	72
			1800		56	57	58	58	60
			2000		41	39	39	39	40
			2300		2	2	2	2	3
			2400		29	29	28	28	26
			2500		2	2	2	2	2
			3400		1	1	1	1	1
ダート	左回り	23	1300	501.6	28	29	28	29	32
			1400		94	94	94	96	95
			1600		110	109	110	107	109
			2100		38	37	36	37	39
			2400		0	0	1	1	1

中山競馬場（コード 06）

コース情報					レース数				
芝・ダート	種類	コード	距離	直線	2019 年	2018 年	2017 年	2016 年	2015 年
芝	右・内回り	17	1800	310.0	36	36	37	35	35
			2000		48	48	48	50	53
			2500		10	10	10	10	11
	右・外回り	18	1200		36	38	38	35	34
			1600		62	61	61	60	61
			2200		16	16	15	16	14
	右・内回り 2 周	21	3600		1	1	1	1	1
ダート	右回り	24	1200	308.0	127	126	126	128	132
			1800		131	134	134	134	137
			2400		9	9	9	8	10
			2500		1	1	1	1	1

中京競馬場 （コード 07)

コース情報					レース数				
芝・ダート	種類	コード	距離	直線	2019 年	2018 年	2017 年	2016 年	2015 年
芝	左回り	11	1200	412.5	19	20	20	19	21
			1400		30	31	31	31	31
			1600		33	31	32	32	28
			2000		38	36	35	35	33
			2200		15	16	16	17	16
ダート	左回り	23	1200	410.7	33	34	34	34	31
			1400		44	46	46	47	40
			1800		56	56	57	57	52
			1900		21	18	17	16	12

京都競馬場 （コード 08)

コース情報					レース数				
芝・ダート	種類	コード	距離	直線	2019 年	2018 年	2017 年	2016 年	2015 年
芝	右・内回り	17	1200	A 328.4	30	29	28	28	28
			1400	B 323.4	13	13	13	13	18
			1600	C 323.4	33	33	33	33	38
			2000	D 323.4	46	45	45	46	46
	右・外回り	18	1400	A 403.7	21	23	24	24	19
			1600	B 398.7	25	25	24	25	26
			1800	C 398.7	46	44	45	47	46
			2200	D 398.7	15	16	15	15	16
			2400		16	17	17	16	15
			3000		2	2	2	2	2
			3200		1	1	1	1	1
ダート	右回り	24	1200	329.1	64	66	66	71	73
			1400		69	71	74	79	89
			1800		117	111	110	108	111
			1900		19	21	20	21	24

阪神競馬場（コード 09）

コース情報						レース数				
芝・ダート	種類	コード	距離	直線		2019 年	2018 年	2017 年	2016 年	2015 年
芝	右・内回り	17	1200	A 356.5 B 359.1		27	27	24	22	23
			1400			32	33	41	39	42
			2000			41	41	38	37	36
			2200			8	8	9	10	12
			3000			1	1	1	1	1
	右・外回り	18	1600	A 473.6 B 476.3		55	53	47	49	45
			1800			43	44	48	46	47
			2400			17	17	16	17	16
			2600			3	3	3	1	0
ダート	右回り	24	1200	352.7		55	55	56	57	61
			1400			77	79	79	73	71
			1800			112	112	111	108	112
			2000			18	17	17	18	13

小倉競馬場（コード 10）

コース情報						レース数				
芝・ダート	種類	コード	距離	直線		2019 年	2018 年	2017 年	2016 年	2015 年
芝	右回り	17	1200	293.0		72	71	71	72	71
			1700			1	1	1	1	1
			1800			34	35	36	36	37
			2000			35	35	34	33	33
			2600			7	7	7	7	7
ダート	右回り	24	1000	291.3		26	27	27	26	26
			1700			56	55	55	55	55
			2400			2	2	2	2	2

2

Python 環境構築とプログラミング入門

2.1 Python のインストール

Python の公式ページ（https://www.python.org/）にアクセスします。トップメニューの「Downloads」にマウスと乗せると図 2.1 のようなプルダウンメニューが現れます。OS が Windows の場合には、「Download for Windows」の下のボタンをクリックすると、python-3.9.0.exe という実行ファイルがダウンロードされます（Python のバージョンによってファイル名の数字は変わります）。

図 2.1 ● Python の公式ダウンロードページ（2020 年 11 月）

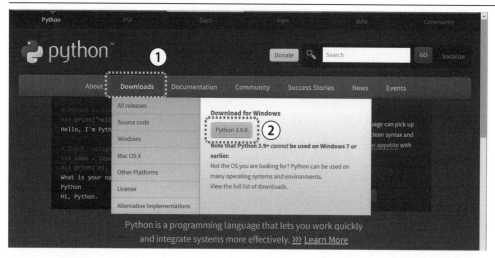

図 2.2 ● Python のインストーラー実行ファイル

python-3.9.0
-amd64.exe

　この実行ファイルをダブルクリックして実行すると、Pythonのインストーラーがダウンロードされると同時に実行され、図2.3のような画面が現れます。一番下にある「add Python 3.9 to Path」のチェックボックスにチェックを入れるのを忘れないようにしてください。これを忘れると後でOSの環境設定でPathを別途設定する必要が出てきてしまいます。チェックを入れた後に「Install Now」をクリックします。インストールはあっという間に終わります。

図2.3 ● Pythonインストーラー実行画面

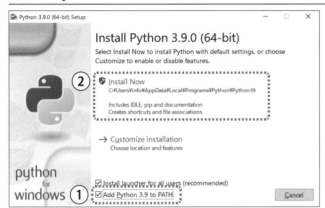

　続いて、Pythonが正しくインストールできていることを確認します。Windowsメニュー一覧から「Windowsシステムツール」をクリックして表示される「コマンドプロンプト」を起動してください。下図のような画面が表示されます。Pythonはこのコマンドプロンプトで命令文を入力することで利用することができます。

図2.4 ●コマンドプロンプトの起動画面

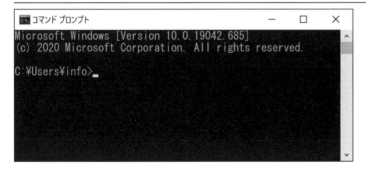

　パソコンにインストールされた Python のバージョンを確認する命令文「python -V」（「V」は大文字）を入力してエンターキーを入力すると、「Python 3.9.0」というように、インストールされているバージョンが表示されます。

図 2.5 ● Python のバージョン確認

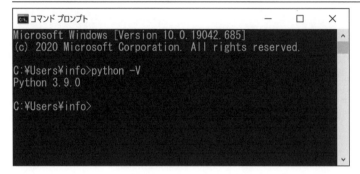

　Python はこれまで利用したコマンドプロンプトとプログラムを記述するテキストエディタがあれば開発ができますが、Microsoft 社が無償公開している大変便利なテキストエディタ「Visual Studio Code」（以下 VS Code）を紹介します。このテキストエディタは、Python のプログラムソースのシンタックスハイライトに加えコード補完、更にはプログラムソースのバグフィックスのためのデバッカーまで付いています。これを利用すると開発速度が倍増するのでお勧めします。

2.2 テキストエディタ「Visual Studio Code」の準備

　VS Code をインストールするには、公式ページ（https://azure.microsoft.com/ja-jp/products/visual-studio-code/）から OS に対応したインストーラーをダウンロードして実行するだけです。ここまでの手順は簡単なので解説は省略して、Python に対応させる拡張機能（Extensions）の導入方法を解説します。VS Code を起動して、ウィンドウ左端のアクティビティバーにある拡張機能ボタン（図 2.6 ①）をクリックすると、サイドバーに拡張機能の一覧が表示されます。サイドバーの上部に表示されるテキストボックス（同②）に「python」と入力すると、Python に関係する拡張機能の一覧が表示されます。その中から Microsoft 社が提供する「Python」という機能拡張（同③）をクリックして選択し、「Install」ボタン（同④）をクリックしてインストールします。インストールが完了したら、タブのクローズボタン（同⑤）をクリックしてタブを閉じます。①のボタンをもう一度クリックすれば、拡張機能の一覧を非表示にすることができます。

図 2.6 ● Python を利用するための拡張機能の導入

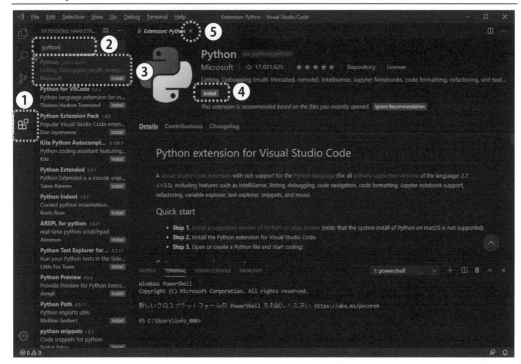

　続いて、このエディタを用いた Python プログラムコードの記述の方法とプログラムの実行方法を解説します。プログラムソース HelloWorld.py をダブルクリックしてください。VS Code のインストール時に拡張子「py」の関連付けがうまく行っていれば、VS Code が起動します。もし、VS Code が起動しない場合には、ファイルのアイコンを右クリックして「プログラムから開く」を選択し、「Visual Studio Code」を選択します。このファイルに記述されている内容は、次に示すただ 1 行だけです。

```
print("Hello World")
```

　print は、ターミナルへ文字列を表示するための関数で、このプログラムソースを実行すると「Hello World」という文字列がターミナルに表示されます。プログラムを実行するには、アクティビティバーにある実行ボタン（図 2.7 ①）をクリックし、次にサイドバーの「Run and Debug Python (F5)」ボタン（同②）をクリックして、最後に「Select a debug configuration」のメニューから「Python File」（同③）をクリックします。この実行方法は「デバックモードによる実行」と呼ばれ、プログラムソースにバグが存在した場合に、エラー発生時の変数の値などの情報を得るこ

とができます。その分だけプログラムの実行速度は遅くなりますが、プログラムの開発時はこのデバックモードで実行するほうが開発効率は上がります。ちなみに、デバッグモードではプログラム開発で非常に有用なブレークポイントの利用もできます。早速プログラムソース HelloWorld.py をデバッグモードで実行して、ターミナルに表示されていることを確認してみましょう。

図 2.7 ●デバックモードによる実行方法

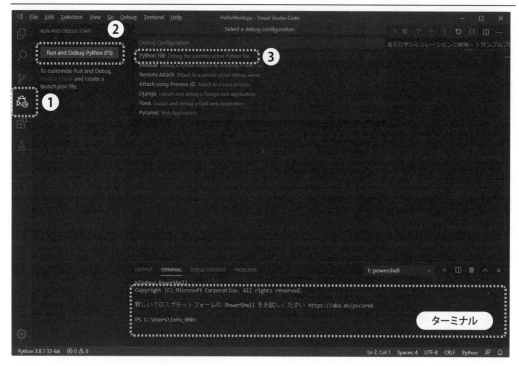

なお、図 2.8 に示すように、右上の「▶」ボタンをクリックすることで、デバッグモードではなく「通常実行」を行うことができます。デバッグモードと比較して速度は数倍程度早くなりますが、本書のプログラムでは SQLite ファイル（データベース）へのアクセスが速度の律速となるため、「通常実行」の恩恵はあまりありません。

図 2.8 ●「通常実行」開始ボタンの位置

2.3 Python の基本構文

本節では、何らかのプログラミング言語の学習経験がある方を対象に、本書で用いる Python の基本構文について解説します。プログラミング言語自体の学習が初めての方や、Python の全体について深く勉強したい方は別途専門書を参照してください。

2.3.1 変数の型と演算子

Python では、以下の 9 種類の変数の型とバイナリデータを扱う型、ファイルリソースを扱う型が定義されています。下記の 9 種のうち Python に特有な型はタプル型ぐらいで、他は一般的なプログラミング言語と同様です。Python では変数宣言を行う際に型を表すキーワードは必要ありません。代入される値によって動的に型が与えられます。また、型変換用の関数、int 関数、float 関数、complex 関数、str 関数も定義されています。

Python の変数の型

型	意味	説明	変数宣言の例
int 型	整数型	32 ビットの正負の整数	n = 10
float 型	小数型	64 ビットの浮動小数	a = 5.8
complex 型	複素数型		z = 3 + 1j
str 型	文字列型	文字列	s = "Hellow"
bool 型	真偽値型	True あるいは False（頭文字は大文字）	flag = False
list 型	リスト型	一般的に配列と呼ばれるもの	L = [10, 20, 50, "Hellow"]
tuple 型	タプル型	変数宣言後、要素の変更ができない配列	T = (10, 20, 50, "Hellow")
dict 型	辞書型	一般的に連想配列と呼ばれるもの	D = {"K": 42, "S": 80, "E": 60}
set 型	集合型	重複を無視したデータの集合	S = {10, 20, "A"}

演算子の例

演算子	説明
=	代入演算子。左辺の変数に右辺の値を代入
-	減算演算子
*	乗算演算子
/	除算演算子
%	剰余演算子。余りを計算
+	加算演算子（数値の場合）。文字列の場合は連結演算子（右辺の値を左辺の変数値に加算）

Python には += 、*= 、/= 、−= のように変数に右辺の値で加算・乗算・除算・減算する演算子も定義されていますが、++（インクリメント）や−−（デクリメント）は定義されていません。

2.3.2 ### 繰り返し文（for 文）

Python の繰り返し文は、for-in を用いたリスト型・タプル型・辞書型に対する走査型しか存在しません。例えば、前項の表中で宣言したリスト型変数 L、タプル型変数 T、辞書型変数 D の要素をターミナルに表示するプログラムは次のとおりです。

```
L = [10, 20, 50, "Hellow"]
for l in L:
    print(l)  # 10, 20, 50, "Hellow" が改行とともに表示

T = (10, 20, 50, "Hellow")
for t in T:
    print(t)  # 10, 20, 50, "Hellow" が改行とともに表示

D = {"K": 42, "S": 80, "E": 60}
for d in D:
    print( d + ":" + str(D[d]))  # K:42, S:80, E:60 が改行とともに表示    <-------------- (※)
```

リスト型とタプル型は for と in の間の変数に要素が順番に与えられますが、辞書型の場合にはキーが与えられます。そのため、辞書型の値を取得するには「D[d]」という構文でデータへのアクセスを行う必要があります。なお、（※）は辞書型キー「d」と文字列「":"」と辞書型の値「D[d]」を連結して表示するために「+」演算子で文字列連結を行っています。この 3 つの内、「d」と「":"」は文字列ですが、「D[d]」は今回の例では整数型なので文字列連結するために str 関数で文字列に変換する必要があります。

Python で一般のプログラミング言語と大きく異なるのがブロック構文です。よくあるのは「{」と「}」で囲われた領域が 1 つのブロックとして扱われますが、Python の場合には「:」とその後のインデント（半角スペース、あるいはタブ区切り）でブロックを表します。上記の例では for-in 文の最後の「:」とインデントされた次の行です。インデントが戻った時点がブロックの終了を意味します。

通常のプログラミング言語の for 文のように 0 から n − 1 まで繰り返しを行いたい場合は、range 関数を用いて配列を作った後に、これを用いて for-in 構文で繰り返しを行います。次の例は変数 i に 0 から 4 を代入してターミナルに出力しています。

```
for i in range(5):      # range(5) の戻り値はリスト [0, 1, 2, 3, 4]
    print(i)            # 0, 1, 2, 3, 4 が改行とともに表示
```

なお、「#」はこの右側が無視される 1 行コメントアウト構文です。複数行コメントアウトは「'''」と「'''」で囲まれた領域となります。

2.3.3　条件分岐文（if 文）

Python の条件分岐文は一般のプログラミング言語と同じです。if 文の後に「:」とインデントを用いて条件を満たした場合に実行するブロックを構成します。なお、次の例のように if 文の場合には「:」の後に改行を行わずに 1 行で済ますことも許されています。

```
for i in range(10):
    if( i % 3 == 0): print( i )   # 0, 3, 6, 9 が改行とともに表示
```

if 文の括弧の中で利用する比較演算子の一覧を以下に示します。比較演算子の戻り値は True か False です。

比較演算子の一覧

比較演算子	意味
A == B	A は B と等しい
A != B	A は B と等しくない
A > B	A は B より大きい
A >= B	A は B 以上
A < B	A は B より小さい
A <= B	A は B 以下

また、ブール演算子 and（かつ）、or（または）、not（反転）も定義されています。

2.3.4 continue 文と break 文

一般のプログラミング言語のように繰り返し文の実行をスキップする continue 文と break 文も定義されています。

```
for i in range(10):
    if( i % 3 == 0): continue
    print( i )  # 1, 2, 4, 5, 7, 8 が改行とともに表示
for i in range(10):
    if( i / 3 == 1): break
    print( i )  # 0, 1, 2 が改行とともに表示
```

2.3.5 関数の定義と関数の実行

Python による関数の定義方法、実行方法は一般のプログラミング言語と同様です。関数定義のキーワードは def です。引数には 9 つの型に加えて、独自に定義したクラスのオブジェクトを与えることができます。リスト型、辞書型、集合型変数を引数に与えると「参照渡し」、それ以外の型の変数は「値渡し」となります。戻り値は return 文で行います。

```
# 関数名「add」を定義
def add( a, b ):
    return a + b
# 関数の実行
c = add( 10, 5 )
print( c )
```

2.3.6 外部テキストファイルの読み込み

Python ではパソコン上のテキストファイルを簡単に読み込むことができます。たった 2 行です。1 行目は指定した外部ファイルをオープンする open 関数の実行です。引数には外部ファイルのパスを指定します。open 関数も戻り値はファイルオブジェクトと呼ばれるファイルに関する情報がまとめられたデータとなります。

```
ファイルオブジェクト = open( ファイルパス )
```

　2行目はオープンしたファイルから行ごとに取得するメソッドがあります。それが、readlines メソッドです。

```
リスト = ファイルオブジェクト.readlines()
```

　readlines メソッドは「\r」（キャリッジリターン）という改行を表す制御文字で分割して、リスト型に格納した値を戻り値として返します。そして、リスト型なので for-in 構文で各行を読み取ることができます。次のプログラムソースは、予め用意しておいた外部テキストファイル（test.txt）を読み込んで、1行ごとにターミナルへの出力を行います。

サンプルプログラム●外部テキストファイルの読み込み（file_read.py）

```
# ファイルオープン
file = open('test.txt')
# 行の取得
lines = file.readlines()
# 行ごとの取得
for line in lines:
    line = line.replace('\n', '')    <----------------------------------------- (※1)
    print(line)
# ファイルクローズ
file.close()    <----------------------------------------------------------------- (※2)
```

（※1）　Windows の場合、先の「\r」と「\n」（ラインフィード）と呼ばれる制御文字が並んだ「\r\n」が改行コードとして利用されます。そのため、readlines メソッドの戻り値となる配列の要素には「\n」が残ったままとなります。そこで、第1引数で指定した文字列を第2引数で指定した文字列で置き換える文字列型の replace メソッドを用いて、「\n」を「」に置き換えることで削除しています。replace メソッドの有無による実行結果の違いを確かめてみてください。

（※2）　ファイルを閉じるための close メソッドは、変数を再利用する場合を除いて不要です。

2.3.7 ファイル書き込み

Python では任意のフォルダにテキストファイルを簡単に出力することができます。こちらもたった 2 行です。1 行目は指定したテキストファイルを「書き込みモード」でオープンする open 関数の実行です。引数には外部ファイルのパスを指定します。open 関数も戻り値はファイルオブジェクトと呼ばれるファイルに関する情報がまとめられたデータとなります。

```
ファイルオブジェクト = open( ファイルパス, 書き込みモード )
```

書き込みモードは新規作成あるいは上書きを表す「"w"」、追記する「"a"」、ファイルが存在しない場合のみ新規作成する「"x"」の 3 種類です。2 行目はオープンしたファイルに文字列を書き込む write メソッドです。

```
ファイルオブジェクト.write( 文字列 )
```

write メソッドを実行するごとに、ファイルに文字列を追加していくことができます。改行やタブはそれぞれ改行コード「"\n"」、タブコード「"\t"」を記述します。

サンプルプログラム●外部テキストファイルへの書き込み（file_write.py）

```python
# ファイルオープン
file = open("write.txt", "w")
for l in range(10):
    # ファイルへの書き込み
    file.write( str(l) + "\n")
# ファイルクローズ
file.close()
```

2.3.8 フォルダ生成

Python では任意のフォルダ構造の生成も簡単に行えます。こちらは必要な os モジュールのインポートを除けば、os モジュールの makedirs メソッドの実行だけです。makedirs メソッドは第 1 引数にフォルダパスを与えます。フォルダパスに指定するフォルダ構造は任意の階層を指定することができます。さらに、第 2 引数に「exist_ok = True」を与えるとフォルダが存在する場合にも

エラーは発生しません。

サンプルプログラム●フォルダ生成（file_write.py）

```
# モジュールのインポート
import os
# フォルダ生成
os.makedirs("test/1/", exist_ok = True)
```

新しいディレクトリを作成する `mkdir` メソッドもありますが、`makedirs` メソッドのほうが使い勝手が良いです。

2.3.9 年月日の扱い

Python では `datetime` モジュールのインポートを行うことで年月日も簡単に扱うことができます。さらに、任意の年月日で取得したオブジェクト同士の引き算することで、経過日数も取得することができます。次のサンプルプログラムは実行時の日付と誕生日を取得して年齢を計算しています。

サンプルプログラム●経過日数の取得（datetime.py）

```
# 時刻関連モジュールのインポート
import datetime
# 現在日付のオブジェクトを取得
today = datetime.date.today()          <------------------------------ (※1)
# 指定日付のオブジェクトを取得
birthday = datetime.date(1978, 11, 28) <------------------------------ (※2)
# 経過日数を計算
nenrei = today - birthday              <------------------------------ (※3)
# 経過日数を取得
nenrei_day = nenrei.days               <------------------------------ (※4)
# 経過日数を取得
nenrei_year = int(nenrei_day/365)      <------------------------------ (※5)
# 年齢をコンソールへ表示
print( nenrei_year )
```

（※1）　実行時の日付オブジェクトを生成する `date.today` メソッドを実行します。

（※2）　任意の日付オブジェクトは date メソッドで生成することができます。3つの引数に「年」
「月」「日」を与えます。

（※3）　日付オブジェクト同士は演算することができます。今回は経過日数を計算するために引き算
を行います。

（※4）　引き算後の日数は日付オブジェクトの nenrei_day プロパティに格納されています。

（※5）　経過日数から経過年数を計算するために 365 で割り算しています（うるう年は考慮せず）。
ただし、割り算結果は小数となるため、int 関数で整数型へ型変換を行います。
なお、秒単位の経過時間を取得する場合は date メソッドではなく datetime メソッドを用い
ます。

2.3.10　データの並び替え

　Python でデータの並び替えは sorted 関数を用いると簡単に実行することができます。はじめに
並び替えを行いたいデータを辞書型で準備します。sorted 関数を用いると並び替えを行った後の
結果をリスト型で返します。sorted 関数の第3引数で昇順、降順も指定することができます。

サンプルプログラム●データの並び替え（sorted.py）

```
# 辞書型
D = {"K": 42, "S": 80, "E": 60}
# 昇順
D_sorted1 = sorted(D.items(), key=lambda x:x[1], reverse=False)
# 降順
D_sorted2 = sorted(D.items(), key=lambda x:x[1], reverse=True)
# ターミナルへ出力
print(D_sorted1) # [('K', 42), ('E', 60), ('S', 80)]  <----------------------------------------- (※)
print(D_sorted2) # [('S', 80), ('E', 60), ('K', 42)]
```

（※）　戻り値はリスト型です。昇順の場合小さい順に D_sorted1[0]、D_sorted1[1]、D_sorted1[2]
に格納されますが、格納される値は辞書型ではなくタプル型となる点に注意が必要です。D_
sorted1[0][0] に 'K'、D_sorted1[0][1] に 42 が格納されます。

2.4 解析に必要となるデータの準備

2.4.1 全競馬場コース情報配列の準備

1.6 節で解説した全競馬場のコースデータの辞書型配列（キーはトラックコードを表す TrackCD と距離を表す Kyori）をさらに配列化したデータを用意します。この配列を用いることで、for-in 構文で全競馬場の集計を行うことができます。

サンプルプログラム●全競馬場のコース情報配列（Keibajyo.py）

```python
# ############################################################################
# 競馬場ごとのコース情報が格納された辞書型
Courses = {}
# 札幌競馬場
Courses["01"] = []
Courses["01"].append( { "TrackCD" : "17" , "Kyori" : "1200" } ) # 芝・右
Courses["01"].append( { "TrackCD" : "17" , "Kyori" : "1500" } ) # 芝・右
Courses["01"].append( { "TrackCD" : "17" , "Kyori" : "1800" } ) # 芝・右
Courses["01"].append( { "TrackCD" : "17" , "Kyori" : "2000" } ) # 芝・右
Courses["01"].append( { "TrackCD" : "17" , "Kyori" : "2600" } ) # 芝・右
Courses["01"].append( { "TrackCD" : "24" , "Kyori" : "1000" } ) # ダート・右
Courses["01"].append( { "TrackCD" : "24" , "Kyori" : "1700" } ) # ダート・右
Courses["01"].append( { "TrackCD" : "24" , "Kyori" : "2400" } ) # ダート・右
# 函館競馬場
Courses["02"] = []
Courses["02"].append( { "TrackCD" : "17" , "Kyori" : "1000" } ) # 芝・右（殆どなし）
Courses["02"].append( { "TrackCD" : "17" , "Kyori" : "1200" } ) # 芝・右
Courses["02"].append( { "TrackCD" : "17" , "Kyori" : "1800" } ) # 芝・右
Courses["02"].append( { "TrackCD" : "17" , "Kyori" : "2000" } ) # 芝・右
Courses["02"].append( { "TrackCD" : "17" , "Kyori" : "2600" } ) # 芝・右
Courses["02"].append( { "TrackCD" : "24" , "Kyori" : "1000" } ) # ダート・右
Courses["02"].append( { "TrackCD" : "24" , "Kyori" : "1700" } ) # ダート・右
Courses["02"].append( { "TrackCD" : "24" , "Kyori" : "2400" } ) # ダート・右
# 福島競馬場
Courses["03"] = []
Courses["03"].append( { "TrackCD" : "17" , "Kyori" : "1200" } ) # 芝・右
```

```
Courses["03"].append( { "TrackCD" : "17" , "Kyori" : "1800" } ) # 芝・右
Courses["03"].append( { "TrackCD" : "17" , "Kyori" : "2000" } ) # 芝・右
Courses["03"].append( { "TrackCD" : "17" , "Kyori" : "2600" } ) # 芝・右
Courses["03"].append( { "TrackCD" : "24" , "Kyori" : "1150" } ) # ダート・右
Courses["03"].append( { "TrackCD" : "24" , "Kyori" : "1700" } ) # ダート・右
Courses["03"].append( { "TrackCD" : "24" , "Kyori" : "2400" } )
                                                          └ # ダート・右（殆どなし）

# 新潟競馬場
Courses["04"] = []
Courses["04"].append( { "TrackCD" : "10" , "Kyori" : "1000" } ) # 直線
Courses["04"].append( { "TrackCD" : "11" , "Kyori" : "1200" } ) # 芝・左・内回り
Courses["04"].append( { "TrackCD" : "11" , "Kyori" : "1400" } ) # 芝・左・内回り
Courses["04"].append( { "TrackCD" : "11" , "Kyori" : "2000" } ) # 芝・左・内回り
Courses["04"].append( { "TrackCD" : "11" , "Kyori" : "2200" } ) # 芝・左・内回り
Courses["04"].append( { "TrackCD" : "11" , "Kyori" : "2400" } ) # 芝・左・内回り
Courses["04"].append( { "TrackCD" : "12" , "Kyori" : "1600" } ) # 芝・左・外回り
Courses["04"].append( { "TrackCD" : "12" , "Kyori" : "1800" } ) # 芝・左・外回り
Courses["04"].append( { "TrackCD" : "12" , "Kyori" : "2000" } ) # 芝・左・外回り
Courses["04"].append( { "TrackCD" : "23" , "Kyori" : "1200" } ) # ダート・左
Courses["04"].append( { "TrackCD" : "23" , "Kyori" : "1800" } ) # ダート・左
Courses["04"].append( { "TrackCD" : "23" , "Kyori" : "2500" } )
                                                          └ # ダート・左（殆どなし）

# 東京競馬場
Courses["05"] = []
Courses["05"].append( { "TrackCD" : "11" , "Kyori" : "1400" } ) # 芝・左
Courses["05"].append( { "TrackCD" : "11" , "Kyori" : "1600" } ) # 芝・左
Courses["05"].append( { "TrackCD" : "11" , "Kyori" : "1800" } ) # 芝・左
Courses["05"].append( { "TrackCD" : "11" , "Kyori" : "2000" } ) # 芝・左
Courses["05"].append( { "TrackCD" : "11" , "Kyori" : "2300" } ) # 芝・左（殆どなし）
Courses["05"].append( { "TrackCD" : "11" , "Kyori" : "2400" } ) # 芝・左
Courses["05"].append( { "TrackCD" : "11" , "Kyori" : "2500" } ) # 芝・左（殆どなし）
Courses["05"].append( { "TrackCD" : "11" , "Kyori" : "3400" } ) # 芝・左（殆どなし）
Courses["05"].append( { "TrackCD" : "23" , "Kyori" : "1300" } ) # ダート・左
Courses["05"].append( { "TrackCD" : "23" , "Kyori" : "1400" } ) # ダート・左
Courses["05"].append( { "TrackCD" : "23" , "Kyori" : "1600" } ) # ダート・左
Courses["05"].append( { "TrackCD" : "23" , "Kyori" : "2100" } ) # ダート・左
Courses["05"].append( { "TrackCD" : "23" , "Kyori" : "2400" } )
                                                          └ # ダート・左（殆どなし）

# 中山競馬場
```

```
Courses["06"] = []
Courses["06"].append( { "TrackCD" : "17" , "Kyori" : "1800" } ) # 芝・右
Courses["06"].append( { "TrackCD" : "17" , "Kyori" : "2000" } ) # 芝・右
Courses["06"].append( { "TrackCD" : "17" , "Kyori" : "2500" } ) # 芝・右
Courses["06"].append( { "TrackCD" : "18" , "Kyori" : "1200" } ) # 芝・右・外回り
Courses["06"].append( { "TrackCD" : "18" , "Kyori" : "1600" } ) # 芝・右・外回り
Courses["06"].append( { "TrackCD" : "18" , "Kyori" : "2200" } ) # 芝・右・外回り
Courses["06"].append( { "TrackCD" : "21" , "Kyori" : "3600" } ) # 芝・右・2周
Courses["06"].append( { "TrackCD" : "24" , "Kyori" : "1200" } ) # ダート・右
Courses["06"].append( { "TrackCD" : "24" , "Kyori" : "1800" } ) # ダート・右
Courses["06"].append( { "TrackCD" : "24" , "Kyori" : "2400" } ) # ダート・右
Courses["06"].append( { "TrackCD" : "24" , "Kyori" : "2500" } )
                                        └ # ダート・右（殆どなし）

# 中京競馬場
Courses["07"] = []
Courses["07"].append( { "TrackCD" : "11" , "Kyori" : "1200" } ) # 芝・左
Courses["07"].append( { "TrackCD" : "11" , "Kyori" : "1400" } ) # 芝・左
Courses["07"].append( { "TrackCD" : "11" , "Kyori" : "1600" } ) # 芝・左
Courses["07"].append( { "TrackCD" : "11" , "Kyori" : "2000" } ) # 芝・左
Courses["07"].append( { "TrackCD" : "11" , "Kyori" : "2200" } ) # 芝・左
Courses["07"].append( { "TrackCD" : "23" , "Kyori" : "1200" } ) # ダート・左
Courses["07"].append( { "TrackCD" : "23" , "Kyori" : "1400" } ) # ダート・左
Courses["07"].append( { "TrackCD" : "23" , "Kyori" : "1800" } ) # ダート・左
Courses["07"].append( { "TrackCD" : "23" , "Kyori" : "1900" } ) # ダート・左
# 京都競馬場
Courses["08"] = []
Courses["08"].append( { "TrackCD" : "17" , "Kyori" : "1200" } ) # 芝・右・内回り
Courses["08"].append( { "TrackCD" : "17" , "Kyori" : "1400" } ) # 芝・右・内回り
Courses["08"].append( { "TrackCD" : "17" , "Kyori" : "1600" } ) # 芝・右・内回り
Courses["08"].append( { "TrackCD" : "17" , "Kyori" : "2000" } ) # 芝・右・内回り
Courses["08"].append( { "TrackCD" : "18" , "Kyori" : "1400" } ) # 芝・右・外回り
Courses["08"].append( { "TrackCD" : "18" , "Kyori" : "1600" } ) # 芝・右・外回り
Courses["08"].append( { "TrackCD" : "18" , "Kyori" : "1800" } ) # 芝・右・外回り
Courses["08"].append( { "TrackCD" : "18" , "Kyori" : "2200" } ) # 芝・右・外回り
Courses["08"].append( { "TrackCD" : "18" , "Kyori" : "2400" } ) # 芝・右・外回り
Courses["08"].append( { "TrackCD" : "18" , "Kyori" : "3000" } )
                                            └ # 芝・右・外回り（殆どなし）
Courses["08"].append( { "TrackCD" : "18" , "Kyori" : "3200" } )
                                            └ # 芝・右・外回り（殆どなし）
```

```
Courses["08"].append( { "TrackCD" : "24" , "Kyori" : "1200" } ) # ダート・右
Courses["08"].append( { "TrackCD" : "24" , "Kyori" : "1400" } ) # ダート・右
Courses["08"].append( { "TrackCD" : "24" , "Kyori" : "1800" } ) # ダート・右
Courses["08"].append( { "TrackCD" : "24" , "Kyori" : "1900" } ) # ダート・右
# 阪神競馬場
Courses["09"] = []
Courses["09"].append( { "TrackCD" : "17" , "Kyori" : "1200" } ) # 芝・右・内回り
Courses["09"].append( { "TrackCD" : "17" , "Kyori" : "1400" } ) # 芝・右・内回り
Courses["09"].append( { "TrackCD" : "17" , "Kyori" : "2000" } ) # 芝・右・内回り
Courses["09"].append( { "TrackCD" : "17" , "Kyori" : "2200" } ) # 芝・右・内回り
Courses["09"].append( { "TrackCD" : "17" , "Kyori" : "3000" } ) # 芝・右（殆どなし）
Courses["09"].append( { "TrackCD" : "18" , "Kyori" : "1600" } ) # 芝・右・外回り
Courses["09"].append( { "TrackCD" : "18" , "Kyori" : "1800" } ) # 芝・右・外回り
Courses["09"].append( { "TrackCD" : "18" , "Kyori" : "2400" } ) # 芝・右・外回り
Courses["09"].append( { "TrackCD" : "18" , "Kyori" : "2600" } )
                                              └ # 芝・右・外回り（殆どなし）
Courses["09"].append( { "TrackCD" : "24" , "Kyori" : "1200" } ) # ダート・右
Courses["09"].append( { "TrackCD" : "24" , "Kyori" : "1400" } ) # ダート・右
Courses["09"].append( { "TrackCD" : "24" , "Kyori" : "1800" } ) # ダート・右
Courses["09"].append( { "TrackCD" : "24" , "Kyori" : "2000" } ) # ダート・右
# 小倉競馬場
Courses["10"] = []
Courses["10"].append( { "TrackCD" : "17" , "Kyori" : "1200" } ) # 芝・右
Courses["10"].append( { "TrackCD" : "17" , "Kyori" : "1700" } ) # 芝・右（殆どなし）
Courses["10"].append( { "TrackCD" : "17" , "Kyori" : "1800" } ) # 芝・右
Courses["10"].append( { "TrackCD" : "17" , "Kyori" : "2000" } ) # 芝・右
Courses["10"].append( { "TrackCD" : "17" , "Kyori" : "2600" } ) # 芝・右
Courses["10"].append( { "TrackCD" : "24" , "Kyori" : "1000" } ) # ダート・右
Courses["10"].append( { "TrackCD" : "24" , "Kyori" : "1700" } ) # ダート・右
Courses["10"].append( { "TrackCD" : "24" , "Kyori" : "2400" } )
                                              └ # ダート・右（殆どなし）
```

2.4.2 コードから値への変換関数 getCodeValue の準備

　本項では、データベースで使用されている 1.5 節で解説したコードから対応した値を取得する、getCodeValue 関数を定義します。第 1 引数にコード番号（2001 など）、第 2 引数にキー（01 な

ど）、第3引数に取得したい値の種類を指定する整数（1～6）を与えます。

```
value = getCodeValue( code, key, type )
```

　この関数を定義するために、コード変換関数を準備するには公式ページで公開されているテキストデータ CodeTable.csv を用います。1.5.1 項で示したとおり競馬場コード番号に対応した「場名」「場略名1文字」「場略名2文字」「場略名3文字」「場欧字名」がカンマ区切りで用意されています。

CodeTable.csv の一部

```
2001,00,,,,,,
2001,01,札幌競馬場,札,札幌,札幌,SAPPORO,
2001,02,函館競馬場,函,函館,函館,HAKODATE,
2001,03,福島競馬場,福,福島,福島,FUKUSHIMA,
2001,04,新潟競馬場,新,新潟,新潟,NIIGATA,
  ⋮
```

　つまり、getCodeValue 関数は第1引数に「2001」、第2引数に「01」を与えると、札幌競馬場に関する表記を得ることができ、その種類を第3引数で指定するわけです。「1」の場合は「札幌競馬場」、「2」の場合は「札」、「2」の場合は「札幌」という具合です。

　この getCodeValue 関数を実装するには2つの手順が必要となります。1つ目が CodeTable.csv を読み込んでコード表リストを作成すること、2つ目が作成したコード表リストから該当するコード番号とキーに対応する行を取得後、種類を指定する整数に対応する値を戻り値として返すという手順です。1つ目に対応するプログラムソースは次のとおりです。

プログラムソース● CodeTable.csv の読み込み（getCodeValue.py の前半）

```python
# コード表リスト
CodeTable = []
# 外部ファイルの読み込み
f_in = open('../CodeTable.csv')
# コード表リストの生成
for line in f_in.readlines():
    values = line.split(',')        <------------------------------------- (※1-1)
    print( values )                 <------------------------------------- (※1-2)
    CodeTable.append( values )      <------------------------------------- (※2)
```

```
# ファイルクローズ
f_in.close()
```

(※1)　文字列を指定した文字列で分割して、リストに格納する split メソッドを実行しています。変数 value はリスト型です。ターミナルへの出力結果は下記のとおりです。各行がリスト型で格納されています。

(※2)　append メソッドを用いてリスト CodeTable に要素を追加しています。この for-in 構文が終了した段階で、CodeTable.csv の全行がリストに格納され、それぞれの要素がまた（※1）で生成されたリストが格納されます。つまり2重リストです。n と m を整数として、CodeTable[n][m] という形式でデータにアクセスします。例えば、CodeTable[4][2] の要素は「新潟競馬場」となります。配列要素番号は0番から数えることを忘れてはいけません。

各行がリスト型で格納されている様子

```
['2001', '00', '', '', '', '', '', '\n']
['2001', '01', '札幌競馬場', '札', '札幌', '札幌', 'SAPPORO', '\n']
['2001', '02', '函館競馬場', '函', '函館', '函館', 'HAKODATE', '\n']
['2001', '03', '福島競馬場', '福', '福島', '福島', 'FUKUSHIMA', '\n']
['2001', '04', '新潟競馬場', '新', '新潟', '新潟', 'NIIGATA', '\n']
['2001', '05', '東京競馬場', '東', '東京', '東京', 'TOKYO', '\n']
['2001', '06', '中山競馬場', '中', '中山', '中山', 'NAKAYAMA', '\n']
['2001', '07', '中京競馬場', '名', '中京', '中京', 'CHUKYO', '\n']
['2001', '08', '京都競馬場', '京', '京都', '京都', 'KYOTO', '\n']
['2001', '09', '阪神競馬場', '阪', '阪神', '阪神', 'HANSHIN', '\n']
['2001', '10', '小倉競馬場', '小', '小倉', '小倉', 'KOKURA', '\n']
  ⋮
```

　2重リスト型データ CodeTable から getCodeValue 関数を実装するのは簡単です。第1引数 code と CodeTable の各行の第1要素（n=0）、第2引数 key と CodeTable の各行の第2要素（n=1）が両者とも一致する行（1行しか存在しない）を抜き出して、第3引数 type で指定した要素を戻り値として返すだけです。次のプログラムソースのとおり、for-in 構文で CodeTable の各行を走査して該当する要素を return 文で返します。

プログラムソース● getCodeValue 関数の定義（getCodeValue.py の後半）

```
# 「コード」→「値」変換関数「getCodeValue」の定義
def getCodeValue( code, key, type ):
    for c in CodeTable:
```

```
        if(c[0] == code and c[1] == key ): return c[ type + 1 ]
# 実行結果の確認
value = getCodeValue( "2001", "01", 1 )  <----------------------------------------------- (※)
print( value )
```

（※）　　getCodeValue 関数の実行を確認するプログラムは次のとおりです。ターミナルに「札幌競馬場」と表示されるはずです。

3.1 SQLite の基礎

3.1.1 SQLite とは

第 1 章で構築した SQLite データベースから必要なデータを取得する方法を解説します。今回、使用する SQLite、リレーショナル・データベースと呼ばれるデータベースに構築された複数のテーブルが規則によって互いに関係付けられているデータベースの一種です。SQLite の他、MYSQL や PostgreSQL など非常に利用されています。Python ではこの SQLite を標準でサポートしています。

(1) データベースへの接続方法

次のとおり記述することで、SQLite を利用するためのモジュールをインポートして、データベースへ接続することができます。

```
# モジュールのインポート
import sqlite3
# データベースへの接続
connection = sqlite3.connect( データベースファイルへのパス )
```

変数 connection がデータベース接続用の Connection クラスのオブジェクトです。

(2) データベース操作用オブジェクト「カーソルオブジェクト」の生成

次に実際にデータベースを操作するための Cursor クラスのオブジェクトを、Connection クラスの cursor メソッドを用いて生成します。

```
# カーソルオブジェクトの生成
cursor = connection.cursor()
```

(3) SQL 文の実行

Cursor クラスには SQL 文を実行するための execute メソッドが定義されています。第 1 引数に文字列として用意した SQL 文を与えます。

```
# SQL文の実行
results = cursor.execute( SQL文 )
```

変数 results は Cursor クラスのオブジェクトで該当する全レコードが格納されています。

(4) 各レコードの取得

最後に、for-in 構文を用いて各レコードを個別に取得することができます。次のプログラムは各レコードをターミナルにそのまま出力しています。

```
# 結果の表示（行）
for row in results:
    print(row)
```

ここで得られる変数 row はタプル型です。

3.1.2 データベースからレコードを取得：SELECT 文

SELECT 文というのは、リレーショナル・データベースからレコードを取得するための文です。指定したテーブルから条件を満たしたレコードの内、指定したカラム名のデータを取得することができます。最も基礎的な構文は次の通りです。

```
SELECT カラム名 FROM テーブル名 WHERE 条件文
```

複数のカラム名のデータを取得する場合には、「カラム名 1，カラム名 2，…」のように「，」（カンマ）区切りで並べます。また、すべてのカラムを取得したい場合には「*」（アスタリスク）を与えます。最後の条件文は指定したカラムの値に対する条件を記述します。次のプログラムソースは、2019 年の東京競馬場の全レースのレコードを取得してターミナルに出力します。

プログラムソース● 2019 年東京競馬場の全レースデータの取得（sql_test.cpp）

```
# モジュールのインポート
import sqlite3
# データベースへの接続
connection = sqlite3.connect("../ecore.db")
```

```
# カーソルオブジェクトの生成
cursor = connection.cursor()
# SQL文
strSQL = "SELECT * FROM N_RACE WHERE JyoCD = '05' AND Year = '2019'"   <--------------- (※1)
# 結果取得（行）
for row in cursor.execute(strSQL):  <-------------------------------------------------- (※2)
  print(row)
```

（※1）　SQL 文は文字列である必要があるため、全体を「"」（ダブルクオーテーション）で囲う必要があります。また、条件文でカラムの値も「'」（シングルクォーテーション）で囲う必要があります。この条件文は「東京競馬場」**かつ**「2019」であるため、AND キーワードで 2 文を接続します。「または」を表す場合には、OR キーワードで 2 文を接続します。

（※2）　前項の例では execute メソッドの戻り値を変数 results で受けた後に for-in 構文を用いていますが、上記のように、直接 execute メソッドの戻り値を for-in 構文に与えることもできます。

図 3.1 ●レコードの表示結果

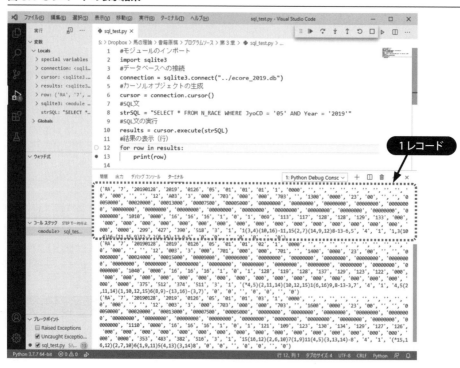

図 3.1 はサンプルプログラム実行時の様子です。データベースのレコード 1 つごとがタプル型

となっています。「RA」「7」「2019」「0126」「05」……と表示されていますが、これは 1.3.2 項の「レース詳細テーブル」の項目順と一致して、「RecordSpec（レコード種別 ID）」「DataKubun（データ区分）」「MakeDate（データ作成年月日）」「Year（開催年）」「MonthDay（開催月日）」「JyoCD（競馬場コード）」となっています。なお、row はタプル型なので、それぞれの値には row[0]、row[1]、row[2]、……でアクセスすることができます。

3.1.3 カラム名をキーとした辞書型へ変換

前項では 2019 年東京競馬場の全レース情報を取得する方法を解説しました。しかしながら、得られるレコードがタプル型であるため、それぞれの値がどのような意味を持つのかは、毎回 1.3.2 項の表を確認する必要があります。そこで、本項では取得したレコードを、カラム名をキーとした辞書型に変換する方法を解説します。

このためには指定したテーブルに属するカラム名の一覧が必要になるわけですが、Python の sqlite3 では、SQL 文

```
pragma table_info( テーブル名 )
```

を実行することで、カラム名を含むテーブル情報を取得することができます。ターミナルに出力するサンプルプログラムは以下のとおりです。

サンプルプログラム● sql_table_info.py

```
# テーブル情報の表示
for row in cursor.execute("pragma table_info(N_RACE)"):
    print(row)
```

以下は、ターミナルに出力される結果の一部です。タプル型で取得した row を表示した結果です。要素内容は左から順番に「カラム ID」「カラム名」「データ型」「NULL 値の可否」「初期値」「主キーの番号」を表しています。

N_RACE のテーブル情報（一部）

```
(0, 'RecordSpec',  'varchar(0002)',   0,  None,   0)
(1, 'DataKubun',   'varchar(0001)',   0,  None,   0)
(2, 'MakeDate',    'varchar(0008)',   0,  None,   0)
(3, 'Year',        'varchar(0004)',   1,  None,   1)
```

```
(4, 'MonthDay',    'varchar(0004)',  0,  None,  0)
(5, 'JyoCD',       'varchar(0002)',  1,  None,  2)
(6, 'Kaiji',       'varchar(0002)',  1,  None,  3)
(7, 'Nichiji',     'varchar(0002)',  1,  None,  4)
(8, 'RaceNum',     'varchar(0002)',  1,  None,  5)
  ⋮
```

　第 1 要素のカラム ID はカラムごとに一意に割り振られる ID です。第 2 要素が取得したいカラム名です。第 3 要素のデータ型「varchar」は該当カラムの要素が文字列であることを意味します。カッコの中は半角文字数を表しています。JRA-VAN 公式データには、**整数も含めて全て文字列**として格納されている点を強く意識しておいてください。第 4 要素は該当要素が NULL（空欄）を許さないかどうかを表します。「0」が許す、「1」が許さないです。第 5 要素は初期値です。第 6 要素はデータベースの中でのレコードの一意性を決めるに必要なカラムを指定する主キー（primary key、プライマリキー）である場合に、1 以上の値が与えられます。RACE テーブルには「Year（開催年）」「JyoCD（競馬場コード）」「Kaiji（開催回）」「Nichiji（開催日目）」「RaceNum（レース番号）」が主キーとして設定されていて、この 5 つの情報を与えるとレコードがただ 1 つだけ選択されることを意味します。なお、テーブルからデータを抽出して集計するだけであれば、実質的に第 2 要素以外は意識する必要はありません。

　以上を踏まえて、前項で取得したタプル型のレース情報を辞書型に変換して、各辞書型データをリスト化します。プログラムソースは次のとおりです。最終的にはリスト型変数 RACEs を生成します。

プログラムソース●レース情報を辞書型配列へ（sql_race_dictionary.py）

```python
# カラム名リスト
N_RACE_ColumnNames = []
# カラム名リストの生成
for row in cursor.execute("pragma table_info(N_RACE)"):
    N_RACE_ColumnNames.append(row[1])


# レース情報リスト
RACEs = []
# SQL文
strSQL = "SELECT * FROM N_RACE WHERE JyoCD = '05' AND Year = '2019'"
# SQL文の実行
results = cursor.execute(strSQL)
# 辞書型
```

```
for row in results:
    dic = {}  <------------------------------------------------------------ (※1-1)
    for n in range(len(N_RACE_ColumnNames)):  <------------------------ (※2)
        # 辞書型へと変換
        dic[N_RACE_ColumnNames[n]] = row[n]  <------------------------ (※3)
    # リストへの格納
    RACEs.append(dic)  <------------------------------------------------ (※1-2)

# レコードの確認
print(RACEs[0])  <---------------------------------------------------- (※4)
```

（※1）　空の辞書型変数 dic を準備します。続く for-in 構文でこの変数にキーと値のセットを与え、RACEs に追加します。

（※2）　N_RACE_ColumnNames に格納されたカラム名の順番と、row に格納されたタプル型レコードの順番は対応しています。つまり、何番目のデータであるかが重要なので、この for-in 構文では、リストの大きさを返す len 関数と range 関数を組み合わせた形とします（この意味は2.3.3 項を参照してください）。

（※3）　辞書型変数に値を追加しています。N_RACE_ColumnNames[n] がキー、row[n] が値に対応します。

（※4）　RACEs が正しく辞書型リストとして準備できているかを確認するために下記のとおりターミナルに出力します。

辞書型変数の値の出力結果

```
{'RecordSpec': 'RA', 'DataKubun': '7', 'MakeDate': '20190128', 'Year': '2019', 'MonthD
ay': '0126', 'JyoCD': '05', 'Kaiji': '01', 'Nichiji': '01', 'RaceNum': '01', 'YoubiCD'
: '1', 'TokuNum': '0000', 'Hondai': '', 'Fukudai': '', 'Kakko': '', 'HondaiEng': '', '
FukudaiEng': '', 'KakkoEng': '', 'Ryakusyo10': '', 'Ryakusyo6': '', 'Ryakusyo3': '', '
Kubun': '0', 'Nkai': '000', 'GradeCD': '', 'GradeCDBefore': '', 'SyubetuCD': '12', 'Ki
goCD': 'A03', 'JyuryoCD': '3', 'JyokenCD1': '000', 'JyokenCD2': '703', 'JyokenCD3': '0
00', 'JyokenCD4': '000', 'JyokenCD5': '703', 'JyokenName': '', 'Kyori': '1300', 'Kyori
Before': '0000', 'TrackCD': '23', 'TrackCDBefore': '00', 'CourseKubunCD': '', 'CourseK
ubunCDBefore': '', 'Honsyokin1': '00050000', ……}
```

3.1.4 2019 年全 GI レース一覧の作成方法

　SQL 文とその後のデータ整形の例として、2019 年全 GI レース一覧の作成方法を解説します。表示する内容は「年月日（Year, MonthDay）」「回次（Nkai）」「競走名（Hondai）」「競馬場（JyoCD）」「コース（TrackCD）」「距離（Kyori）」「競走種別（SyubetuCD）」「重量種別（JyuryoCD）」「競走記号（KigoCD）」です（括弧の中はカラム名）。データベースの情報がコードの場合（語尾が「CD」のカラム名に属する値）は 2.4.2 項で定義した getCodeValue 関数を用いて変換しています。

2019 年に実施された中央競馬全 GI レース一覧（sql_race_GI.py）

```
2019年02月17日 第36回 フェブラリーステークス 東京 ダート・左 1600[m] サラ4上 定量（国際）(指定)
2019年03月24日 第49回 高松宮記念 中京 芝・左 1200[m] サラ4上 定量（国際）(指定)
2019年03月31日 第63回 大阪杯 阪神 芝・右 2000[m] サラ4上 定量（国際）(指定)
2019年04月07日 第79回 桜花賞 阪神 芝・右外 1600[m] サラ3才 定量（国際）牝（指定）
2019年04月14日 第79回 皐月賞 中山 芝・右 2000[m] サラ3才 定量（国際）牡・牝（指定）
2019年04月28日 第159回 天皇賞（春） 京都 芝・右外 3200[m] サラ4上 定量（国際）(指定)
2019年05月05日 第24回 NHKマイルカップ 東京 芝・左 1600[m] サラ3才 定量（国際）牡・牝（指定）
2019年05月12日 第14回 ヴィクトリアマイル 東京 芝・左 1600[m] サラ4上 定量（国際）牝（指定）
2019年05月19日 第80回 優駿牝馬 東京 芝・左 2400[m] サラ3才 定量（国際）牝（指定）
2019年05月26日 第86回 東京優駿 東京 芝・左 2400[m] サラ3才 定量（国際）牡・牝（指定）
2019年06月02日 第69回 安田記念 東京 芝・左 1600[m] サラ3上 定量（国際）(指定)
2019年06月23日 第60回 宝塚記念 阪神 芝・右 2200[m] サラ3上 定量（国際）(指定)
2019年09月29日 第53回 スプリンターズステークス 中山 芝・右外 1200[m] サラ3上 定量（国際）(指定)
2019年10月13日 第24回 秋華賞 京都 芝・右 2000[m] サラ3才 馬齢（国際）牝（指定）
2019年10月20日 第80回 菊花賞 京都 芝・右外 3000[m] サラ3才 馬齢（国際）牡・牝（指定）
2019年10月27日 第160回 天皇賞（秋） 東京 芝・左 2000[m] サラ3上 定量（国際）(指定)
2019年11月10日 第44回 エリザベス女王杯 京都 芝・右外 2200[m] サラ3上 定量（国際）牝（指定）
2019年11月17日 第36回 マイルチャンピオンシップ 京都 芝・右外 1600[m] サラ3上 定量（国際）(指定)
2019年11月24日 第39回 ジャパンカップ 東京 芝・左 2400[m] サラ3上 定量（国際）(指定)
2019年12月01日 第20回 チャンピオンズカップ 中京 ダート・左 1800[m] サラ3上 定量（国際）(指定)
2019年12月08日 第71回 農林水産省賞典 阪神ジュベナイルフィリーズ 阪神 芝・右外 1600[m] サラ2才 馬齢（国際）牝（指定）
```

2019年12月15日 第71回 朝日杯フューチュリティステークス 阪神 芝・右外 1600[m] サラ2才
馬齢（国際）牡・牝（指定）
2019年12月22日 第64回 有馬記念 中山 芝・右 2500[m] サラ3上 定量（国際）(指定)
2019年12月28日 第36回 ホープフルステークス 中山 芝・右 2000[m] サラ2才 馬齢（国際）牡
・牝（指定）
2019年12月22日 中山競馬場 11R 第64回 有馬記念 芝・右 2500[m]（曇 良）16頭
2019年12月28日 中山競馬場 11R 第36回 ホープフルステークス 芝・右 2000[m]（晴 良）13頭

　以下は、2019 年全 GI レース一覧を取得するための SQL 文です。前項では SQL 文は 1 文にまと
めていましたが、文が長くなると途端に読みづらくなっていきます。よく用いられるのは、SELECT
句や WHERE 句などの句ごとに分割し、さらに AND や OR などの演算子で分割する方法です。新出の
内容もあるので、詳しく解説します。

プログラムソース● 2019 年全 GI レース一覧を取得するための SQL 文（sql_race_GI.py）

```
# SQL文
strSQL_SELECT = "SELECT * FROM N_RACE"
strSQL_WHERE  = " WHERE DataKubun = '7'"   <------------------------------------ (※1)
strSQL_WHERE += " AND Year = '2019'"   <------------------------------------ (※2-1)
strSQL_WHERE += " AND GradeCD = 'A'"   <------------------------ (※2-2) (※3)
strSQL_ORDER  = " ORDER BY MonthDay ASC"   <------------------------------------ (※4)
# SQL文の連結
strSQL = strSQL_SELECT + strSQL_WHERE + strSQL_ORDER
```

（※ 1）　DataKubun にはいつの時点のレコードであるかを示す値が格納されています。「7」は JRA 主
　　　　催レースの確定結果を表します。その他、地方競馬の結果の場合は「A」、海外国際レース結
　　　　果は「B」となります。
（※ 2）　条件が 2 つ以上存在する場合、AND や OR という論理演算子で 1 つの条件文に結合します。
（※ 3）　GradeCD にはレースの格を表すコードが格納されています。「A」は GI レースを表します。
（※ 4）　ORDER BY 句は指定したカラム名の値で並び替えを行うための SQL の構文です。カラム名の
　　　　後の「ASC」が昇順（小さいもの順）を表します。つまり、上記の例は「MonthDay（日付）」
　　　　の小さい順に並べるという意味を持ちます。反対に降順（大きいもの順）は「DESC」を与え
　　　　ます。また、2 つ以上のカラムで並び替えを行うこともできます。カラムと ASC か DESC の
　　　　セットを「,」（カンマ）で並べます。例えば、競馬場ごとに日付順に並べる場合の SQL 構文
　　　　は次のとおりです。

```
strSQL_ORDER  = " ORDER BY JyoCD DESC, MonthDay ASC"
```

右から順番に「MonthDay ASC」で日付が昇順され、次に「JyoCD DESC」で競馬場が降順されます。つまり、この ORDER BY 句を実行すると、JyoCD が大きい競馬場（阪神 09 →京都 08 →中京 07 →中山 06 →東京 05）ごとに日付順に並びます。

　この SQL 文を前項に従って実行するとレース情報リスト RACEs に全レース情報が格納されます。次のプログラムソースでは、for-in 構文を用いて、各レースごとにデータを読みやすく整形しています。

プログラムソース●文字列整形（sql_race_GI.py）

```python
# レースごとに
for RACE in RACEs:
    # 年月日の取得
    Year = RACE["Year"] + "年"
    MonthDay = RACE["MonthDay"]    <--------------------------------------------- (※1)
    Month = MonthDay[0] + MonthDay[1] + "月"    <----------------------------- (※2-1)
    Day = MonthDay[2] + MonthDay[3] + "日"    <------------------------------- (※2-2)
    # 文字列整形
    text = ""
    text += Year + Month + Day + " "
    text += "第" + str(int(RACE["Nkai"])) + "回 "    <----------------------------- (※3)
    text += RACE["Hondai"] + " "
    text += getCodeValue( "2001", RACE["JyoCD"], 4) + " "    <------------------------ (※4-1)
    text += getCodeValue( "2009", RACE["TrackCD"], 2) + " "    <--------------------- (※4-2)
    text +=  RACE["Kyori"] +"[m] "
    text += getCodeValue( "2005", RACE["SyubetuCD"], 2) + " "    <------------------- (※4-3)
    text += getCodeValue( "2008", RACE["JyuryoCD"], 1) + " "    <-------------------- (※4-4)
    text += getCodeValue( "2006", RACE["KigoCD"], 1) + " "    <---------------------- (※4-5)
    # ターミナルへ出力
    print(text)
```

（※1）　カラム名「MonthDay」の値は月と日が半角 2 文字づつ 4 文字つながった文字列となっています。

（※2）　Python の場合、文字列はリストのように変数名に「[要素インデックス]」をつけることで、指定したインデックスの文字を取得することができます。上記の例では、文字列変数

MonthDay の 1 文字目と 2 文字目と抜き出して最後に文字列「月」を加えて生成した新しい文字列変数 Month と、3 文字目と 4 文字目と抜き出して最後に文字列「日」を加えて生成した新しい文字列変数 Day を宣言しています。

（※ 3）　カラム名「Nkai」の値は、各レースの回次が 3 桁（半角 3 文字）で格納されています。回次が 1 桁あるいは 2 桁の場合には、「005」や「012」のようにゼロパディングされています。上記のプログラムでは、int 関数を用いて文字列を int 型（整数）に変換して、ゼロパディングの 0 部分を取り除いた後に、str 関数を用いて再度文字列へ変換しています。

（※ 4）　2.4.2 項で定義した getCodeValue 関数を用いてコードを目的の文字列に変換しています。

3.2 レース結果詳細情報の取得方法

3.2.1 指定したレース出走馬の生成方法

　指定したレースに出走した競走馬リストの生成方法を解説します。本項では、次のような 2019 年 12 月 22 日に中山競馬場第 11 レースとして開催された有馬記念（GI）の出走馬リストをターミナルに出力するプログラムを解説します。

2019 年 12 月 22 日有馬記念（中山競馬場第 11 レース）の出走馬一覧

```
1枠02番 スワーヴリチャード   （牡馬，5歳）526kg（+10）5番人気    17.5倍
                                    ┗ マーフィ騎手 57.0kg

2枠03番 エタリオウ        （牡馬，4歳）462kg（0）  10番人気   85.0倍
                                    ┗ 横山典弘騎手 57.0kg

2枠04番 スティッフェリオ    （牡馬，5歳）456kg（+8） 13番人気   133.4倍
                                    ┗ 丸山元気騎手 57.0kg

3枠05番 フィエールマン     （牡馬，4歳）482kg（999）6番人気    18.4倍
                                    ┗ 池添謙一騎手 57.0kg  <---- (※)

3枠06番 リスグラシュー     （牝馬，5歳）468kg（999）2番人気    6.7倍
                                    ┗ レーン騎手   55.0kg  <---- (※)

4枠07番 ワールドプレミア    （牡馬，3歳）492kg（+8） 4番人気    13.4倍
                                    ┗ 武豊騎手    57.0kg

4枠08番 レイデオロ       （牡馬，5歳）494kg（+8） 9番人気    35.8倍
                                    ┗ 三浦皇成騎手 57.0kg

5枠09番 アーモンドアイ     （牝馬，4歳）486kg（+6） 1番人気    1.5倍
                                    ┗ ルメール騎手 55.0kg
```

5枠10番 サートゥルナーリア 　　（牡馬，3歳）504kg（+2）　3番人気　　　7.8倍
　　　　　　　　　　　　　　　　　　　　　　　　　　┗ スミヨン騎手 57.0kg

6枠11番 キセキ 　　　　　　　　（牡馬，5歳）506kg（999）7番人気　　　27.1倍
　　　　　　　　　　　　　　　　　　　　　　　　　　┗ ムーア騎手　 57.0kg　<---- （※）

6枠12番 クロコスミア 　　　　　（牝馬，6歳）444kg（-4）　16番人気　 207.1倍
　　　　　　　　　　　　　　　　　　　　　　　　　　┗ 藤岡佑介騎手 55.0kg

7枠13番 アルアイン 　　　　　　（牡馬，5歳）526kg（0）　 15番人気　 160.6倍
　　　　　　　　　　　　　　　　　　　　　　　　　　┗ 松山弘平騎手 57.0kg

7枠14番 ヴェロックス 　　　　　（牡馬，3歳）494kg（+4）　8番人気　　33.7倍
　　　　　　　　　　　　　　　　　　　　　　　　　　┗ 川田将雅騎手 57.0kg

8枠15番 アエロリット 　　　　　（牝馬，5歳）514kg（-2）　12番人気　 107.1倍
　　　　　　　　　　　　　　　　　　　　　　　　　　┗ 津村明秀騎手 55.0kg

8枠16番 シュヴァルグラン 　　　（牡馬，7歳）470kg（+6）　14番人気　 135.4倍
　　　　　　　　　　　　　　　　　　　　　　　　　　┗ 福永祐一騎手 57.0kg

（※）　　馬体重の増減が「999」となっているのは、前走が海外レースで馬体重の公表がない場合に対応します。

　全レースごとの出走馬はテーブル名「UMA_RACE」に格納されています。カラム「Year」「MonthDay」「JyoCD」「RaceNum」でレースを特定することができるので、例えば「2019 年 12 月 22 日中山競馬場第 11 レース（有馬記念）」は SQL の条件文にて「Year = '2019'」「MonthDay = '1222'」「JyoCD ='06'」「RaceNum ='11'」と指定することで、全出走馬のデータを取得することができます。掲載したレコードのカラム名は左から次のとおりです。「枠番（Wakuban）」「馬番（Umaban）」「馬名（Bamei）」「性別（SexCD）」「馬齢（Barei）」「馬体重（BaTaijyu）」「増減符号（ZogenFugo）」「増減差（ZogenSa）」「人気（Ninki）」「単勝オッズ（Odds）」「騎手名略称（KisyuRyakusyo）」「負担重量（Futan）」。

プログラムソース● 2019 年 12 月 22 日中山競馬場第 11 レースの出走馬一覧（sql_UMA_RACE.py）

```
    ：（省略：データベースの接続、コード変換関連）
    ：
# カラム名リスト
N_UMA_RACE_ColumnNames = []
# カラム名リストの生成
for row in cursor.execute("pragma table_info(N_UMA_RACE)"):
    N_UMA_RACE_ColumnNames.append(row[1])
# レース情報リスト
```

```
UMA_RACEs = []
# SQL文
strSQL_SELECT = "SELECT * FROM N_UMA_RACE"
strSQL_WHERE  = " WHERE DataKubun = '7'"   <------------------------------------------------- (※1)
strSQL_WHERE += " AND Year = '2019'"
strSQL_WHERE += " AND MonthDay = '1222'"   <------------------------------------------------- (※2)
strSQL_WHERE += " AND JyoCD ='06'"
strSQL_WHERE += " AND RaceNum ='11'"
strSQL_ORDER  = " ORDER BY Umaban ASC"   <------------------------------------------------- (※3)
# SQL文の連結
strSQL = strSQL_SELECT + strSQL_WHERE + strSQL_ORDER
# SQL文の実行
results = cursor.execute(strSQL)
# 辞書型
for row in results:
    dic = {}
    for n in range(len(N_UMA_RACE_ColumnNames)):
        # 辞書型へと変換
        dic[N_UMA_RACE_ColumnNames[n]] = row[n]
    # リストへの格納
    UMA_RACEs.append(dic)
# 出走馬ごとに
for UMA_RACE in UMA_RACEs:
    # 文字列整形
    text = ""
    text += UMA_RACE["Wakuban"] + "枠"
    text += UMA_RACE["Umaban"] + "番 "
    text += UMA_RACE["Bamei"] + " ("
    text += getCodeValue( "2202", UMA_RACE["SexCD"], 1) + ", "
    text += str(int(UMA_RACE["Barei"])) + "歳) "   <------------------------------------- (※4-1)
    text += UMA_RACE["BaTaijyu"] + "kg ("
    text += UMA_RACE["ZogenFugo"] + str(int(UMA_RACE["ZogenSa"])) + ") "   <------ (※4-2)
    text += str(int(UMA_RACE["Ninki"])) + "番人気 "   <------------------------------------- (※4-3)
    text += str(int(UMA_RACE["Odds"])/10) + "倍"   <------------------------------------- (※5)
    text += UMA_RACE["KisyuRyakusyo"] + "騎手 "
    text += str(int(UMA_RACE["Futan"])/10) + "kg"
    # ターミナルへ出力
    print(text)
```

（※1） 今回はすでに結果が確定したレースであるため「DataKubun='7'」を与えています。もし、枠番馬番確定後で出走前の場合、「DataKubun='2'」を与えます。

（※2） この日の中山競馬場は「第5回8日目」なので、月日「MonthDay = '1222'」ではなく開催回「Kaiji = '05'」、開催日目「Nichiji = '08'」を条件としても同じ結果を得ることができます。

（※3） 馬番で昇順（小さい順）を指定しています。

（※4） 馬齢、増減差、人気の桁揃えのためのゼロパディングを消すために、int 型へ変換した後に改めて str 型へ変換しています。

（※5） JRA のオッズは、単勝オッズに限らず全ての券種で小数第1位までで定義されています。単勝オッズの場合、小数点を無視した4桁でゼロパディングされた値が格納されています（例えば 10.5 倍なら "0105"）。そのため、取得した値（4桁文字列）を int 型へ変換後、10 で割った値がオッズとなります。そして、最後に文字列へと変換しています。

3.2.2 指定したレース結果を取得する方法

　続いて、指定したレースに出走した競走馬リストの生成方法を解説します。本項では先と同じ 2019 年 12 月 22 日に中山競馬場第 11 レースとして開催された有馬記念（GI）のレース結果をターミナルに出力するプログラムを解説します。

2019 年 12 月 22 日有馬記念（中山競馬場第 11 レース）のレース結果

1着 3枠06番 リスグラシュー	(10-10-11-9)	タイム差：-0.8秒	上がり3F：34.7秒
			┗ 脚質：差 <----- (※)
2着 5枠10番 サートゥルナーリア	(13-13-11-7)	タイム差：0.8秒	上がり3F：35.4秒
			┗ 脚質：差
3着 4枠07番 ワールドプレミア	(15-16-16-16)	タイム差：0.9秒	上がり3F：35.0秒
			┗ 脚質：追
4着 3枠05番 フィエールマン	(10-10-9-4)	タイム差：1.1秒	上がり3F：36.0秒
			┗ 脚質：先
5着 6枠11番 キセキ	(12-12-11-9)	タイム差：1.1秒	上がり3F：35.8秒
			┗ 脚質：差
6着 8枠16番 シュヴァルグラン	(14-14-14-13)	タイム差：1.4秒	上がり3F：35.8秒
			┗ 脚質：追
7着 4枠08番 レイデオロ	(15-14-14-13)	タイム差：1.6秒	上がり3F：36.0秒
			┗ 脚質：追
8着 7枠14番 ヴェロックス	(8-8-9-9)	タイム差：1.8秒	上がり3F：36.7秒
			┗ 脚質：差
9着 5枠09番 アーモンドアイ	(8-8-7-4)	タイム差：1.8秒	上がり3F：36.9秒

					└ 脚質：先
10着 2枠03番 エタリオウ	(5-5-5-4)	タイム差：1.9秒	上がり3F：37.2秒	
					└ 脚質：先
11着 7枠13番 アルアイン	(4-4-3-3)	タイム差：2.3秒	上がり3F：38.0秒	
					└ 脚質：先
12着 1枠02番 スワーヴリチャード	(6-6-6-7)	タイム差：3.1秒	上がり3F：38.3秒	
					└ 脚質：差
13着 2枠04番 スティッフェリオ	(2-2-2-2)	タイム差：3.5秒	上がり3F：39.9秒	
					└ 脚質：先
14着 8枠15番 アエロリット	(1-1-1-1)	タイム差：4.5秒	上がり3F：42.1秒	
					└ 脚質：逃
15着 1枠01番 スカーレットカラー	(7-6-7-13)	タイム差：4.8秒	上がり3F：39.8秒	
					└ 脚質：追
16着 6枠12番 クロコスミア	(2-3-3-12)	タイム差：4.8秒	上がり3F：40.6秒	
					└ 脚質：追

（※）　タイム差は1着とのタイム差を表します。1着の場合、2着馬とのタイム差をマイナスで表します。

　全レース結果も先のテーブル名「UMA_RACE」に格納されています。そのため、プログラムソースは UMA_RACEs の取得までは前項と全く同じとなります。掲載したレコードのカラム名は左から次のとおりです。「確定順位（KakuteiJyuni）」「枠番（Wakuban）」「馬番（Umaban）」「馬名（Bamei）」「第1コーナー順位（Jyuni1c）」「第2コーナー順位（Jyuni2c）」「第3コーナー順位（Jyuni3c）」「第4コーナー順位（Jyuni4c）」「タイム差（TimeDiff）」「上がり3ハロンタイム（HaronTimeL3）」「脚質区分（KyakusituKubun）」。

プログラムソース● 2019 年 12 月 22 日中山競馬場第 11 レースの出走馬一覧（sql_UMA_RACE2.py）

```
：（省略：UMA_RACEsの生成まで）
：
# 出走馬ごとに
for UMA_RACE in UMA_RACEs:
    # 文字列整形
    text = str(int(UMA_RACE["KakuteiJyuni"])) + "着 "
    text += UMA_RACE["Wakuban"] + "枠"
    text += UMA_RACE["Umaban"] + "番 "
    text += UMA_RACE["Bamei"]
    text += " (" + str(int(UMA_RACE["Jyuni1c"])) + "-" + str(int(UMA_RACE["Jyuni2c"]))
```

```
text += "-" + str(int(UMA_RACE["Jyuni3c"])) + "-" + str(int(UMA_RACE["Jyuni4c"]))
                                                              └ + ") "
text += " タイム差：" + str(int(UMA_RACE["TimeDiff"])/10) + "秒"   <----------- (※1-1)
text += " 上がり3F：" + str(int(UMA_RACE["HaronTimeL3"])/10) + "秒"   <------- (※1-2)
if(UMA_RACE["KyakusituKubun"] == "1"): kyakusitu = "逃"   <----------------- (※2-1)
if(UMA_RACE["KyakusituKubun"] == "2"): kyakusitu = "先"   <----------------- (※2-2)
if(UMA_RACE["KyakusituKubun"] == "3"): kyakusitu = "差"   <----------------- (※2-3)
if(UMA_RACE["KyakusituKubun"] == "4"): kyakusitu = "追"   <----------------- (※2-4)
text += " 脚質：" + kyakusitu
# ターミナルへ出力
print(text)
```

（※1）　JRA の場合、各種タイムは小数第 1 位までで定義されています。また、それらは文字列で
　　　　データに格納されているため、オッズの場合と同様に int 型へ変換後、10 で割ることでタイ
　　　　ムとし、最後に str 型へ変換しています。

（※2）　レース結果を踏まえて、脚質が 4 つの区分「1：逃げ」「2：先行」「3：差し」「4：追込」で
　　　　与えられています。ただし、この値は主観的であるため運用時には注意が必要かもしれませ
　　　　ん。例えば、16 着のクロコスミアのコーナー順位は「2 → 3 → 3 → 12」なので、少なくと
　　　　も第 3 コーナーまでは「先行」しているわけですが、実際には「追込」が与えられているか
　　　　らです。

3.2.3　払い戻しも含めたレース詳細結果の生成

　続いて、指定したレースの払い戻しも含めたレース詳細結果の生成方法を解説します。本項では
先と同じ 2019 年 12 月 22 日に中山競馬場第 11 レースとして開催された有馬記念（GI）のレー
ス結果をターミナルに出力するプログラムを解説します。

2019 年 12 月 22 日中山競馬場第 11 レース結果詳細

```
--------------------------------------------------------------------------
2019年12月22日 第64回 有馬記念 GI
中山競馬場 芝・右 2500[m] サラ3上 定量 (国際)(指定) オープン
本賞金：30000万円, 12000万円, 7500万円, 4500万円, 3000万円
発走時刻：15:25 / 天候：曇 / 馬場：良 / 出走頭数：16
--------------------------------------------------------------------------
勝ちタイム：2:30.5　上がり4F：37.6秒　上がり3F：37.6秒　1000m通過時：58.4秒
ラップタイム：6.9-11.1-11.4-11.4-11.5-12.2-12.3-12.1-11.7-12.3-13.4-12.2-12.0
第1コーナー：15=(4,12)13,3,2,1(14,9)(6,5)11,10-16(7,8)
```

```
第2コーナー : 15=4,12,13,3(1,2)(14,9)(6,5)11,10-(16,8)7
第3コーナー : 15=4-(12,13)-3,2(1,9)(14,5)(6,11,10)(16,8)7
第4コーナー : 15,4-13-(3,9,5)(2,10)(6,14,11)12(1,16,8)7
----------------------
  ：（省略：3.2.2項と同じ）
----------------------
単勝：6番 670円（2人気）
複勝：6番 210円（2人気） 10番 270円（3人気） 7番 390円（5人気）
枠連：3-5  300円（1人気）
馬連：6-10  2990円（8人気）
ワイド：6-10  850円（8人気） 6-7 1450円（13人気） 7-10 2000円（19人気）
3連複：6-7-10  10750円（29人気）
3連単：6-10-7  57860円（151人気）
```

　必要なテーブルはすでに登場した「RACE」と「UMA_RACE」に加え、払い戻し情報が格納された「HARAI」です。このテーブルも「Year（年）」「MonthDay（月日）」「JyoCD（競馬場コード）」「RaceNum（レース番号）」でレースを指定することができます。新しく取得するカラムについてはプログラム中で解説します。

プログラムソース● 2019 年 12 月 22 日中山競馬場第 11 レース結果詳細（sql_race_result.py）

```python
  ：（省略：データベースの接続、コード変換関連、N_RACE関連、N_UMA_RACE関連）
  ：
# カラム名リスト
N_HARAI_ColumnNames = []
# カラム名リストの生成
for row in cursor.execute("pragma table_info(N_HARAI)"):
    N_HARAI_ColumnNames.append(row[1])
# 払い戻し情報リスト
HARAIs = []
# SQL文
strSQL_SELECT = "SELECT * FROM N_HARAI"
strSQL_WHERE  = " WHERE DataKubun = '2'"   <------------------------------------------------- (※1)
strSQL_WHERE += " AND Year = '2019'"
strSQL_WHERE += " AND MonthDay = '1222'"
strSQL_WHERE += " AND JyoCD ='06'"
strSQL_WHERE += " AND RaceNum ='11'"
# SQL文の連結
```

```
strSQL = strSQL_SELECT + strSQL_WHERE
# SQL文の実行
results = cursor.execute(strSQL)
# 辞書型
for row in results:
    dic = {}
    for n in range(len(N_HARAI_ColumnNames)):
        # 辞書型へと変換
        dic[N_HARAI_ColumnNames[n]] = row[n]
    # リストへの格納
    HARAIs.append(dic)
HARAI = HARAIs[0]   <----------------------------------------------------------- (※2)
# 年月日の取得
Year = RACE["Year"] + "年"
MonthDay = RACE["MonthDay"]
Month = MonthDay[0] + MonthDay[1] + "月"
Day = MonthDay[2] + MonthDay[3] + "日"
# 発走時刻
HassoTime = RACE["HassoTime"]   <----------------------------------------------- (※3-1)
HassoTime = HassoTime[0] + HassoTime[1] + ":" + HassoTime[2] + HassoTime[3]   <- (※3-2)
# 馬場状態の取得
if(int(RACE["TrackCD"])<= 22):   <---------------------------------------------- (※4-1)
    BabaCD = RACE["SibaBabaCD"]   <--------------------------------------------- (※4-2)
else:
    BabaCD = RACE["DirtBabaCD"]   <--------------------------------------------- (※4-3)
# 1000m通過時タイムの計算
if( int(RACE["Kyori"])%200 == 0 ):   <------------------------------------------ (※5-1)
    time1000m = int(RACE["LapTime1"])/10 + int(RACE["LapTime2"])/10
            └ + int(RACE["LapTime3"])/10 + int(RACE["LapTime4"])/10
            └ + int(RACE["LapTime5"])/10   <-------------------------------------- (※5-2)
else:
    time1000m = int(RACE["LapTime1"])/10 + int(RACE["LapTime2"])/10
            └ + int(RACE["LapTime3"])/10 + int(RACE["LapTime4"])/10
            └ + int(RACE["LapTime5"])/10 + int(RACE["LapTime6"])/10 /2   <---------- (※5-3)
# 文字列整形
text = "-----------------------------------------------------------------"+ "\n"
text += Year + Month + Day + " "
text += "第" + str(int(RACE["Nkai"])) + "回 "
text += RACE["Hondai"] + " "
```

```
text += getCodeValue( "2003", RACE["GradeCD"], 2) + " \n"
text += getCodeValue( "2001", RACE["JyoCD"], 1) + " "
text += getCodeValue( "2009", RACE["TrackCD"], 2) + " "
text += RACE["Kyori"] +"[m] "
text += getCodeValue( "2005", RACE["SyubetuCD"], 2) + " "
text += getCodeValue( "2008", RACE["JyuryoCD"], 1) + " "
text += getCodeValue( "2006", RACE["KigoCD"], 1) + " "
text += getCodeValue( "2007", RACE["JyokenCD5"], 1) + "\n"    <----------------------------- (※6)
text += "本賞金："
for i in range(5):
    n = str(i + 1)
    if( i!=0 ): text += ", "
    text += str(int(int(RACE["Honsyokin" + n ])/100)) + "万円"
text += "\n"
text += "発走時刻：" + HassoTime + " / "
text += "天候：" + getCodeValue( "2011", RACE["TenkoCD"], 1) + " / "
text += "馬場：" + getCodeValue( "2010", BabaCD, 1) + " / "    <----------------------------- (※4-4)
text += "出走頭数：" + RACE["SyussoTosu"] + "\n"    <----------------------------------------- (※7)
text +="-------------------------------------------------------"+ "\n"
text += "勝ちタイム：" + UMA_RACEs[0]["Time"][0] + ":" + UMA_RACEs[0]["Time"][1]
  └ + UMA_RACEs[0]["Time"][2] + "." + UMA_RACEs[0]["Time"][3] + " "    <------------- (※8)
text += "上がり4F：" + str(int(RACE["HaronTimeL3"])/10) + "秒  "
text += "上がり3F：" + str(int(RACE["HaronTimeL3"])/10) + "秒  "
text += "1000m通過時：" + str(time1000m) + "秒\n"    <----------------------------- (※5-4)
text += "ラップタイム："
for i in range(25):    <------------------------------------------------------------- (※9-1)
    strLapTime = "LapTime" + str(i+1)    <------------------------------------------- (※9-2)
    if( RACE[strLapTime] != "000" ):
        if( i > 0 ): text += "-"
        text += str(int(RACE[strLapTime])/10)
text += "\n"
# コーナー通過順位
for i in range(4):
    n = str(i+1)
    if( RACE["Corner" + n] != "0" ):
        text += "第" + RACE["Corner" + n] + "コーナー：" + RACE["Jyuni" + n] + "\n"
                                                                <-------------- (※10)
text +="------------------------"+ "\n"
 ： (省略：順位)
```

```
text +="-----------------------"+ "\n"
text += "単勝："
for i in range(3):
    n = str(i + 1)
    if(HARAI["PayTansyoUmaban" + n] !=""):  <----------------------------------------- (※11-1)
        text += str(int(HARAI["PayTansyoUmaban" + n])) + "番 "
            └ + str(int(HARAI["PayTansyoPay" + n])) + "円 ("
            └ + str(int(HARAI["PayTansyoNinki" + n])) + "人気）"  <--------------- (※11-2)
text += "\n"
text += "複勝："
for i in range(5):
    n = str(i + 1)
    if(HARAI["PayFukusyoUmaban" + n] !=""):
        text += str(int(HARAI["PayFukusyoUmaban" + n])) + "番 "
            └ + str(int(HARAI["PayFukusyoPay" + n])) + "円 ("
            └ + str(int(HARAI["PayFukusyoNinki" + n])) + "人気）"  <---------------- (※12)
text += "\n"
text += "枠連："
for i in range(3):
    n = str(i + 1)
    kumi = HARAI["PayWakurenKumi" + n]  <--------------------------------------------- (※13-1)
    if(kumi !=""):
        text += kumi[0] + "-" + kumi[1] + "  "
            └ + str(int(HARAI["PayWakurenPay" + n])) + "円 ("
            └ + str(int(HARAI["PayWakurenNinki" + n])) + "人気）"  <-------------- (※13-2)
text += "\n"
text += "馬連："
for i in range(3):
    n = str(i + 1)
    kumi = HARAI["PayUmarenKumi" + n]  <---------------------------------------------- (※14-1)
    if( kumi !=""):
        text += str(int(kumi[0] + kumi[1])) + "-"
            └ + str(int(kumi[2] + kumi[3])) + "  "  <------------------------------- (※14-2)
            └ + str(int(HARAI["PayUmarenPay" + n])) + "円 ("
            └ + str(int(HARAI["PayUmarenNinki" + n])) + "人気）"
text += "\n"
text += "ワイド："
for i in range(7):
    n = str(i + 1)
```

```
        kumi = HARAI["PayWideKumi" + n]   <------------------------------------------------ (※15-1)
        if( kumi !=""):
            text += str(int(kumi[0] + kumi[1])) + "-"
                └ + str(int(kumi[2] + kumi[3])) + "  "
                └ + str(int(HARAI["PayWidePay" + n])) + "円（"
                └ + str(int(HARAI["PayWideNinki" + n])) + "人気）  "   <-------------------- (※15-2)
text += "\n"
text += "3連複："
for i in range(3):
    n = str(i + 1)
    kumi = HARAI["PaySanrenpukuKumi" + n]   <------------------------------------------ (※16-1)
    if( kumi !=""):
        text += str(int(kumi[0] + kumi[1])) + "-"
            └ + str(int(kumi[2] + kumi[3])) + "-"
            └ + str(int(kumi[4] + kumi[5])) + "  "
            └ + str(int(HARAI["PaySanrenpukuPay" + n])) + "円（"
            └ + str(int(HARAI["PaySanrenpukuNinki" + n])) + "人気）  "   <--------- (※16-2)
text += "\n"
text += "3連単："
for i in range(6):
    n = str(i + 1)
    kumi = HARAI["PaySanrentanKumi" + n]   <-------------------------------------------- (※17-1)
    if( kumi !=""):
        text += str(int(kumi[0] + kumi[1])) + "-"
            └ + str(int(kumi[2] + kumi[3])) + "-"
            └ + str(int(kumi[4] + kumi[5])) + "  "
            └ + str(int(HARAI["PaySanrentanPay" + n])) + "円（"
            └ + str(int(HARAI["PaySanrentanNinki" + n])) + "人気）  "   <----------- (※17-2)
text += "\n"
# ターミナルへ出力
print(text)
```

（※1） テーブル「HARAI」の場合、確定情報を表すデータ区分は「DataKubun = '2'」です。

（※2） 今回、1レースを対象として SQL 文を発行してレコードを取得しているので、HARAIs のデータ数は 1 個だけです。

（※3） カラム「HassoTime」は半角数字 4 文字で発走時刻を表現した文字列が格納されています。取り出した後に 1 文字目から順番に読み込んで時刻表記に整形しています。

（※4） 馬場状態は、芝の場合にはカラム「SibaBabaCD」、ダートの場合にはカラム「DirtBabaCD」

に格納されています。そのため、該当レースが芝であるかダートを判定する必要があるわけですが、これは 1.5.6 項で解説したとおり「TrackCD」の値が「22」以下が芝、「23」以上がダートであることを利用して判定することができます。

(※5) レースの状況を理解する 1 つの指標として 1000 m 通過時のタイムがあります。しかしながら、本データベースにはこのデータは格納されていません。そこで、データベースに格納されている 1 ハロン（200 m）ごとのラップタイムを用いて 1000 m 通過時のタイムを推計します。カラム名は「LapTime1」〜「LapTime25」です。1.3.2 項の表の該当箇所にも記載されているとおり、レースの距離が 200 m の倍数の場合には「LapTime1」から順番に 200 m ごとのラップタイムが格納されるので、「LapTime1」から「LapTime5」までの（文字列を int 型に変換した）値をそのまま加算することで、1000 m 通過時のタイムとなります。しかしながら、200 m の倍数ではない場合には「LapTime1」に余りが格納されるので、単純に「LapTime1」から「LapTime5」の値を加算するだけでは、100 m 分だけ足りません。そこで、「LapTime6」の半分を加算することで 1000 m 通過時のタイムを推定しています。ただし、福島競馬場ダート 1150 m だけこの方法では計算することができません。

(※6) 1.5.5 項「競走条件コード」にて解説したとおり、レースの条件は全馬齢に該当するカラム「JyokenCD5」を参照します。

(※7) 各レースごとの出走に関する頭数は「登録頭数（TorokuTosu）」「出走頭数（SyussoTosu）」「入線頭数（NyusenTosu）」の 3 つがあります。この内、実際に出走した頭数を表すのが出走頭数です。

(※8) レースタイムはテーブル「RACE」には存在しません。タイムラップの合算で計算するか、1 着馬の馬毎レース情報（テーブル「UMA_RACE」）のカラム「Time」を参照する必要があります。上記のサンプルプログラムでは、「分：秒」と記述するのに容易な後者を採用しています。

(※9) ラップタイムはカラム「LapTime1」〜「LapTime25」に格納されています。そのため、for-in 構文を用いてカラム名を文字列として生成して、値を参照しています。

(※10) コーナー通過順位はカラム「Jyuni1」〜「Jyuni4」に格納されています。「Jyuni1」は第 1 コーナーを表すわけではなく、スタートからの初めてのコーナーを表します。コーナー番号はカラム「Corner1」に格納されているのでこの値とセットで考えます。ただし、コースを 2 周以上する場合には「Jyuni1」〜「Jyuni4」は最終周の第 1 コーナーから第 4 コーナーを表します。周回数はカラム「Syukaisu1」〜「Syukaisu 4」を参照します。

(※11) 単勝の馬番・払戻額・人気は「PayTansyoUmaban ○」「PayTansyoPay ○」「PayTansyoNinki ○」に格納されています。「○」は同着も考慮して「1」〜「3」まで用意されています。for-in 構文を用いて参照を行っています。同着が存在するかは「PayTansyoUmaban2」あるいは「PayTansyoUmaban3」に値が格納されているかで判定しています。

(※12) 複勝の馬番・払戻額・人気は「PayFukusyoUmaban ○」「PayFukusyoPay ○」「PayFukusyoNinki ○」に格納されています。「○」は同着も考慮して「1」〜「5」まで用意されています。複勝は出走頭数によって的中となる順位が異なりますが、同着の場合と同様

「PayFukusyoUmaban ○」に値が格納されているかで判定しています。

（※13） 枠連の枠番・払戻額・人気は「PayWakurenKumi ○」「PayWakurenPay ○」「PayWakurenNinki ○」に格納されています。「○」は同着も考慮して「1」～「3」まで用意されています。2つの枠番は半角数字2文字で表現されているため、枠番は1文字目と2文字目を別々に参照する必要があります。同着の判定法は（※12）と同じです。

（※14） 馬連の馬番・払戻額・人気は「PayUmarenKumi ○」「PayUmarenPay ○」「PayUmarenNinki ○」に格納されています。「○」は同着も考慮して「1」～「3」まで用意されています。2つの馬番は半角数字4文字で表現されているため、馬番は1文字目と2文字目、3文字目と4文字目を別々に参照する必要があります。

（※15） ワイドの馬番・払戻額・人気は「PayWideKumi ○」「PayWidePay ○」「PayWideNinki ○」に格納されています。「○」は同着も考慮して「1」～「7」まで用意されています。馬番の取得方法は（※14）と同じです。

（※16） 3連複の馬番・払戻額・人気は「PaySanrenpukuKumi ○」「PaySanrenpukuPay ○」「PaySanrenpukuNinki ○」に格納されています。「○」は同着も考慮して「1」～「3」まで用意されています。3つの馬番は半角数字6文字で表現されているため、馬番は1文字目と2文字目、3文字目と4文字目、5文字目と6文字目を別々に参照する必要があります。

（※17） 3連単の馬番・払戻額・人気は「PaySanrentanKumi ○」「PaySanrentanPay ○」「PaySanrentanNinki ○」に格納されています。「○」は同着も考慮して「1」～「6」まで用意されています。馬番の取得方法は（※16）と同じです。

3.3 競走馬成績の取得方法

3.3.1 競走馬のマスタデータの取得

すべての競走馬には、過去の競争結果を集計したマスタデータ（テーブル名：UMA）が用意されています。このマスタデータは競走馬が1走するごとに更新されます。本項では「リスグラシュー（血統登録番号：2014106220）」に関する詳細情報をターミナルに出力するプログラムを解説します。

競走馬「リスグラシュー」のマスタデータ

馬名： リスグラシュー 牝馬 6歳 黒鹿毛（抹消）
生年月日： 2014年01月18日
調教師名： 矢作芳人（栗東）

生産者名： ノーザンファーム
産地名： 安平町
馬主名： キャロットファーム
父： ハーツクライ　（父父： サンデーサイレンス　父母： アイリッシュダンス）
母： リリサイド　（母父： American Post　母母： Miller's Lily）
獲得賞金： 8億8738万円（中央のみ）
通算成績： 22戦7勝 [7-8-4-3]（1着-2着-3着-着外）
脚質： 逃：0 回　先：2 回　差：13 回　追：4 回

　出走馬のマスタデータはテーブル名「UMA」に格納されています。競走馬の固有番号である「血統登録番号（KettoNum）」をSQLの条件文を与えることで、特定の競走馬のマスタデータを取得することができます。掲載したデータは次のとおりです。「馬記号（UmaKigoCD）」「馬名（Bamei）」「性別（SexCD）」「毛色（KeiroCD）」「競走馬抹消区分（DelKubun）」「生年月日（BirthDate）」「調教師名（ChokyosiRyakusyo）」「東西所属（TozaiCD）」「生産者名（BreederName）」「産地名（SanchiName）」「馬主名（BanusiName）」「父（Ketto3InfoBamei1）」「母（Ketto3InfoBamei2）」「父父（Ketto3InfoBamei3）」「父母（Ketto3InfoBamei4）」「母父（Ketto3InfoBamei5）」「母母（Ketto3InfoBamei6）」「平地本賞金累計（RuikeiHonsyoHeiti）」「平地付加賞金累計（RuikeiFukaHeichi）」「1着回数（SogoChakukaisu1）」「2着回数（SogoChakukaisu2）」「3着回数（SogoChakukaisu3）」「4着回数（SogoChakukaisu4）」「5着回数（SogoChakukaisu5）」「着外回数（SogoChakukaisu6）」「逃げ回数（Kyakusitu1）」「先行回数（Kyakusitu2）」「差し回数（Kyakusitu3）」「追込回数（Kyakusitu4）」

プログラムソース●競走馬「リスグラシュー」のマスタデータ出力（sql_uma.py）

```
    ：（省略：データベースの接続、コード変換関連）
    ：
# カラム名リスト
N_UMA_ColumnNames = []
# カラム名リストの生成
for row in cursor.execute("pragma table_info(N_UMA)"):
    N_UMA_ColumnNames.append(row[1])
# レース情報リスト
UMAs = []
# SQL文
strSQL_SELECT = "SELECT * FROM N_UMA"
strSQL_WHERE  = " WHERE KettoNum = '2014106220'"
# SQL文の連結
```

```
strSQL = strSQL_SELECT + strSQL_WHERE
# SQL文の実行
results = cursor.execute(strSQL)
# 辞書型
for row in results:
    dic = {}
    for n in range(len(N_UMA_ColumnNames)):
        # 辞書型へと変換
        dic[N_UMA_ColumnNames[n]] = row[n]
    # リストへの格納
    UMAs.append(dic)
# 馬マスタデータ
UMA = UMAs[0]   <------------------------------------------------------- (※1)
# 時刻関連モジュールのインポート
import datetime   <---------------------------------------------------- (※2)
today = datetime.date.today()
# 馬齢計算
b = UMA["BirthDate"]   <----------------------------------------------- (※3-1)
b_year = int(b[0] + b[1] + b[2] + b[3])   <--------------------------- (※3-2)
barei = today.year - b_year   <--------------------------------------- (※3-3)
# テキスト整形
text = ""
text += "馬名: " + getCodeValue( "2204",  UMA["UmaKigoCD"] ,1) + UMA["Bamei"] + " "
                                                    <--------------- (※4)
text += getCodeValue( "2202", UMA["SexCD"], 1) + " " + str(barei) + "歳 "
    └ + getCodeValue( "2203", UMA["KeiroCD"], 1)
if(UMA["DelKubun"] == "0"): text += " (現役) "
if(UMA["DelKubun"] == "1"): text += " (抹消) "
text += "\n"
text += "生年月日: " + str(b_year) + "年" + b[4] + b[5] + "月" + b[6] + b[7] + "日\n"
text += "調教師名: " + UMA["ChokyosiRyakusyo"] + " (" +  getCodeValue( "2301",
                                                UMA["TozaiCD"], 2) + ") \n"
text += "生産者名: " + UMA["BreederName"] + "\n"
text += "産地名: " + UMA["SanchiName"] + "\n"
text += "馬主名: " + UMA["BanusiName"] + "\n"
text += "父: " + UMA["Ketto3InfoBamei1"] + " (父父: "+ UMA["Ketto3InfoBamei3"]
                            └ + " 父母: "+ UMA["Ketto3InfoBamei4"]  + ") \n"
text += "母: " + UMA["Ketto3InfoBamei2"] + " (母父: "+ UMA["Ketto3InfoBamei5"]
                            └ + " 母母: " + UMA["Ketto3InfoBamei6"] + ") \n"
```

```
# 獲得賞金の整形
s = int(int(UMA["RuikeiHonsyoHeiti"])/100) + int(int(UMA["RuikeiFukaHeichi"])/100)
                                                    <--------------- (※5)
s1 = int(s / 10000)   <------------------------------------------------ (※6-1)
s2 = s - s1 * 10000   <------------------------------------------------ (※6-2)
text += "獲得賞金： "
if(s1 > 0): text += str(s1) + "億"   <-------------------------------- (※6-3)
text += str(s2) + "万円（中央のみ）\n"   <--------------------------- (※6-4)
# 出走数の集計
SogoChakukaisu = int(UMA["SogoChakukaisu1"]) + int(UMA["SogoChakukaisu2"])
             └ + int(UMA["SogoChakukaisu3"]) + int(UMA["SogoChakukaisu4"])
             └ + int(UMA["SogoChakukaisu5"]) + int(UMA["SogoChakukaisu6"])   <----- (※7)
# 着外回数
tyakugaiKaisu = int(UMA["SogoChakukaisu4"]) + int(UMA["SogoChakukaisu5"])
                          └ + int(UMA["SogoChakukaisu6"])   <------- (※8)
text += "通算成績： " + str(sogoChakukaisu) + "戦"
                  └ + str(int(UMA["SogoChakukaisu1"])) + "勝 "
text += "[" + str(int(UMA["SogoChakukaisu1"])) + "-"
         └ + str(int(UMA["SogoChakukaisu2"])) + "-"
         └ + str(int(UMA["SogoChakukaisu3"])) + "-"
         └ + str(tyakugaiKaisu) + "] （1着-2着-3着-着外)\n"
text += "脚質： 逃：" + str(int(UMA["Kyakusitu1"])) + " 回　先："
                  └ + str(int(UMA["Kyakusitu2"])) + " 回　差："
                  └ + str(int(UMA["Kyakusitu3"])) + " 回　追："
                  └ + str(int(UMA["Kyakusitu4"])) + " 回\n"
# ターミナルへ出力
print(text)
```

（※1）　今回、血統登録番号を検索条件としているため、該当馬は1頭のみとなります。

（※2）　プログラム実行時の馬齢を計算するため、現時点の日付を取得するためのモジュールをインポートします（2.3.9項参照）。

（※3）　馬マスタデータには馬齢の情報はありません。ここではプログラム実行時の馬齢を現在の西暦から生年を引き算することで計算しています。

（※4）　カラム「UmaKigoCD」の記号の意味は1.5.4項を参照してください。

（※5）　総賞金額は「本賞金」と「付加賞金」の合計です。データベースに格納されている賞金額は100円単位なので、100で割ることで単位が「万」となります。なお、海外のレースの賞金はデータベースに存在しません。

（※6）　（※5）に続いて、賞金額を「○○億○○○○万円」という形式に変換しています。総称金額

が 1 億円以上の場合だけ「億」が表示されるように条件分岐しています。

（※ 7）　「SogoChakukaisu1」〜「SogoChakukaisu6」は地方、海外も含めた全着回数が格納されています。すべてを加算することで全レースの出走回数となります。

（※ 8）　4 着以下となった回数を着外回数としています。

3.3.2　競走馬ごとの全レース結果の取得

　各競走馬の過去の全レース結果は、3.2.2 項ですでに解説したテーブル「UMA_RACE」から取得することができます。本項では以下のとおり「リスグラシュー（血統登録番号：2014106220）」の新馬戦から引退レースの有馬記念までの全レース結果（JRA 主催レースのみ）をターミナルに出力するプログラムを解説します。

競走馬「リスグラシュー」の全競争結果（JRA 主催レースのみ）

```
2016年08月27日 新潟05R 新馬戦 芝・左外 1600[m] 432kg 中谷雄太騎手
                              └ 1番人気 3.4倍 2着 （0.0秒）
2016年09月10日 阪神02R 未勝利戦 芝・右外 1800[m] 432kg （0kg） 中谷雄太騎手
                              └ 2番人気 4.4倍 1着 （-0.7秒）
2016年10月29日 東京11R アルテミスステークス 芝・左 1600[m] 428kg （-4kg） 武豊騎手
                              └ 1番人気 2.4倍 1着 （-0.1秒）
2016年12月11日 阪神11R 阪神ジュベナイルフィリーズ 芝・右外 1600[m] 434kg （+6kg）
                              └ 戸崎圭太騎手 2番人気 3.0倍 2着 （0.2秒）
2017年03月04日 阪神11R チューリップ賞 芝・右外 1600[m] 438kg （+4kg） 武豊騎手
                              └ 2番人気 2.7倍 3着 （0.4秒）
2017年04月09日 阪神11R 桜花賞 芝・右外 1600[m] 436kg （-2kg） 武豊騎手
                              └ 3番人気 14.5倍 2着 （0.1秒）
2017年05月21日 東京11R 優駿牝馬 芝・左 2400[m] 432kg （-4kg） 武豊騎手
                              └ 3番人気 5.9倍 5着 （0.8秒）
2017年09月17日 阪神11R 関西テレビ放送賞ローズステークス 芝・右外 1800[m] 436kg （+4kg）
                              └ 武豊騎手 3番人気 6.3倍 3着 （0.3秒）
2017年10月15日 京都11R 秋華賞 芝・右 2000[m] 438kg （+2kg） 武豊騎手
                              └ 4番人気 7.0倍 2着 （0.2秒）
2017年11月12日 京都11R エリザベス女王杯 芝・右外 2200[m] 444kg （+6kg） 福永祐一騎手
                              └ 7番人気 15.0倍 8着 （0.4秒）
2018年02月04日 東京11R 東京新聞杯 芝・左 1600[m] 448kg （+4kg） 武豊騎手
                              └ 3番人気 5.5倍 1着 （-0.2秒）
2018年04月07日 阪神11R サンケイスポーツ杯阪神牝馬ステークス 芝・右外 1600[m] 452kg
                              └ （+4kg） 武豊騎手 1番人気 2.4倍 3着 （0.0秒）
```

```
2018年05月13日 東京11R ヴィクトリアマイル 芝・左 1600[m] 450kg (-2kg) 武豊騎手
                            └ 1番人気 4.3倍 2着 (0.0秒)
2018年06月03日 東京11R 安田記念 芝・左 1600[m] 448kg (-2kg) 武豊騎手
                            └ 6番人気 11.0倍 8着 (0.8秒)
2018年10月13日 東京11R アイルランドトロフィー府中牝馬ステークス 芝・左 1800[m] 460kg
                            └ (+12kg) M. デム騎手 2番人気 3.0倍 2着 (0.0秒)
2018年11月11日 京都11R エリザベス女王杯 芝・右外 2200[m] 462kg (+2kg) モレイラ騎手
                            └ 3番人気 4.7倍 1着 (0.0秒)
2019年03月10日 中京11R 金鯱賞 芝・左 2000[m] 458kg (+2kg) シュタル騎手
                            └ 5番人気 8.7倍 2着 (0.2秒)
2019年06月23日 阪神11R 宝塚記念 芝・右 2200[m] 460kg (+2kg) レーン騎手
                            └ 3番人気 5.4倍 1着 (-0.5秒)
2019年12月22日 中山11R 有馬記念 芝・右 2500[m] 468kg レーン騎手
                            └ 2番人気 6.7倍 1着 (-0.8秒)
```

　テーブル名「UMA_RACE」に対して、競走馬の固有番号である「血統登録番号（KettoNum）」をSQLの条件文に与えることで、特定の競走馬の各レース情報を取得することができます。ただし、レースの詳細情報はテーブル「UMA_RACE」には存在しないので、レースごとにテーブル「RACE」からデータを取得する必要があります。

プログラムソース●競走馬「リスグラシュー」の全競争結果（sql_uma_results.py）

```
 ⋮ （省略：データベースの接続、コード変換関連）
 ⋮
# レース情報リスト
UMA_RACEs = []
# SQL文
strSQL_SELECT = "SELECT * FROM N_UMA_RACE"  <------------------------------------------- (※1-1)
strSQL_WHERE  = " WHERE DataKubun = '7'"  <------------------------------------------- (※1-2)
strSQL_WHERE += " AND KettoNum = '2014106220'"  <------------------------------------------- (※1-3)
strSQL_ORDER  = " ORDER BY Year ASC, MonthDay ASC"  <------------------------------------------- (※1-4)
# SQL文の連結
strSQL = strSQL_SELECT + strSQL_WHERE + strSQL_ORDER  <------------------------------------------- (※1-5)
# SQL文の実行
results = cursor.execute(strSQL)  <------------------------------------------- (※1-6)
# 辞書型
for row in results:
    dic = {}
```

```
    for n in range(len(N_UMA_RACE_ColumnNames)):
        # 辞書型へと変換
        dic[N_UMA_RACE_ColumnNames[n]] = row[n]
    # リストへの格納
    UMA_RACEs.append(dic)

# レースごとに
for UMA_RACE in UMA_RACEs:
    # レース情報リスト
    RACEs = []
    # SQL文
    strSQL_SELECT = "SELECT * FROM N_RACE"
    strSQL_WHERE  = " WHERE DataKubun = '7'"
    strSQL_WHERE += " AND Year = '" + UMA_RACE["Year"] + "'"        <----------------------- (※2-1)
    strSQL_WHERE += " AND MonthDay = '" + UMA_RACE["MonthDay"] + "'"  <------------- (※2-2)
    strSQL_WHERE += " AND JyoCD = '" + UMA_RACE["JyoCD"] + "'"      <---------------------- (※2-3)
    strSQL_WHERE += " AND RaceNum = '" + UMA_RACE["RaceNum"] + "'"  <----------------- (※2-4)
    # SQL文の連結
    strSQL = strSQL_SELECT + strSQL_WHERE
    # SQL文の実行
    results = cursor.execute(strSQL)
    # 辞書型
    for row in results:
        dic = {}
        for n in range(len(N_RACE_ColumnNames)):
            # 辞書型へと変換
            dic[N_RACE_ColumnNames[n]] = row[n]
        # リストへの格納
        RACEs.append(dic)
    # 該当レースの取得
    RACE = RACEs[0]  <--------------------------------------------------------------------------------- (※2-5)

    # 年月日の取得
    Year = RACE["Year"] + "年"
    MonthDay = RACE["MonthDay"]
    Month = MonthDay[0] + MonthDay[1] + "月"
    Day = MonthDay[2] + MonthDay[3] + "日"
    # テキストの整形
    text += Year + Month + Day + " "
```

```
    text += getCodeValue( "2001", RACE["JyoCD"], 4) + RACE["RaceNum"] + "R "
    if(RACE["Hondai"] != ""):  <------------------------------------------------------------- (※3-1)
        text += RACE["Hondai"]
        if( RACE["GradeCD"] == "A" or RACE["GradeCD"] == "B"
                    or RACE["GradeCD"] == "C" or RACE["GradeCD"] == "L"):
            text += "(" +  getCodeValue( "2003", RACE["GradeCD"], 2) + ") "
    else:  <---------------------------------------------------------------------------------- (※3-2)
        if(RACE["JyokenCD5"] == "701"):
            text += "新馬戦 "
        elif(RACE["JyokenCD5"] == "703"):
            text += "未勝利戦 "
        elif(RACE["JyokenCD5"] == "005"):
            text += "1勝クラス "
        elif(RACE["JyokenCD5"] == "010"):
            text += "2勝クラス "
        elif(RACE["JyokenCD5"] == "016"):
            text += "3勝クラス "
    text += getCodeValue( "2009", RACE["TrackCD"], 2) + " "
    text += RACE["Kyori"] +"[m] "
    text += UMA_RACE["BaTaijyu"] + "kg "
    if( (UMA_RACE["ZogenSa"] == "999" or UMA_RACE["ZogenSa"] == "") == False ):
        text += "(" + UMA_RACE["ZogenFugo"] + str(int(UMA_RACE["ZogenSa"])) + "kg) "
    text += UMA_RACE["KisyuRyakusyo"] + "騎手 "
    text += str(int(UMA_RACE["Ninki"])) + "番人気 "
    text += str(int(UMA_RACE["Odds"])/10) + "倍 "
    text += str(int(UMA_RACE["KakuteiJyuni"])) + "着 ("
        └ + str(int(UMA_RACE["TimeDiff"])/10) + "秒) "
    text += "\n"
# ターミナルへ出力
print(text)
```

（※1） この SQL 文で指定した血統番号（カラム「KettoNum」）の競走馬の全レース結果を取得することができ、配列 UMA_RACEs に格納します。

（※2） この SQL 文で該当するレースは 1 レースしか存在しません。そのため、（※2-5）のとおりインデックス「0」で取得します。

（※3） レース名が設定されていない場合は、レースの条件を記載します。ただし、条件は 2019 年春の改定後に表記に合わせることにします。

3.3.3　地方競馬レース・海外国際レースを含んだ競走成績の取得

　前項で取得したレース情報や結果は JRA 主催に限られていました。テーブル「RACE」やテーブル「UMA_RACE」には、JRA 所属馬が出場した地方競馬レースと海外国際レースの情報と結果も格納されています。両テーブルともカラム「DataKubun」の値で判定することができ、「A」の場合は「地方競馬」、「B」の場合には「海外国際レース」を表します。地方競馬レースと海外国際レースを含めたレース情報と結果を取得するには、テーブル「RACE」「UMA_RACE」からデータを取得する SQL 文の WHERE 句を次のように記述します。

```
strSQL_WHERE = " WHERE (DataKubun = '7' OR DataKubun = 'A' OR DataKubun = 'B')"
```

　前項のプログラムソースの SQL 文を上記のとおり書き換えたプログラムソース sql_uma_results_AB.py を用意しておきます。以下のように海外国際レースの結果を取得することができます。

```
2019年10月26日 オース09R コックスプレート(G1) 芝・左 2040[m] kg レーン騎手 0番人気
                                    └ 0.0倍 1着 (0.0秒)
```

　しかしながら、馬体重が空欄、人気が 0、単勝オッズが 0.0、タイム差が 0.0 というように、もともと設定されていない値が初期値のままとなっている場合があるので注意が必要です。

3.4　騎手成績の取得方法

3.4.1　騎手マスタデータの取得

　JRA に所属する騎手に関するマスタデータは、基本的なデータが格納されているテーブル「KISHU」と過去の成績を集計したテーブル「KISHU_SEISEKI」が用意されています。このマスタデータは騎手が 1 走するごとに更新されます。本項ではテーブル「KISHU」を参照して現役の騎手を免許交付年度順にターミナルに出力するプログラムを解説します。

騎手の騎手免許交付年順リスト（10人分）

騎手免許交付年順（現役騎手：139人）
柴田 善臣（00641） 1966年7月30日生まれ（54歳） 免許取得年：1985年 関東 フリー
熊沢 重文（00652） 1968年1月25日生まれ（52歳） 免許取得年：1986年 関西 フリー
横山 典弘（00660） 1968年2月23日生まれ（52歳） 免許取得年：1986年 関東 フリー
蛯名 正義（00663） 1969年3月19日生まれ（51歳） 免許取得年：1987年 関東 フリー
武 豊（00666） 1969年3月15日生まれ（51歳） 免許取得年：1987年 関西 フリー
田中 勝春（00684） 1971年2月25日生まれ（49歳） 免許取得年：1989年 関東 フリー
江田 照男（00689） 1972年2月08日生まれ（48歳） 免許取得年：1990年 関東 フリー
北沢 伸也（00691） 1971年6月09日生まれ（49歳） 免許取得年：1990年 関西 フリー
岩部 純二（00726） 1976年3月25日生まれ（44歳） 免許取得年：1994年 関東 萱野浩二厩舎
植野 貴也（00727） 1975年7月1日生まれ（45歳） 免許取得年：1994年 関西 フリー

　現在、騎手が現役であるかは「騎手抹消区分（DelKubun）」が「0（現役）」か「1（引退）」であるかを参照することで確認することができます。また、騎手免許交付年月日はカラム「IssueDate」に格納されているので、SQLの条件文でこれらを与えることで、上記の表を作成することができます。掲載したデータは次のとおりです。「騎手名（KisyuName）」「騎手コード（KisyuCode）」「生年月日（BirthDate）」「騎手東西所属コード（TozaiCD）」「所属調教師名略称（ChokyosiRyakusyo）」。

プログラムソース●騎手の騎手免許交付年順リスト（sql_kishu_dictionary.py）

```
  ： （省略：データベースの接続、コード変換関連）
  ：
# カラム名リスト
N_KISYU_ColumnNames = []
# カラム名リストの生成
for row in cursor.execute("pragma table_info(N_KISYU)"):
    N_KISYU_ColumnNames.append(row[1])
# 騎手情報リスト
KISYUs = []
# SQL文
strSQL = "SELECT * FROM N_KISYU WHERE DelKubun = '0' ORDER BY IssueDate ASC"  <-- （※1）
# SQL文の実行
results = cursor.execute(strSQL)
# 辞書型
for row in results:
    dic = {}
```

```
        for n in range(len(N_KISYU_ColumnNames)):
            # 辞書型へと変換
            dic[N_KISYU_ColumnNames[n]] = row[n]
        # リストへの格納
        KISYUs.append(dic)
# 時刻関連モジュールのインポート
import datetime  <------------------------------------------------------------ (※2)
today = datetime.date.today()
# テキストの整形
text = "騎手免許交付年順 (" + "現役騎手：" + str(len(KISYUs)) + "人" + ") \n"
for n in range(len(KISYUs)):
    i = KISYUs[n]["IssueDate"]  <-------------------------------------------- (※3-1)
    i_year = i[0] + i[1] + i[2] + i[3]  <------------------------------------ (※4)
    # 年齢計算用
    b = KISYUs[n]["BirthDate"]  <-------------------------------------------- (※3-2)
    b_year = int(b[0] + b[1] + b[2] + b[3])  <------------------------------- (※5-1)
    b_month = int(b[4] + b[5])  <-------------------------------------------- (※5-2)
    b_day = int(b[6] + b[7])  <---------------------------------------------- (※5-3)
    nenrei = today - datetime.date(b_year, b_month, b_day)  <--------------- (※6)
    nenrei_year = int(nenrei.days/365)  <----------------------------------- (※7)


    text += KISYUs[n]["KisyuName"] + " (" + KISYUs[n]["KisyuCode"] + ") " + "\t"
    text += str(b_year) + "年" + str(b_month) + "月" + str(b_day) + "日生まれ"
                                        └ + " (" + str(nenrei_year) + "歳) \t"
    text += "免許取得年：" + i_year + "年\t"
    text += getCodeValue( "2301", KISYUs[n]["TozaiCD"], 1) + "\t"
    if(KISYUs[n]["ChokyosiRyakusyo"] == ""):  <----------------------------- (※8)
        text += "フリー\t"
    else:
        text += KISYUs[n]["ChokyosiRyakusyo"] + "厩舎\t"
    text += "\n"
# ターミナルへ出力
print(text)
```

（※1）　現役騎手を免許交付年順（昇順）に取得する SQL 文です。

（※2）　現在の年齢を計算するためにモジュール datetime のインポートを行います。

（※3）　カラム「IssueDate」と「BirthDate」は、免許交付年月日と誕生日をそれぞれ「yyyymmdd」
　　　　8 文字の形式で表しています。

（※4）　免許交付年は、はじめの4文字で年を取得することができます。

（※5）　生年月日を最終的に整数型で取得するため、文字列連結した後にint型に型変換を行います。

（※6）　本日の年月日情報を保持したdateオブジェクト（today）からdatetime.date関数で生成した誕生年月日のdateオブジェクトを引き算することで、現時点における経過日数を取得することができます。

（※7）　経過日数はdateオブジェクトのdaysプロパティに格納されています。この値を365日で割り算することで、満年齢を計算することができます。割り算した段階では小数となるため、int型に型変換することで整数部分だけを抜き出しています。

（※8）　カラム「ChokyosiRyakusyo」には所属する調教師名が格納されています。空欄の場合は所属する調教師がいないフリーであることを意味します。

3.4.2　騎手成績の取得

　指定した騎手のレースごとの成績を取得するには、該当騎手が騎乗したレースの馬毎レース情報（UMA_RACE）を参照する必要があります。本項では武豊騎手の2020年の騎乗結果を取得後、最後に1着・2着・3着・着外の回数と勝率、回収率を集計してターミナルへ出力するまでのプログラムを解説します。

武豊騎手の近走レース結果（10レース・2020年12月10日現在）

```
2020年12月06日中京11レース7枠13番 インティ（牡馬，6歳）518kg 10番人気 57.5倍
                                                    └ 57.0kg 3着
2020年12月06日中京09レース8枠08番 ダディーズビビッド（牡馬，2歳）492kg 3番人気 5.4倍
                                                    └ 55.0kg 1着
2020年12月06日中京08レース3枠05番 メイショウオーギシ（牡馬，3歳）496kg 3番人気 5.4倍
                                                    └ 56.0kg 6着
2020年12月06日中京07レース2枠03番 タイミングハート（牡馬，3歳）442kg 2番人気 5.4倍
                                                    └ 55.0kg 3着
2020年12月06日中京05レース4枠05番 ヤマニンルリュール（牝馬，2歳）462kg 2番人気 3.5倍
                                                    └ 54.0kg 1着
2020年12月06日中京04レース1枠02番 ジャスパーゴールド（牡馬，2歳）448kg 1番人気 2.6倍
                                                    └ 55.0kg 4着
2020年12月06日中京02レース2枠04番 コウユークロガヨカ（牡馬，4歳）472kg 1番人気 1.9倍
                                                    └ 57.0kg 2着
2020年12月06日中京01レース3枠03番 グランメテオール（牡馬，2歳）466kg 5番人気 12.6倍
                                                    └ 55.0kg 3着
2020年12月05日阪神12レース3枠06番 シンゼンマックス（牡馬，4歳）496kg 2番人気 3.2倍
                                                    └ 57.0kg 11着
```

2020年12月05日阪神11レース1枠01番 ヒンドゥタイムズ（牡馬，4歳）470kg 3番人気 6.6倍

└ 56.0kg 3着

⋮

成績：108-95-59-366|629　勝率：17.2%　単勝回収率：71.6%

プログラムソース● 2020 年の騎乗成績の集計（sql_kishu_2020.py）

```
    ⋮
# レース情報リスト
UMA_RACEs = []
# SQL文
strSQL_SELECT = "SELECT * FROM N_UMA_RACE"
strSQL_WHERE  = " WHERE DataKubun = '7'"
strSQL_WHERE += " AND Year = '2020'"   <----------------------------------- （※1）
strSQL_WHERE += " AND KisyuCode = '00666'"  <----------------------------- （※2）
strSQL_ORDER  = " ORDER BY MonthDay DESC, RaceNum DESC"  <---------------- （※3）
# SQL文の連結
strSQL = strSQL_SELECT + strSQL_WHERE + strSQL_ORDER
# SQL文の実行
results = cursor.execute(strSQL)
# 辞書型
for row in results:
    dic = {}
    for n in range(len(N_UMA_RACE_ColumnNames)):
        # 辞書型へと変換
        dic[N_UMA_RACE_ColumnNames[n]] = row[n]
    # リストへの格納
    UMA_RACEs.append(dic)
# 着度数集計用配列
tyaku_dosu = [0] * 5  <--------------------------------------------------- （※4-1）
# 配当合計計算用変数
haito_sum = 0  <---------------------------------------------------------- （※4-2）
# レースごとに
for UMA_RACE in UMA_RACEs:
    MonthDay = UMA_RACE["MonthDay"]
    Month = MonthDay[0] + MonthDay[1]
    Day = MonthDay[2] + MonthDay[3]
```

```
    Jyuni = int(UMA_RACE["KakuteiJyuni"])
    if(Jyuni<=3):
        tyaku_dosu[Jyuni] += 1   <-------------------------------------------------- (※5-1)
    else:
        tyaku_dosu[4] += 1   <------------------------------------------------------ (※5-2)
    if(Jyuni == 1):
        haito_sum += int(UMA_RACE["Odds"]) *10   <------------------------------ (※6)
    # 文字列整形
    text = ""
    text += UMA_RACE["Year"] + "年"
    text += Month + "月"
    text += Day + "日"
    text += getCodeValue( "2001", UMA_RACE["JyoCD"], 4)
    text += UMA_RACE["RaceNum"] + "レース"
    text += UMA_RACE["Wakuban"] + "枠"
    text += UMA_RACE["Umaban"] + "番 "
    text += UMA_RACE["Bamei"] + " ("
    text +=  getCodeValue( "2202", UMA_RACE["SexCD"], 1) + ", "
    text += str(int(UMA_RACE["Barei"])) + "歳) "
    text += UMA_RACE["BaTaijyu"] + "kg "
    text += str(int(UMA_RACE["Ninki"])) + "番人気 "
    text += str(int(UMA_RACE["Odds"]))/10) + "倍 "
    text += str(int(UMA_RACE["Futan"])/10) + "kg "
    text += str(Jyuni) + "着"
    # ターミナルへ出力
    print(text)
# レース数
tyaku_dosu[0] = tyaku_dosu[1] + tyaku_dosu[2] + tyaku_dosu[3] + tyaku_dosu[4]   < (※5-3
)
# 成績を出力
print("----------------------------------------------------------------------")
print( "成績:" + str(tyaku_dosu[1]) + "-" + str(tyaku_dosu[2]) + "-"
+ str(tyaku_dosu[3]) + "-" + str(tyaku_dosu[4]) + "|" + str(tyaku_dosu[0])
+ " 勝率:" + str( round(tyaku_dosu[1]*100/ tyaku_dosu[0],1) ) + "%"   <------------- (※7)
        +" 単勝回収率:" + str( round(haito_sum/ tyaku_dosu[0] ) + "%" )   <------- (※8)
```

（※ 1）　今回は 2020 年を対象としていますが、ここの値を変更することで年度を指定することがで
　　　　きます。

(※2) 武豊騎手の騎手コード（KisyuCode）「'00666'」を指定します。

(※3) 新しい順に掲載するために月日で降順を指定します。

(※4) 着度数を集計するための配列を用意します。配列要素を5つとしている理由は（※5）で解説します。

(※5) 整数化した順位を、配列要素番号を指定するインデックスとして利用します。このように定義することで要素番号と順位の混乱を避けることができます。4着以下の場合に tyaku_dosu[4] を加算し、最終的に tyaku_dosu[0] にはレース数を与えます。

(※6) 順位が1位の場合のみ、単勝払い戻し額を加算します。UMA_RACE["Odds"] は小数第1位までのオッズが小数点を除いて格納されています。そのため、払い戻し額はこの値を10倍した値になります。

(※7) 勝率を百分率（%）で表す場合、1着になった回数をレース数で割って100倍することで得られます。勝率は小数第1位までを出力します。

(※8) 回収率を百分率（%）で表す場合、払い戻し総額をレース数で割ることで得られます。回収率は小数第1位までを出力します。

3.4.3 騎手リーディングの作成

3.4.1項と3.4.2項の内容を組み合わせると任意の期間の成績集計を行うことができます。本項では2020年の騎手リーディングの作成方法を解説します。騎手ごとの2020年の1着回数を集計して、多い順（降順）に並び替え（2.3.10項参照）を行うことでランキングの作成ができます。

2020年騎手リーディング（10位まで・2020年12月10日現在）

```
 1位 C. ルメール    (193-126-81-331|731)  勝率：26.4%  単勝回収率：75.0%
 2位 川田　将雅    (162-105-58-241|566)  勝率：28.6%  単勝回収率：84.8%
 3位 福永　祐一    (125-87-80-359|651)   勝率：19.2%  単勝回収率：93.3%
 4位 松山　弘平    (120-80-89-570|859)   勝率：14.0%  単勝回収率：92.5%
 5位 武　豊       (108-95-59-366|628)   勝率：17.2%  単勝回収率：71.8%
 6位 横山　武史    (87-52-62-474|675)    勝率：12.9%  単勝回収率：126.6%
 7位 吉田　隼人    (81-68-68-480|697)    勝率：11.6%  単勝回収率：105.6%
 8位 三浦　皇成    (73-61-61-393|588)    勝率：12.4%  単勝回収率：71.5%
 9位 田辺　裕信    (68-80-76-488|712)    勝率：9.6%   単勝回収率：67.5%
10位 岩田　望来    (66-62-66-543|737)    勝率：9.0%   単勝回収率：65.9%
 ：
```

プログラムソース● 2020 年の騎乗成績の集計（sql_kishu_2020.py）

```
 ⋮ （省略：3.4.1項と3.4.2項）
 ⋮
# 騎手辞書の作成
KisyuDic = {}  ◄------------------------------------------------------------ （※1）
for n in range(len(KISYUs)):
    print( KISYUs[n]["KisyuName"] )
    KisyuCode = KISYUs[n]["KisyuCode"]
    # 騎手コードに対して辞書型変数を宣言
    KisyuDic[ KisyuCode ] = {}  ◄------------------------------------------ （※2-1）
    # 騎手名
    KisyuDic[ KisyuCode ]["name"] = KISYUs[n]["KisyuName"]  ◄-------------------- （※2-2）
    # 着度数集計用配列
    KisyuDic[ KisyuCode ]["tyaku_dosu"] = [0] * 5  ◄-------------------------- （※2-3）
    # 配当合計計算用変数
    KisyuDic[ KisyuCode ]["haito_sum"] = 0  ◄------------------------------- （※2-4）
     ⋮ （省略：3.4.2項）


# ランキング作成用辞書型変数
ranking = {}
for KisyuCode in KisyuDic:
    ranking[ KisyuCode ] = KisyuDic[ KisyuCode ]["tyaku_dosu"][1]  ◄-------------------- （※3）
# 並び替え（降順）
ranking_sorted = sorted(ranking.items(), key=lambda x:x[1], reverse=True)  ◄------- （※4）
print("----------------------------------------------------------------------")
# 結果出力
for i in range(len(ranking_sorted)):
    KisyuCode = ranking_sorted[i][0]
    KisyuDic[ KisyuCode ]["ranking"] = i + 1  ◄------------------------------ （※5）
    # リストの参照
    d = KisyuDic[ KisyuCode ]["tyaku_dosu"]  ◄------------------------------ （※6-1）
    # レース数
    d[0] = d[1] + d[2] + d[3] + d[4]  ◄------------------------------------ （※6-2）
    if(d[0] > 0):
        print(str(KisyuDic[ KisyuCode ]["ranking"]) + "位 "
            + str(KisyuDic[ KisyuCode ]["name"] ) + " (" + str(d[1]) + "-"
            + str(d[2]) + "-" + str(d[3]) + "-" + str(d[4]) + "|" + str(d[0])
            + ")   勝率:" + str( round(d[1]*100/d[0],1) ) + "%"
```

```
        + "   単勝回収率："
        + str( round(KisyuDic[ KisyuCode ]["haito_sum"]/d[0],1) ) + "%")
```

（※1）　騎手ごとの情報を格納する騎手コードをキーとした辞書型変数を宣言します。

（※2）　名前（"name"）と着度数（"tyaku_dosu"）、払い戻し総額（"haito_sum"）を格納する辞書型変数を定義します。

（※3）　2.3.10項で解説したとおり、並び替えを実行したい値を辞書型変数（キー：騎手コード、値：1着回数）として準備します。

（※4）　sorted関数の戻り値は、降順に並び替えられたリスト型変数となります。

（※5）　インデックス i は0からなので、順位と一致させるために1加えます。

（※6）　リスト KisyuDic[KisyuCode]["tyaku_dosu"] を何度も記述すると可読性が落ちてしまうため、リストの参照を取得して、この参照にリストのインデックスを与えることで値にアクセスすることができます。

3.5 独自ライブラリの定義

3.5.1 独自ライブラリと利用方法

　第4章では様々な条件における馬券回収率を計算する際に便利な関数群をライブラリとして準備します。本項で定義する関数は以下のとおりです。

基礎関数
- 指定した条件の馬マスタデータ（UMA）を取得：getUMAs 関数
- 指定した条件のレースリストを取得：getRACEs 関数
- 指定した条件の払い戻しリストを取得：getHARAIs 関数
- 指定した条件の馬毎レース情報リストを取得：getUMA_RACEs 関数

指定した競走馬に関するデータ
- 指定した競走馬の前走「UMA_RACE」を取得：getZensoUMA_RACE 関数
- 指定した競走馬の前走「RACE」を取得：getZensoRACE 関数
- 指定した競走馬のレース間隔を取得：getRaceInterval 関数
- 指定した競走馬の前走の上がり順位を取得：getZensoAgariJyunni 関数

- 指定した競走馬の脚質を取得：getUmaKyakushitu 関数

その他
- 全競馬場ごとのコース情報：Courses 配列（2.4.1 項）
- コードから値への変換関数：getCodeValue 関数（2.4.2 項）

　これらの関数を外部ファイル utility.py に定義しておき、インポートすることで利用することができます。インポートは実行する Python ファイルと同じフォルダ内に utility.py を配置しておいて、通常のインポート文と同様に以下の通りに記述します。

```
import utility
```

その後、

```
utility.getCodeValue( code, key, type )
```

のように、utility に「.」（ドット）と関数名を与えることで利用することができます。また、

```
import utility as U
```

と記述することで、utility を「U」に置き換えた

```
U.getCodeValue( code, key, type )
```

でも実行することができます。

3.5.2　4 つの基礎関数の定義

　前項で挙げた 4 つのテーブル「UMA」（3.3.1 項）、「RACE」（3.1.3 項）、「UMA_RACE」（3.2.1 項）、「HARAI」（3.2.3 項）からデータを取得する関数をそれぞれ定義します。4 つの関数とも引数に与えた SQL 文で戻り値がそれぞれ UMAs、RACEs、UMA_RACEs、HARAIs となるように実装します。4 つとも実質的にこれまでに解説した内容と同じであるため、代表して指定した条件の馬毎レース情報リストを取得する getUMA_RACEs 関数の実装方法を解説します。

プログラムソース●指定した条件の馬毎レース情報リストを取得（getUMA_RACEs 関数）（utility.py）

```
# 指定した条件の馬毎レース情報リストを取得
def getUMA_RACEs(strSQL):
    # 馬毎レース情報リスト
    UMA_RACEs = []
    # SQL文の実行
    results = cursor.execute(strSQL)
    # 辞書型
    for row in results:
        dic = {}
        for n in range(len(N_UMA_RACE_ColumnNames)):
            # 辞書型へと変換
            dic[N_UMA_RACE_ColumnNames[n]] = row[n]
        # リストへの格納
        UMA_RACEs.append(dic)
    return UMA_RACEs  <------------------------------------------------------------- (※)
```

（※）　SQL 文で取得した「UMA_RACE」の配列をそのまま戻り値とします。

　ライブラリ内（utility.py）で定義されたこの getUMA_RACEs 関数の動作チェックとして、3.2.1 項と同じ「2019 年 12 月 22 日有馬記念（中山競馬場第 11 レース）の出走馬一覧」を出力するプログラムを用意します。前項で解説したとおり、独自ライブラリをインポート後、U.getUMA_RACEs(strSQL) と記述することで該当馬を取得することができます。

プログラムソース● getUMA_RACEs 関数の動作チェック（utility_test_getUMA_RACEs.py）

```
# 独自ライブラリのインポート
import utility as U
：（省略：SQL文）
# 該当競走馬を取得
UMA_RACEs = U.getUMA_RACEs(strSQL)
# 出走馬ごとに
for UMA_RACE in UMA_RACEs:
    ：（省略：文字列）
    # ターミナルへ出力
    print(text)
```

　出力結果は 3.2.1 項と同じなので省略します。そのほか 3 つの関数に対する動作チェック用の Python ファイルを以下の通りに用意していますので確認してみてください。

getRACEs 関数　　　utility_test_getRACEs.py（出力：3.1.3 項と同じ）

getUMAs 関数　　　utility_test_getUMAs.py（出力：3.3.1 項と同じ）

getHARAIs 関数　　utility_test_getHARAIs.py（出力：3.2.3 項の払戻結果と同じ）

3.5.3 指定したレースの払戻情報・馬毎レース情報を取得する関数の定義

　指定したレース情報（RACE）あるいは馬毎レース情報（UMA_RACE）を引数に与えることで該当レースの払い戻し情報（テーブル「HARAI」）を取得する getHARAI 関数と、馬毎レース情報（テーブル「UMA_RACE」）を取得する getShiteiRaceUMA_RACEs 関数を定義します。それぞれ、動作チェック用のプログラムソースも準備します。

プログラムソース● getHARAI 関数（utility.py）

```
# 指定したレースの払戻情報
def getHARAI( raceData ):
    strSQL_SELECT = "SELECT * FROM N_HARAI "
    strSQL_WHERE  = " WHERE DataKubun = '2'"
    strSQL_WHERE += " AND JyoCD = '" + raceData["JyoCD"] + "'"
    strSQL_WHERE += " AND Year = '" + raceData["Year"] + "'"
    strSQL_WHERE += " AND MonthDay = '" + raceData["MonthDay"] + "'"
    strSQL_WHERE += " AND RaceNum = '" + raceData["RaceNum"] + "'"
    strSQL = strSQL_SELECT + strSQL_WHERE
    HARAIs = getHARAIs(strSQL)
    return HARAIs[0]
```

getHARAIs 関数：utility_test_getHARAI.py（出力：3.2.3 項の払戻結果と同じ）

プログラムソース● getShiteiRaceUMA_RACEs 関数（utility.py）

```
# 指定したレースの馬毎レース情報
def getShiteiRaceUMA_RACEs( raceData, ORDER_BY = "Umaban ASC" ):
    strSQL_SELECT = "SELECT * FROM N_UMA_RACE"
    strSQL_WHERE  = " WHERE DataKubun IN ('7', 'A', 'B')"
    strSQL_WHERE += " AND JyoCD = '" + raceData["JyoCD"] + "'"
```

```
    strSQL_WHERE += " AND Year = '" + raceData["Year"] + "'"
    strSQL_WHERE += " AND MonthDay = '" + raceData["MonthDay"] + "'"
    strSQL_WHERE += " AND RaceNum = '" + raceData["RaceNum"] + "'"
    if( ORDER_BY != "" ): strSQL_ORDER = " ORDER BY " + ORDER_BY
    strSQL = strSQL_SELECT + strSQL_WHERE + strSQL_ORDER
    UMA_RACEs = getUMA_RACEs(strSQL)
    return UMA_RACEs
```

getShiteiRaceUMA_RACEs 関数：utility_test_getShiteiRaceUMA_RACEs.py（出力：3.2.1 項の出走情報と同じ）

3.5.4 指定した競走馬の前走「UMA_RACE」を取得する関数の定義

指定したレースの前走の順位や人気、騎乗騎手、脚質などのデータを素早く取得するための関数、getZensoUMA_RACE 関数を定義します。第 1 引数に競走馬を指定するための「血統登録番号（KettoNum）」、第 2 引数と第 3 引数に指定レースの「開催年（Year）」と「開催月日（MonthDay）」を与えます。第 4 引数は JRA 主催レースのみを対象とするか（True）、地方競馬場レースと海外国際レースも対象とするか（False）を判定するフラグです。JRA 主催レースのみを対象とする場合には、指定する必要はありません。

戻り値はこの指定レースの 1 つ前のレースに対応した「UMA_RACE」です。なお、第 2 引数と第 3 引数は出走したレースの開催年月日を与えられることが想定されています。指定した年月日の直近のレース結果ではない点に注意してください。

プログラムソース●特定の馬の前走データを取得（getZensoUMA_RACE 関数）（utility.py）

```
# 特定の馬の前走データを取得
def getZensoUMA_RACE( KettoNum, Year, MonthDay, onlyJRA = True):
    strSQL_SELECT = "SELECT * FROM N_UMA_RACE"
    if(onlyJRA): strSQL_WHERE  = " WHERE DataKubun = '7'"
    else: strSQL_WHERE  = " WHERE DataKubun IN ('7', 'A', 'B')"
    strSQL_WHERE += " AND KettoNum = '" + KettoNum + "'"
    strSQL_WHERE += " AND ( (Year < '" + Year + "' )"                          <----- (※1-1)
    strSQL_WHERE += "        OR (Year = '" + Year + "' AND MonthDay < '" + MonthDay
                                            + "') )"    <------- (※1-2)
    strSQL_ORDER = " ORDER BY Year desc, MonthDay desc"
    strSQL = strSQL_SELECT + strSQL_WHERE + strSQL_ORDER
    UMA_RACEs = getUMA_RACEs(strSQL)   <----- (※2-1)
```

115

```
    if( len(UMA_RACEs) == 0 ): return False   <------------------------------------------ (※2-2)
    # 前走レースを返す
    return UMA_RACEs[0]
```

（※1）　指定した開催年（Year）と開催月日（MonthDay）よりも前の年月日の「UMA_RACE」を指定
　　　　するために、SQL文には「①開催年よりも前の年」あるいは「②開催年と同じかつ開催月日
　　　　がそれよりも前」の条件を加えています。

（※2）　条件を満たす「UMA_RACE」が新しい順に、配列UMA_RACEsに格納されます。もし配列要素
　　　　数がゼロの場合は、指定レースが初戦であることを意味し、Falseを返します。

　上記で定義した関数の動作用プログラムを紹介します。リスグラシュー（血統登録番号：
2014106220）の引退レース（2019年有馬記念）の前走の「UMA_RACE」を取得してターミナル
へ出力します。

プログラムソース● getUMA_RACEs 関数の動作チェック（utility_test_getUMA_RACEs.py）

```
# 独自ライブラリのインポート
import utility as U
# リスグラシュー
KettoNum = "2014106220"
# 有馬記念（引退レース）
Year = "2019"
MonthDay = "1222"
# 前走馬レース情報を取得（JRA主催レースのみ）
UMA_RACE = U.getZensoUMA_RACE( KettoNum, Year, MonthDay)   <------------------------------------ (※)
# テキストの整形
 ：（省略：3.3.2項の終盤）
text += " (" + str(int(UMA_RACE["Jyuni1c"])) + "-" + str(int(UMA_RACE["Jyuni2c"]))
text += "-" + str(int(UMA_RACE["Jyuni3c"])) + "-" + str(int(UMA_RACE["Jyuni4c"]))
                                                          └ + ") "
if(UMA_RACE["KyakusituKubun"] == "1"): text += "逃"
if(UMA_RACE["KyakusituKubun"] == "2"): text += "先"
if(UMA_RACE["KyakusituKubun"] == "3"): text += "差"
if(UMA_RACE["KyakusituKubun"] == "4"): text += "追"
# ターミナルへ出力
print(text)
```

（※）　　JRA 主催レースのみを対象とする場合には、上記のように第 4 引数を与える必要はありません。

　出力結果は以下のとおりです。国内の前走は 2019 年 6 月 23 日の宝塚記念です。この他にもテーブル「UMA_RACE」に格納されたデータはすべて取得することができます。

> 2019年06月23日 460kg（+2kg）レーン騎手 3番人気 5.4倍 1着（−0.5秒）（2-2-2-2）先

　ただし、テーブル「UMA_RACE」にはレース名や距離、馬場状況等のデータは格納されていないため、前走の「RACE」を取得するための関数を次項で定義します。

3.5.5　指定した競走馬の前走「RACE」を取得する関数の定義

　前走のコース情報（競馬場、距離、芝 or ダート）や出走条件などのレースに関する情報はテーブル「RACE」に格納されています。この値を取得するための関数、getZensoRACE 関数を定義します。第 1 引数に競走馬を指定するための「血統登録番号（KettoNum）」、第 2 引数には該当する前走の「UMA_RACE」を与えます。戻り値はこの指定したレースの 1 つ前のレースに対応した「RACE」です。もし、前走の「UMA_RACE」を取得していない場合には前項の getZensoUMA_RACE 関数で予め取得しておく必要があります。

プログラムソース●特定の馬の前走データを取得（getZensoRACE 関数）（utility.py）

```python
# 指定した競走馬の前走レースデータを取得
def getZensoRace( KettoNum, zensoUMA_RACE):
    strSQL_SELECT = "SELECT * FROM N_RACE"
    strSQL_WHERE =  " WHERE JyoCD = '" + zensoUMA_RACE["JyoCD"] + "'"      <-------------- (※)
    strSQL_WHERE += " AND Year = '" + zensoUMA_RACE["Year"] + "'"          <---------------------- (※)
    strSQL_WHERE += " AND Kaiji = '" + zensoUMA_RACE["Kaiji"] + "'"        <------------------- (※)
    strSQL_WHERE += " AND Nichiji = '" + zensoUMA_RACE["Nichiji"] + "'"    <------------ (※)
    strSQL_WHERE += " AND RaceNum = '" + zensoUMA_RACE["RaceNum"] + "'"    <------------ (※)
    strSQL = strSQL_SELECT + strSQL_WHERE
    RACEs = getRACEs(strSQL)
    if( len(RACEs) == 0 ): return False
    # 該当レースを取得
    return RACEs[0]
```

（※）　テーブル「RACE」にて唯一のレコードを指定する条件はキーカラムである「JyoCD（競馬場コード）」「Year（年）」「Kaiji（開催回）」「Nichiji（開催日時）」「RaceNum（レース番号）」です（「Kaiji」「Nichiji」に替えて「MonthDay（月日）」でも可）。SQLの条件で与えるこれらの値を、前走「UMA_RACE」（zensoUMA_RACE）から取得します。

　上記で定義した関数の動作用プログラムを紹介します。リスグラシュー（血統登録番号：2014106220）の引退レース（2019年有馬記念）の前走の「RACE」（2019年6月23日の宝塚記念）を取得してターミナルへ出力します。

プログラムソース● getUMA_RACEs 関数の動作チェック（utility_test_getUMA_RACEs.py）

```
# 独自ライブラリのインポート
import utility as U
# リスグラシュー
KettoNum = "2014106220"
# 有馬記念（引退レース）
Year = "2019"
MonthDay = "1222"
# 前走馬レース情報を取得（JRA主催レースのみ）
UMA_RACE = U.getZensoUMA_RACE( KettoNum, Year, MonthDay)
# 前走レース情報を取得
RACE = U.getZensoRACE( KettoNum, UMA_RACE)  <----------------------------------------------------------- (※)
# テキストの整形
  ：（省略：前項並びに3.3.2項後半）
# ターミナルへ出力
print(text)
```

（※）　直前で取得した前走の「UMA_RACE」を第2引数に与えることで、前走の「RACE」を取得することができます。

　上記で定義した関数の動作用プログラムを紹介します。リスグラシューの引退レース（2019年有馬記念）の前走の「RACE」（2019年6月23日の宝塚記念）を取得してターミナルへ出力します。

```
2019年06月23日 阪神11R 宝塚記念(G1) 芝・右 2200[m]
```

3.5.6 指定した競走馬のレース間隔を取得する関数の定義

指定レース出走時の前走との間隔を計算して取得する関数、getRaceInterval 関数を定義します。第 1 引数に競走馬を指定するための「血統登録番号（KettoNum）」、第 2 引数と第 3 引数に指定レースの「開催年（Year）」と「開催月日（MonthDay）」を与えます。第 4 引数は前走の馬レース情報（UMA_RACE）あるいはレース情報（RACE）を与えることで内部処理が若干軽くなります。

プログラムソース●指定した競走馬のレース間隔を取得（getRaceInterval 関数）（utility.py）

```python
# 指定した競走馬のレース間隔を取得する
def getRaceInterval( KettoNum, Year, MonthDay, zensoData = False):
    if( zensoData == False ):  # <-------------------------------------------- (※1-1)
        # 前走馬レース情報を取得（JRA＋地方＋海外）
        zensoData = getZensoUMA_RACE( KettoNum, Year, MonthDay, False)  # <---------- (※1-2)
    if( zensoData == False ): return False
    # 基準年月日
    n_Year = int(Year)
    n_Month = int(MonthDay[0] + MonthDay[1])
    n_Day = int(MonthDay[2] + MonthDay[3])
    n_datetime = datetime.date(n_Year, n_Month, n_Day)
    # 前走年月日
    z_Year = int(zensoData["Year"])
    z_MonthDay = zensoData["MonthDay"]
    z_Month = int(z_MonthDay[0] + z_MonthDay[1])
    z_Day = int(z_MonthDay[2] + z_MonthDay[3])
    z_datetime = datetime.date(z_Year, z_Month, z_Day)
    # 間隔（日単位）
    interval = n_datetime - z_datetime  # <----------------------------------- (※2)
    # 間隔（週単位）
    interval_week = int( (interval.days + 1) / 7 ) - 1  # <--------------------------- (※3)
    return interval_week
```

（※1）　第 4 引数が与えられていない場合に前走の馬レース情報を取得します。この情報から前走の年月日を取得します。レース間隔を取得する際には地方や海外も加味します。

（※2）　datetime.date オブジェクト同士の引き算は日単位の間隔を返します。

（※3）　レース間隔は「連闘」「中 1 週」「中 2 週」……という「中○週」と表すのが一般的です。中 1 週のため、日単位のレース間隔を 7 で割り算したあとに 1 を引いています。式の中で「+1」しているのは、日曜日に出走したあとに土曜日に出走した場合、週が 7 日を割り込む可能性

があるので、あらかじめ1を加えておきます。この操作のため、出走が土曜日から土曜日の場合、日曜日から日曜日の場合は7で割ると小数になりますが、int型（整数型）に変換して小数を切り捨てしているので問題ありません。

上記で定義した関数の動作用プログラムを紹介します。2019年有馬記念の出走馬の前走とレース間隔を取得してターミナルへ出力します。出力結果も示します。

プログラムソース● getRaceInterval 関数の動作チェック（utility_test_getRaceInterval.py）

```python
# 独自ライブラリのインポート
import utility as U
# 2019年有馬記念
Year = "2019"
MonthDay = "1222"
 ：（省略：SQL文）  <------------------------------------------------------------------3.2.1項
# 該当競走馬を取得
UMA_RACEs = U.getUMA_RACEs(strSQL)
# 出走馬ごとに
for UMA_RACE in UMA_RACEs:
    # 血統番号
    KettoNum = UMA_RACE["KettoNum"]
    # 前走馬レース情報を取得
    zensoUMA_RACE = U.getZensoUMA_RACE( KettoNum, Year, MonthDay, False )  <--------- (※)
    # 前走レース情報を取得
    zensoRACE = U.getZensoRACE( KettoNum, zensoUMA_RACE)  <------------------------------ (※)
    # レース間隔を取得
    raceInterval = U.getRaceInterval( KettoNum, Year, MonthDay, zensoRACE)  <------- (※)
    # 前走の年月日
    z_Year = int(zensoRACE["Year"])
    z_MonthDay = zensoRACE["MonthDay"]
    z_Month = int(z_MonthDay[0] + z_MonthDay[1])
    z_Day = int(z_MonthDay[2] + z_MonthDay[3])
    # 文字列整形
    text = ""
    text += UMA_RACE["Wakuban"] + "枠"
    text += UMA_RACE["Umaban"] + "番 "
    text += UMA_RACE["Bamei"]
    text += "  前走：" + str(z_Year) + "年" + str(z_Month) + "月" + str(z_Day) + "日"
                                         └ + zensoRACE["Hondai"]
```

```
        text += " (中" + str(raceInterval) + "週) "
        # ターミナルへ出力
        print(text)
```

（※）　getRaceInterval 関数でレース間隔を取得するには第 4 引数の前走データ必要ありませんが、前走の開催年月日と競走名を取得するために実行しています。

2019 年有馬記念出走馬の前走とレース間隔

1枠01番　スカーレットカラー	前走：2019年11月10日エリザベス女王杯（中5週）
1枠02番　スワーヴリチャード	前走：2019年11月24日ジャパンカップ（中3週）
2枠03番　エタリオウ	前走：2019年11月24日ジャパンカップ（中3週）
2枠04番　スティッフェリオ	前走：2019年10月27日天皇賞（秋）（中7週）
3枠05番　フィエールマン	前走：2019年10月6日 凱旋門賞（中10週）
3枠06番　リスグラシュー	前走：2019年10月26日コックスプレート（中7週）
4枠07番　ワールドプレミア	前走：2019年10月20日菊花賞（中8週）
4枠08番　レイデオロ	前走：2019年11月24日ジャパンカップ（中3週）
5枠09番　アーモンドアイ	前走：2019年10月27日天皇賞（秋）（中7週）
5枠10番　サートゥルナーリア	前走：2019年10月27日天皇賞（秋）（中7週）
6枠11番　キセキ	前走：2019年10月6日 凱旋門賞（中10週）
6枠12番　クロコスミア	前走：2019年11月10日エリザベス女王杯（中5週）
7枠13番　アルアイン	前走：2019年11月17日マイルチャンピオンシップ（中4週）
7枠14番　ヴェロックス	前走：2019年10月20日菊花賞（中8週）
8枠15番　アエロリット	前走：2019年10月27日天皇賞（秋）（中7週）
8枠16番　シュヴァルグラン	前走：2019年11月24日ジャパンカップ（中3週）

3.5.7　指定した競走馬の前走上がり順位を取得する関数の定義

　競馬はコースや馬場状態のみならずレース展開によってもタイムが大きく異なるため、異なるレースでタイムを直接比較することが難しいと言われています。一方、同一レース内でのタイム差は競走馬ごとの能力を測るための有用な指標と考えられています。特に、「上がり順位」と呼ばれるレースに出走した競走馬の上がり 3 ハロン（ゴール手前最後の 600 m）のタイム順位は、レース展開が末脚勝負の場合に特に重要な指標と言われています。この順位を取得する関数、getRaceInterval 関数を定義します。第 1 引数に競走馬を指定するための「血統登録番号（KettoNum）」、第 2 引数に前走の馬レース情報（UMA_RACE）あるいはレース情報（RACE）を与えます。

プログラムソース●指定した競走馬の前走上がり順位を取得（getRaceInterval 関数）（utility.py）

```
# 指定した競走馬の前走の上がり順位
def getZensoAgariJyuni ( KettoNum, zensoData ):
    # 該当レースの馬毎レース情報を取得
    UMA_RACEs = getShiteiRaceUMA_RACEs( zensoData )   <------------------------------ (※1-1)
    # 該当レースの出走馬の血統番号と上がりタイムを格納
    HaronTimeL3s = {}
    for i in range(len(UMA_RACEs)):
        HaronTimeL3s[UMA_RACEs[i]["KettoNum"]] = int(UMA_RACEs[i]["HaronTimeL3"])
                                                                <------------- (※1-2)
        if( UMA_RACEs[i]["KettoNum"] == KettoNum ):
            myHaronTimeL3 = int(UMA_RACEs[i]["HaronTimeL3"])   <------------------------ (※2-1)
    # 上がりタイムが設定されていない場合
    if(myHaronTimeL3 == 0): return False  <------------------------------------------ (※2-2)
    # 上がりタイムで並び替え
    HaronTimeL3s_sorted = sorted(HaronTimeL3s.items(), key=lambda x:x[1])  <----- (※3-1)
    # 並び替えた結果との比較
    for i in range(len(HaronTimeL3s_sorted)):
        if( myHaronTimeL3 == HaronTimeL3s_sorted[i][1] ):  <------------------------- (※3-2)
            return i + 1  <------------------------------------------------------- (※3-3)
```

（※1）　該当レースに出走した競走馬を取得して、血統番号をキー、上がり3ハロンタイムを値とする辞書型データを作成します。

（※2）　後で参照するために、該当馬の上がり3ハロンタイムを取得します。国際レースなど上がり3ハロンタイムが不定の場合は「0」が与えられているため、その場合はFalseを返します。

（※3）　上がりタイムの昇順で並び替えを行い、該当馬の上がりタイムの順位を取得します。最後に「1」を加えているのは、iは0からスタートする配列インデックスであるためです。

　上記で定義した関数の動作用プログラムを紹介します。前項で示した2019年有馬記念の出走馬の前走上がり順位をターミナルへ出力します。次の1行を追加するだけです。

プログラムソース● getZensoAgariJyunni 関数の動作チェック（utility_test_getZensoAgariJyunni.py）

```
    # 上がり順位を取得
    zensoAgariJyunni = U.getZensoAgariJyunni( KettoNum, zensoRACE )
```

3.5.8 指定した競走馬の脚質を判定する関数の定義

競走馬はレースごとに脚質が判定され、馬毎レース情報テーブル「UMA_RACE」のカラム「KyakusituKubun」に格納されています（1: 逃, 2: 先, 3: 差, 4: 追）。また、過去全レースの脚質の集計は競走馬マスタテーブル「UMA」のカラム「Kyakusitu1」（逃げ回数）、カラム「Kyakusitu2」（先行回数）、カラム「Kyakusitu3」（差し回数）、カラム「Kyakusitu4」（追込回数）にそれぞれ格納されています。これらの「逃げ」「先行」「差し」「追込」の回数から該当馬の脚質傾向が把握することができます。本項ではこれらのデータから該当馬の脚質判定を行う関数、getUmaKyakushitu 関数の定義を行います。第1引数に競走馬を指定するための「血統登録番号（KettoNum）」、第2引数と第3引数に基準とする「年（Year）」と「月日（MonthDay）」を与えます。この年月日を指定するとその日付より前の競走結果のみを対象とした脚質判定を行い、指定しない場合は競走馬マスタテーブルの値を用いて脚質判定を行います。第4引数には判定に用いるレース数を与えます（デフォルト 10）。

競走馬の脚質判定方法には決まりはありません。そのため、過去のレースごとに判定された脚質の回数から総合的な判断を行う必要があります。単純に「逃げ」「先行」「差し」「追込」の中で回数が一番多いものを脚質として判定しても良いですが、例えばレースごとの脚質回数が「3,3,4,0」だったときに、脚質が「差し」と判定されてしまうのは違和感があるので、本書では脚質を大きく「逃げ」「先行」あるいは「差し」「追込」に分けて、以下のとおりに判定するとします。

> 逃げ：「逃げ」＋「先行」>=「差し」＋「追込」　かつ　「逃げ」>=「先行」
>
> 先行：「逃げ」＋「先行」>=「差し」＋「追込」　かつ　「逃げ」<「先行」
>
> 差し：「逃げ」＋「先行」<「差し」＋「追込」　かつ　「差し」>=「追込」
>
> 追込：「逃げ」＋「先行」<「差し」＋「追込」　かつ　「差し」<「追込」

なお、3.2.2 項の 2019 年有馬記念のレース結果では「逃げ」が 1 頭、「先行」が 5 頭、「差し」が 5 頭、「追込」が 5 頭となっているように、概ね「逃げ」1 ～ 2 頭で、他脚質は 3 等分程度となっています。

プログラムソース●指定した競走馬のレース間隔を取得（getRaceInterval 関数）（utility.py）

```
# 指定した馬の過去レースから脚質を判定
def getUmaKyakushitu( KettoNum , Year = "", MonthDay = "", num = 10):
    if( Year == "" or MonthDay == "" ):  <-------------------------------------------------- (※1)
        strSQL_SELECT = "SELECT * FROM N_UMA"
        strSQL_WHERE  = " WHERE KettoNum = '" + KettoNum + "'"
```

```
            strSQL = strSQL_SELECT + strSQL_WHERE
            UMAs = getUMAs(strSQL)
            # 馬情報
            UMA = UMAs[0]
            # 過去の脚質を取得
            RaceCount = int(UMA["RaceCount"]) # レース数
            Kyakusitu1 = int(UMA["Kyakusitu1"]) # 「逃げ」回数
            Kyakusitu2 = int(UMA["Kyakusitu2"]) # 「先行」回数
            Kyakusitu3 = int(UMA["Kyakusitu3"]) # 「差し」回数
            Kyakusitu4 = int(UMA["Kyakusitu4"]) # 「追込」回数
        else:
            strSQL_SELECT = "SELECT * FROM N_UMA_RACE"
            strSQL_WHERE  = " WHERE DataKubun = '7'"
            strSQL_WHERE += " AND KettoNum = '" + KettoNum + "'"
            strSQL_WHERE += " AND ( (Year < '" + Year + "' )"          <------------------------------- (※2-1)
            strSQL_WHERE += "        OR (Year = '" + Year + "' AND MonthDay < '"
                                        └ + MonthDay + "') )"          <-------------------- (※2-2)
            strSQL_ORDER = " ORDER BY Year DESC, MonthDay DESC"        <------------------------------ (※3)
            strSQL = strSQL_SELECT + strSQL_WHERE + strSQL_ORDER
            UMA_RACEs = getUMA_RACEs(strSQL)
            RaceCount = 0 # レース数
            Kyakusitu1 = 0 # 「逃げ」回数
            Kyakusitu2 = 0 # 「先行」回数
            Kyakusitu3 = 0 # 「差し」回数
            Kyakusitu4 = 0 # 「追込」回数
            for i in range(len(UMA_RACEs)):
                # 過去の脚質を取得
                if( UMA_RACEs[i]["KyakusituKubun"] == "0" ) : continue
                if( UMA_RACEs[i]["KyakusituKubun"] == "1" ) : Kyakusitu1 += 1
                if( UMA_RACEs[i]["KyakusituKubun"] == "2" ) : Kyakusitu2 += 1
                if( UMA_RACEs[i]["KyakusituKubun"] == "3" ) : Kyakusitu3 += 1
                if( UMA_RACEs[i]["KyakusituKubun"] == "4" ) : Kyakusitu4 += 1
                RaceCount += 1
                if( RaceCount == num ): break  <------------------------------------------------------ (※4)
    # レース数が0の場合
    if( RaceCount == 0): return False  <---------------------------------------------------------- (※5)
    # 逃げ・先行
    if(Kyakusitu1 + Kyakusitu2 > Kyakusitu3 + Kyakusitu4):
        if(Kyakusitu1 >= Kyakusitu2 ): Kyakusitu = 1
```

```
        else: Kyakusitu = 2
    else: # 差し・追込
        if(Kyakusitu3 > Kyakusitu4 ): Kyakusitu = 3
        else: Kyakusitu = 4
    return Kyakusitu
```

（※ 1）　第 2 引数 Year あるいは第 3 引数 MonthDay が空欄の場合、競走馬マスタテーブルから各脚質回数を取得します。カラム「RaceCount」は出走回数です。

（※ 2）　第 2 引数 Year と第 3 引数 MonthDay が指定された場合は、この年月日よりも前のレース結果から各脚質回数を取得します。

（※ 3）　馬毎レース情報を日付が新しい順に取得するための ORDER BY 句を記述しています。

（※ 4）　レース数が第 4 引数で指定した値に達したときに、繰り返し文を終了します。

（※ 5）　レース数が 0 の場合は脚質判定不能として False を返します。

　上記で定義した関数の動作用プログラムを紹介します。2019 年有馬記念の出走時のリスグラシューの脚質を判定します。近走 10 走の脚質は「0, 1, 7, 2」、JRA 全レースの脚質は「0, 2, 13, 4」です。本馬の脚質は「差し」と判定されます。

プログラムソース● getUmaKyakushitu 関数の動作チェック（utility_test_getUmaKyakushitu.py）

```python
# 独自ライブラリのインポート
import utility as U
# リスグラシュー
KettoNum = "2014106220"
# 有馬記念（引退レース）
Year = "2019"
MonthDay = "1222"
# 脚質判定
UmaKyakushitu = U.getUmaKyakushitu( KettoNum, Year, MonthDay)
if(UmaKyakushitu == 1): text = "逃"
if(UmaKyakushitu == 2): text = "先"
if(UmaKyakushitu == 3): text = "差"
if(UmaKyakushitu == 4): text = "追"
if(UmaKyakushitu == False): text = "ー"
# ターミナルへ出力
print(text)
```

4.1 人気別 単勝・複勝の勝率と回収率の集計

4.1.1 2019年東京競馬場1番人気のデータ集計

ここからは前章で定義した関数を用いて、様々な条件に対するデータ集計方法を解説します。本項では2019年東京競馬場の平地競走1番人気の単勝率や複勝率とそれらの回収率を計算してみましょう。

プログラムソース● 2019年東京競馬場1番人気のデータ集計（Tokyo2019_1ninki.py）

```python
# 独自ライブラリのインポート
import utility as U
# 2019年東京競馬場1番人気
Year = "2019"
JyoCD = "05"
Ninki = "01"
# SQL文
strSQL_SELECT = "SELECT * FROM N_RACE"
strSQL_WHERE  = " WHERE DataKubun = '7'"
strSQL_WHERE += " AND Year = '" + Year + "'"
strSQL_WHERE += " AND JyoCD = '" + JyoCD + "'"
strSQL_ORDER = " ORDER BY MonthDay ASC"
# SQL文の連結
strSQL = strSQL_SELECT + strSQL_WHERE + strSQL_ORDER
# 該当レースを取得
RACEs = U.getRACEs(strSQL)
# レース結果を格納する配列：総数, 1着, 2着, 3着
tyakuKaisu = [0] * 4
# 単勝・複勝の的中回数
tansho_tekityuKaisu = 0    <------------------------------------------------ (※1-1)
fukusho_tekityuKaisu = 0   <------------------------------------------------ (※1-2)
# 単勝・複勝の払戻総額
tansho_haraimodoshi_sum = 0
fukusho_haraimodoshi_sum = 0
for RACE in RACEs:
    # 障害競走を除外
```

```
    if(int(RACE["TrackCD"]) >= 30): continue   <------------------------------------------ (※2)
    # 払戻情報を取得
    HARAI = U.getHARAI(RACE)   <-------------------------------------------------------3.5.3項
    # 該当レースの出走馬を取得（人気順）
    UMA_RACEs = U.getShiteiRaceUMA_RACEs( RACE, "Ninki ASC" )   <----------------------------3.5.4項
    # 1番人気
    for UMA_RACE in UMA_RACEs:
        if(UMA_RACE["Ninki"] == Ninki): break   <------------------------------------- (※3)
    # 文字列整形
    text = ""
    text += UMA_RACE["Year"] + UMA_RACE["MonthDay"] + " "
    text += UMA_RACE["RaceNum"] + "R "
    text += UMA_RACE["Bamei"] + " \t\t"
    text += str(int(UMA_RACE["Ninki"])) + "番人気 "
    text += " (" + str(int(UMA_RACE["Odds"])/10) + "倍) "
    text += UMA_RACE["KakuteiJyuni"] + "位 "
    # レース結果を集計
    tyakuKaisu[0] += 1   <-------------------------------------------------------- (※4-1)
    if( int(UMA_RACE["KakuteiJyuni"]) <= 3):   <--------------------------------------- (※4-2)
        tyakuKaisu[int(UMA_RACE["KakuteiJyuni"])] += 1   <------------------------------ (※4-3)
    # 単勝的中の場合
    for i in range(3):   <------------------------------------------------------------ (※5-1)
        n = str(i + 1)
        if(HARAI["PayTansyoUmaban" + n] == UMA_RACE["Umaban"]):   <-------------------- (※5-2)
            tansho_haraimodoshi_sum += int(HARAI["PayTansyoPay" + n])   <----------- (※6-1)
            tansho_tekityuKaisu += 1
    # 複勝的中の場合
    for i in range(5):   <------------------------------------------------------------- (※7)
        n = str(i + 1)
        if(HARAI["PayFukusyoUmaban" + n] == UMA_RACE["Umaban"]):
            fukusho_haraimodoshi_sum += int(HARAI["PayFukusyoPay" + n])   <-------- (※6-2)
            fukusho_tekityuKaisu += 1
    # ターミナルへ出力
    print(text)
# 着外の回数
kyakugai = tyakuKaisu[0] - tyakuKaisu[1] - tyakuKaisu[2]- tyakuKaisu[3]   <---------- (※8)
# 単勝の的中率と回収率
tanshou_ritsu = round(tyakuKaisu[1] / tyakuKaisu[0] * 100, 1)   <------------------------ (※9-1)
tanshou_kaishuritsu = round(tansho_haraimodoshi_sum/ tyakuKaisu[0], 1)   <---------- (※9-2)
```

```
# 複勝の的中率と回収率
fukusho_ritsu = round(fukusho_tekityuKaisu / tyakuKaisu[0] * 100, 1)   <------------- (※9-3)
fukusho_kaishuritsu = round(fukusho_haraimodoshi_sum/ tyakuKaisu[0], 1)   <-------- (※9-4)
# 文字列整形
text = "------------------------------------\n"
text += "1着-2着-3着-着外|該当レース数 ： "
text += str(tyakuKaisu[1]) + "-" + str(tyakuKaisu[2]) + "-" + str(tyakuKaisu[3])
                        └ + "-" + str(kyakugai) + "|" + str(tyakuKaisu[0]) + "\n"
text += "単勝率：" + str(tanshou_ritsu) + "%  回収率：" + str(tanshou_kaishuritsu)
                                                        └ + "\n"
text += "複勝率：" + str(fukusho_ritsu) + "%  回収率：" + str(fukusho_kaishuritsu)
                                                        └ + "\n"
# ターミナルへ出力
print(text)
```

(※1)　単勝と複勝の的中回数を数え上げます。単勝的中数は1着の回数と一致しますが、複勝は出走頭数によって2着あるいは3着までが的中になるため、複勝的中数は着度数と一致しません。

(※2)　障害競走を除くにはカラム「TrackCD」の値を30未満と設定します。

(※3)　出走取消がある場合、カラム「Ninki」には "00" が格納されます。そのため、UMA_RACEs[0] が1番人気になるとは限らないため条件分岐で該当馬の UMA_RACE を抜き出します。

(※4)　配列 tyakuKaisu の要素番号0にレース数、要素番号1に1着度数、要素番号2に2着度数、要素番号3に3着度数を格納します。

(※5)　単勝は同着まで含めてテーブル「HARAI」の3つのカラム（PayTansyoUmaban1、PayTansyoUmaban2、PayTansyoUmaban3）に馬番が格納されています。1番人気の馬番とこの3つの馬番を比較して一致している場合に単勝的中と判定します。

(※6)　単勝と複勝の回収率を計算するために、配当総額を計算します。

(※7)　複勝は同着まで含めてテーブル「HARAI」の5つのカラム（PayFukusyoUmaban1 ～ PayFukusyoUmaban5）に馬番が格納されています。1番人気の馬番とこの5つの馬番を比較して一致している場合に単勝的中と判定します。

(※8)　4着以降の度数は全レース数から1着、2着、3着の度数を引き算することで計算できます。

(※9)　的中率と回収率を小数点以下第2位を四捨五入して小数第1位までで表示するために round 関数を用います。

2019 年東京競馬場 1 番人気の的中率と回収率

```
20190126 01R コウユークロガヨカ   1番人気  (2.3倍) 02位
20190126 02R ヤマトフェニックス   1番人気  (2.7倍) 05位
20190126 03R ボヘミアラプソディ   1番人気  (3.1倍) 05位
```

```
20190126 04R リープリングスター    1番人気 （3.4倍）01位
20190126 05R マイネルミュトス      1番人気 （3.0倍）05位
20190126 06R セリユーズ          1番人気 （1.8倍）01位
20190126 07R ランパク            1番人気 （4.6倍）04位
20190126 08R アドマイヤビクター    1番人気 （1.6倍）01位
20190126 09R スウィングビート      1番人気 （3.6倍）07位
20190126 10R ディキシーナイト      1番人気 （3.4倍）01位
20190126 11R アップクォーク       1番人気 （2.3倍）03位
20190126 12R テンワールドレイナ    1番人気 （3.0倍）02位
 :

----------------------------------------
1着-2着-3着-着外|該当レース数 ： 178-87-91-180|536
単勝率：33.2%   回収率：78.5
複勝率：66.0%   回収率：85.0
```

4.1.2　10年間の東京競馬場1番人気のデータ集計

　東京競馬場1年間の結果は上記のとおりですが、この値が妥当であるかを調べるために2010年から2019年までの10年間平均を計算してみましょう。前項のプログラムソースに、年度ごとに集計する繰り返し文を追記します。

プログラムソース● 10年間の東京競馬場1番人気のデータ集計（Tokyo_1ninki.py）

```python
# 独自ライブラリのインポート
import utility as U
# 東京競馬場1番人気 （2010-2019）
JyoCD = "05"
Ninki = "01"
Years = [0] * 10  <------------------------------------------------ (※1-1)
for n in range(len(Years)):
    Years[n] = str(2010 + n)  <---------------------------------- (※1-2)
# レース結果を格納する辞書型
tyakuKaisu = {}  <-------------------------------------------------- (※2-1)
# 単勝・複勝の的中回数を格納する辞書型
tansho_tekityuKaisu = {}  <----------------------------------------- (※2-2)
fukusho_tekityuKaisu = {}  <---------------------------------------- (※2-3)
# 単勝・複勝の払戻総額を格納する辞書型
```

```
tansho_haraimodoshi_sum = {}   <------------------------------------------------------ (※2-4)
fukusho_haraimodoshi_sum = {}   <----------------------------------------------------- (※2-5)
for Year in Years:
    # レース結果を格納する配列：総数，1着，2着，3着
    tyakuKaisu[Year] = [0] * 4
    # 単勝・複勝の的中回数
    tansho_tekityuKaisu[Year] = 0
    fukusho_tekityuKaisu[Year] = 0
    # 単勝・複勝の払戻総額
    tansho_haraimodoshi_sum[Year] = 0
    fukusho_haraimodoshi_sum[Year] = 0
        ⋮
# 10年間の集計
total_tyakuKaisu = [0] * 4
total_tansho_tekityuKaisu = 0
total_fukusho_tekityuKaisu = 0
total_tansho_haraimodoshi_sum = 0
total_fukusho_haraimodoshi_sum = 0
for Year in Years:
    # レース結果を格納する配列：総数，1着，2着，3着
    total_tyakuKaisu[0] += tyakuKaisu[Year][0]   <------------------------------------- (※3-1)
    total_tyakuKaisu[1] += tyakuKaisu[Year][1]   <------------------------------------- (※3-2)
    total_tyakuKaisu[2] += tyakuKaisu[Year][2]   <------------------------------------- (※3-3)
    total_tyakuKaisu[3] += tyakuKaisu[Year][3]   <------------------------------------- (※3-4)
    # 単勝・複勝の的中回数
    total_tansho_tekityuKaisu += tansho_tekityuKaisu[Year]   <------------------------ (※3-5)
    total_fukusho_tekityuKaisu += fukusho_tekityuKaisu[Year]   <---------------------- (※3-6)
    # 単勝・複勝の払戻総額
    total_tansho_haraimodoshi_sum += tansho_haraimodoshi_sum[Year]   <--------------- (※3-7)
    total_fukusho_haraimodoshi_sum += fukusho_haraimodoshi_sum[Year]   <------------- (※3-8)
# 着外の回数
total_kyakugai = total_tyakuKaisu[0] - total_tyakuKaisu[1] - total_tyakuKaisu[2]
                                         └ - total_tyakuKaisu[3]
# 単勝の的中率と回収率
total_tanshou_ritsu = round(total_tyakuKaisu[1] / total_tyakuKaisu[0] * 100, 1)
total_tanshou_kaishuritsu = round(total_tansho_haraimodoshi_sum / total_tyakuKaisu[0],
                                                                            └ 1)
# 複勝の的中率と回収率
total_fukusho_ritsu = round(total_fukusho_tekityuKaisu / total_tyakuKaisu[0] * 100, 1)
```

```
total_fukusho_kaishuritsu = round(total_fukusho_haraimodoshi_sum
                                    └ / total_tyakuKaisu[0], 1)
# 文字列整形
text = "----------------10年間 (2010-2019) ----------------------\n"
text += "1着-2着-3着-着外|該当レース数 ： "
text += str(total_tyakuKaisu[1]) + "-" + str(total_tyakuKaisu[2]) + "-"
                └ + str(total_tyakuKaisu[3]) + "-" + str(total_kyakugai) + "|"
                └ + str(total_tyakuKaisu[0]) + "\n"
text += "単勝率：" + str(total_tanshou_ritsu)
                └ + "%  回収率：" +str(total_tanshou_kaishuritsu) + "\n"
text += "複勝率：" + str(total_fukusho_ritsu)
                └ + "%  回収率：" +str(total_fukusho_kaishuritsu) + ""
# ターミナルへ出力
print(text)
```

(※1) 繰り返し文で用いる変数を格納した配列を定義します。文字列として "2010" から "2019" までを格納します。

(※2) 年度ごとの集計結果を格納するために、前項と同様の変数名でキーを年度とした辞書型変数を定義します。

(※3) 10年間の平均を算出するために10年間の値を合計します。集計結果は以下のとおりです。

10年間の東京競馬場1番人気の的中率と回収率

```
----------------10年間 (2010-2019) ----------------------
1着-2着-3着-着外|該当レース数 ： 1694-919-666-1798|5077
単勝率：33.4%  回収率：80.5
複勝率：64.5%  回収率：84.6
```

　10年間平均の単勝率と複勝率は前項で集計した2019年と概ね一致しています。本プログラムはすべての年度の集計結果をターミナルに表示していますが、多少のばらつきはあるものの概ね平均値と一致します。つまり、1年間の平均で見ればかなり安定した成績を残している言えます。また、単勝馬券と複勝馬券の控除率は20%なので回収率80%が基準となるわけですが、東京競馬場の1番人気は単勝回収率がほぼ80%なので、勝率に対してオッズが非常に妥当であることを意味しています。

東京競馬場人気別データ集計（10年間）

　1番人気に加えて2番人気から18番人気までの単勝・複勝の勝率と回収率を集計してみましょう。前項のプログラムソースに、人気順ごとに集計する繰り返し文を追記します。また、集計結果はこれまでのとおりターミナルへの出力も行いますが、本項ではさらにExcelなどの一般的なソフトウェアで利用しやすいアスキー形式でタブ区切りのテキストファイルへ出力します。

プログラムソース●東京競馬場　人気別データ集計（Tokyo_ninki.py）

```
import os  ◀-------------------------------------------------2.3.8項
 ⋮
# 人気配列
Ninkis = [0] * 18
for n in range(len(Ninkis)):
    Ninkis[n] = str(1 + n)
    if( n + 1 <= 9): Ninkis[n] = "0" + Ninkis[n]  ◀--------------------------------------- (※2)
# 年度配列
Years = [0] * 10
for n in range(len(Years)):
    Years[n] = str(2010 + n)
# レース結果を格納する辞書型
tyakuKaisu = {}
# 単勝・複勝の的中回数を格納する辞書型
tansho_tekityuKaisu = {}
fukusho_tekityuKaisu = {}
# 単勝・複勝の払戻総額を格納する辞書型
tansho_haraimodoshi_sum = {}
fukusho_haraimodoshi_sum = {}
for Year in Years:
    tyakuKaisu[Year] = {}
    tansho_tekityuKaisu[Year] = {}
    fukusho_tekityuKaisu[Year] = {}
    tansho_haraimodoshi_sum[Year] = {}
    fukusho_haraimodoshi_sum[Year] = {}
    for Ninki in Ninkis:
        # レース結果を格納する配列：総数，1着，2着，3着
        tyakuKaisu[Year][Ninki] = [0] * 4  ◀--------------------------------------- (※2-1)
        # 単勝・複勝の的中回数
```

```
        tansho_tekityuKaisu[Year][Ninki] = 0   <------------------------------------------ (※2-2)
        fukusho_tekityuKaisu[Year][Ninki] = 0   <------------------------------------------ (※2-3)
        # 単勝・複勝の払戻総額
        tansho_haraimodoshi_sum[Year][Ninki] = 0   <------------------------------------ (※2-4)
        fukusho_haraimodoshi_sum[Year][Ninki] = 0   <---------------------------------- (※2-5)
    ⋮
# フォルダ指定
dir_path = "results/"
# フォルダ生成
os.makedirs(dir_path, exist_ok = True)   <--------------------------------------------2.3.8項
# ファイルオープン
fout = open( dir_path + JyoCD + ".txt", "w")   <--------------------------------------2.3.7項
fout.write( U.getCodeValue( "2001", JyoCD, 1 ) + "　人気別成績（10年間平均）\n" )
                                             <---------------- (※3)
fout.write( "人気\t単勝率\t（回収率）\t複勝率\t（回収率）\n" )   <------------------------ (※4)
for Ninki in Ninkis:
    ⋮
    # ファイルへ書き出し
    fout.write( str(int(Ninki)) + "\t")
    fout.write( str(total_tanshou_ritsu) + "\t" + str(total_tanshou_kaishuritsu)
                                                        └ + "\t" )
    fout.write( str(total_fukusho_ritsu) + "\t" + str(total_fukusho_kaishuritsu)
                                                        └ + "\n" )
# ファイルクローズ
fout.close()   <--------------------------------------------------------------------2.3.7項
```

（※1）　データベースの人気は半角2文字で格納されています。そのため1桁の場合には頭に "0" を付ける必要があります。

（※2）　辞書型の値を辞書型とすることで、任意の階層の辞書型変数を定義することができます。多重配列よりも多重辞書型のほうが、データへのアクセスが容易となります。

（※3）　1行目に書き出したデータの意味を忘れないように記述しておきます。競馬場名はコードから取得しています。

（※4）　「\t」はタブを表す記号です。

東京競馬場　人気別成績（10年間平均）ファイル書き出し結果

人気	単勝率	（回収率）	複勝率	（回収率）	着回数
1	33.4	80.5	64.5	84.6	1694-919-666-1798|5077
2	19.3	80.5	50.5	83.0	978-886-702-2508|5074
3	12.5	76.2	41.3	82.5	637-788-682-2973|5080
4	9.9	84.0	32.5	79.5	504-572-579-3427|5082
5	6.6	73.3	26.4	78.3	334-465-545-3740|5084
6	5.1	77.6	21.4	78.9	258-391-440-3989|5078
7	3.9	78.5	16.1	75.4	198-279-344-4258|5079
8	2.9	76.4	13.4	80.1	148-222-307-4367|5044
9	2.1	68.6	10.2	74.9	103-148-255-4470|4976
10	1.6	63.7	7.5	68.6	76-138-147-4471|4832
11	1.2	66.2	5.9	69.6	58-85-131-4376|4650
12	0.9	70.9	4.6	64.0	40-68-93-4156|4357
13	0.5	43.1	3.4	62.5	21-44-74-3909|4048
14	0.3	47.2	2.5	61.1	13-36-47-3673|3769
15	0.2	34.1	1.9	57.0	6-20-38-3307|3371
16	0.2	47.6	1.1	41.3	7-8-15-2825|2855
17	0.0	0.0	0.4	14.8	0-1-2-678|681
18	0.2	74.3	1.3	71.1	1-3-3-528|535

（※）小数点第2位を四捨五入して小数第1位まで表示しているため、単勝率と複勝率の合計が100ないし300に合致しません。

　上記はファイルに書き出した人気別の単勝・複勝の勝率と回収率です。人気順と勝率順がきれいに対応していることがわかります。単勝・複勝とも上位人気の回収率は80%をキープしていますが、9番人気以降はガクッと落ちていっています。これは人気下位の単勝・複勝のオッズが勝率の割に低いことを意味し、実力よりも買われていることを表しています。人気馬は過剰人気になりやすいと言われることもありますが、少なくとも東京競馬場の10年間の平均で見ればそれは事実ではなく、反対に人気下位の方が過剰に買われていることになります。

4.1.4　JRA全競馬場人気別単勝回収率の集計（10年間）

　続いて前項のプログラムに追記して、東京競馬場を加えたJRA全10競馬場（札幌、函館、福島、新潟、東京、中山、中京、京都、阪神、小倉）の集計結果を一気に出力するようにします。方法は簡単です。東京競馬場を表す競馬場コード（JyoCD = "05"）を、あらかじめ定義した配列JyoCDsからfor-in構文を用いて順番に与えるだけです。集計したデータを格納する辞書型変数の

キーを JyoCD の値で定義することで、任意のタイミングで競馬場ごとの集計結果を参照することができます。

プログラムソース●全競馬場 人気別データ集計（All_ninki.py）のはじめ

```
    ⋮
# JRA全競馬場
JyoCDs = ["01", "02", "03", "04", "05", "06", "07", "08", "09", "10"]   <------------- （※1）
# 競馬場ごと
for JyoCD in JyoCDs:
    print("#############################################")
    print("#" + U.getCodeValue( "2001", JyoCD, 1 ))
    print("#############################################")
    tyakuKaisu[JyoCD] = {}
    tansho_tekityuKaisu[JyoCD] = {}
    fukusho_tekityuKaisu[JyoCD] = {}
    tansho_haraimodoshi_sum[JyoCD] = {}
    fukusho_haraimodoshi_sum[JyoCD] = {}
    ⋮
```

（※1） 競馬場コードの配列は繰り返し文を用いて定義しても良いですが、指定した競馬場のみを集計したい場合も多々あるため、明示的に指定するようにします。

　さらに、全競馬場ごとの比較を容易にするために、集計した結果を元に全競馬場の人気別単勝回収率をテキストファイルに出力するプログラムを以下のとおり記述します。縦軸が人気、横軸が競馬場で、右端列に全競馬場の全体結果を示すとします。

プログラムソース●全競馬場 人気別データ集計（All_ninki.py）の最後

```
    ⋮
# #############################################
# 全競馬場の単勝回収率を集計したファイル生成
# #############################################
# ファイルオープン
fout = open( dir_path + "all.txt", "w")
fout.write( "全競馬場 人気別 単勝回収率（10年間平均）\n" )
fout.write( "人気" )
for JyoCD in JyoCDs:
```

```
        fout.write( "\t" + U.getCodeValue( "2001", JyoCD, 3 ) )
fout.write( "\t全体")
fout.write( "\n" )
# 人気ごと
for Ninki in Ninkis:
    fout.write( str(int(Ninki)) )
    # 出走頭数を格納する辞書型
    shusotosu = {}
    # 全競馬場の払戻総額
    tansho_haraimodoshi_sum_year_all = 0   <-------------------------------------------------- (※1-1)
    # 競馬場ごと
    for JyoCD in JyoCDs:
        # 初期化
        shusotosu[JyoCD] = 0
        # 10年間払戻額の合計
        tansho_haraimodoshi_sum_year = 0
        # 年度ごと
        for Year in Years:
            shusotosu[JyoCD] += tyakuKaisu[JyoCD][Year][Ninki][0]
            tansho_haraimodoshi_sum_year +=
                            └ tansho_haraimodoshi_sum[JyoCD][Year][Ninki]
        # 分母（出走頭数）
        b_shusotosu = shusotosu[JyoCD] if(shusotosu[JyoCD]>0) else 1
        fout.write( "\t" + str(round(tansho_haraimodoshi_sum_year/b_shusotosu,1)) )
        # 全競馬場の払戻総額の加算
        tansho_haraimodoshi_sum_year_all += tansho_haraimodoshi_sum_year   <------ (※1-2)

    # ここから右端列
    # 全競馬場の出走頭数
    shusotosu_all = 0
    for JyoCD in JyoCDs:
        shusotosu_all += shusotosu[JyoCD]
    # 分母（全競馬場の出走頭数）
    b_shusotosu_all = shusotosu_all if(shusotosu_all>0) else 1
    fout.write( "\t" + str(round(tansho_haraimodoshi_sum_year_all / b_shusotosu_all,
                                     └ 1)) )   <--------------- (※1-3)
    fout.write( "\n" )
# ファイルクローズ
fout.close()
```

（※1）　右端列の回収率計算に必要な単勝の払戻総額を格納する変数の宣言、値の更新、出力を行っています。

　上記のプログラムで出力したファイルによる集計結果は以下のとおりです。右端列の全体の結果を見ると、前項で述べた傾向と同様で、回収率は8番人気あたりから徐々に下がっていくことがわかります。1番人気の回収率が80%より若干低く過剰人気の気配はありますが、概ね7番人気まで実力と人気が適切に対応していると言えます。

全競馬場　人気別単勝回収率（10年間平均）ファイル書き出し結果

人気	札幌	函館	福島	新潟	東京	中山	中京	京都	阪神	小倉	全体
1	79.6	77.7	72.7	80.8	80.5	80.0	76.2	73.3	76.8	74.1	77.3
2	73.2	73.9	81.1	76.4	80.5	79.4	78.9	79.0	79.0	88.8	79.5
3	81.5	92.4	84.1	79.6	76.2	80.7	88.7	77.3	78.8	75.3	80.1
4	82.6	69.9	79.6	80.5	84.0	81.7	82.0	81.6	76.0	73.5	79.8
5	78.5	84.0	87.7	73.1	73.3	74.8	73.6	88.9	92.3	73.3	80.4
6	91.8	94.9	78.7	83.7	77.6	77.4	90.7	86.5	78.7	87.9	83.1
7	81.7	73.8	78.1	86.5	78.5	67.9	78.1	84.8	91.0	82.9	80.8
8	69.7	47.8	79.6	76.3	76.4	81.0	69.1	83.5	84.3	71.8	76.9
9	77.4	77.6	79.2	72.8	68.6	86.1	69.2	71.6	66.7	77.4	73.9
10	83.5	98.0	83.9	65.2	63.7	70.1	76.1	81.9	61.5	66.1	72.2
11	69.5	56.0	71.1	64.3	66.2	62.7	80.6	93.3	73.7	90.6	73.8
12	64.2	87.5	79.5	52.3	70.9	60.9	92.7	59.4	82.4	39.2	67.5
13	6.1	95.1	70.4	68.2	43.1	52.2	39.6	80.3	87.5	76.7	63.5
14	37.0	52.3	59.8	55.1	47.2	31.9	48.1	41.9	58.5	88.1	50.9
15	0.0	74.9	66.1	105.9	34.1	57.1	46.9	63.9	37.3	41.8	55.1
16	0.0	0.0	71.8	15.4	47.6	24.8	26.7	52.0	0.0	24.9	31.3
17	0.0	0.0	0.0	0.0	0.0	0.0	0.0	0.0	59.6	60.4	17.6
18	0.0	0.0	0.0	0.0	74.3	0.0	0.0	0.0	0.0	0.0	13.7

4.2 オッズ別　単勝・複勝の勝率と回収率の集計

4.2.1 東京競馬場オッズ別データ集計（10年間）

　1番人気といっても1倍台から2倍台、3倍台またはそれ以上の場合もあります。前項では人気別で集計しましたが、どの程度の人気であるかを示す指標はオッズです。今度はオッズ別で前項と同じ集計を行ってみましょう。本項では、「1倍台」～「9倍台」、「10倍台」～「90倍台」、「100倍以上」の全19段階に分けて、各オッズに対応した競走馬の単勝・複勝の勝率と回収率を計算します。前項のプログラムソースの「人気配列（Ninkis）」を「オッズ配列（OddsInts）」に書き換えるだけです（Tokyo_odds.py）。

```python
# オッズ配列（1,2,3,4,5,6,7,8,9,10,20,30,40,50,60,70,80,90,100）
OddsInts = [0] * 19
for n in range(len(OddsInts)):
    if(1+n<=9):
        OddsInts[n] = str(1 + n)
    elif(1+n<=18):
        OddsInts[n] = str(10 * (n-8))
    else:
        OddsInts[n] = str(100 * (n-17))
```

　ただし、馬毎レース情報（UMA_RACE）のカラム「Odds」から取得したオッズを19段階に分けること自体は独自に実装する必要があるので以下のように記述します。これにより、変数OddsIntに "1"～"9"、"10"～"90"、"100" のいずれかが与えられます。

```python
# オッズ（小数切り捨て）
Odds_int = int(int(UMA_RACE["Odds"])/10)   <----------------------------------------- (※1)
if(Odds_int <= 9):
    OddsInt = str(Odds_int)
elif(Odds_int < 100):
    for i in range(1,10):
        if( i*10 <= Odds_int < (i+1)*10 ):
            OddsInt = str(i*10)
else:
```

```
OddsInt = "100"
```

（※ 1）　カラム「Odds」には小数点第 1 位までのオッズが小数点をなくした形（実質 10 倍の値）で
　　　　格納されています。10 で割り算した値がオッズを表し、さらに int 型に型変換することで小
　　　　数を切り捨てることができます。

東京競馬場　オッズ別成績（10 年間平均）ファイル書き出し結果

オッズ	単勝率	（回収率）	複勝率	（回収率）	着回数
1 〜	49.6	79.8	79.2	87.9	567-221-120-236|1144
2 〜	32.0	78.3	65.4	83.4	781-471-347-840|2439
3 〜	26.6	91.5	59.3	88.6	771-550-397-1178|2896
4 〜	17.5	77.5	47.6	80.0	530-498-420-1579|3027
5 〜	13.4	72.5	42.6	80.3	350-395-371-1501|2617
6 〜	12.0	77.1	40.2	82.3	299-374-329-1488|2490
7 〜	10.9	80.9	34.9	78.5	240-273-256-1428|2197
8 〜	9.6	80.3	32.7	80.1	179-216-217-1259|1871
9 〜	9.5	89.8	29.5	78.5	157-169-163-1168|1657
10 〜	5.6	77.0	23.2	80.0	659-992-1104-9080|11835
20 〜	3.6	85.9	15.7	81.4	247-356-476-5787|6866
30 〜	2.2	76.9	11.5	81.5	102-169-253-4030|4554
40 〜	1.5	67.1	9.0	77.6	54-104-163-3247|3568
50 〜	1.4	74.8	6.9	73.3	38-67-87-2579|2771
60 〜	1.3	83.6	6.3	73.5	29-45-68-2090|2232
70 〜	0.8	58.9	5.5	74.0	15-29-61-1820|1925
80 〜	0.5	46.0	4.1	57.9	9-30-29-1590|1658
90 〜	0.6	54.7	4.1	63.4	8-20-29-1339|1396
100 〜	0.2	39.9	1.8	50.8	41-94-180-17214|17529

　上記はファイルに書き出したオッズ別の単勝・複勝の勝率と回収率です。単勝回収率を見ると、
3 倍台と 5 倍台を除いて 30 倍台までは基準となる 80% に対して誤差 5% 以内となっています。こ
の結果から上位人気から中位人気にかけて、概ね実力とオッズが相関していることがわかります。
一方で、3 倍台は 90% 超えで実力の割に買われていないのに対して、5 倍台は 72.5% で買われす
ぎていると言えます。

JRA 全競馬場オッズ別単勝回収率の集計（10 年間）

4.1.4 項の人気別のときと同様に、JRA 全競馬場のオッズ別単勝回収率も集計してみましょう。プログラムソースは All_odds.py です。プログラムの内容は前項に加えて 4.1.4 項とほぼ同じであるため、解説を省略します。結果は以下のとおりです。まず全体を見ると、4.1.4 項の人気別結果と概ね同様の結果であると言えます。特筆すべきは人気馬（5 倍未満）で回収率が 90% を超えるのが前項でも言及した東京競馬場の 3 倍台のみだということがわかります。

全競馬場　オッズ別単勝回収率（10 年間）ファイル書き出し結果

オッズ	札幌	函館	福島	新潟	東京	中山	中京	京都	阪神	小倉	全体
1〜	80.3	77.9	83.0	84.6	79.8	78.3	81.8	74.6	77.6	79.8	78.9
2〜	74.1	78.8	74.7	79.9	78.3	83.4	76.3	76.0	78.8	76.0	78.1
3〜	79.5	80.2	77.3	79.0	91.5	81.6	78.5	77.5	78.2	82.2	81.1
4〜	82.3	69.9	73.0	78.9	77.5	75.8	75.0	77.2	74.5	87.8	77.1
5〜	71.7	84.0	83.6	74.9	72.5	83.0	83.1	78.8	74.5	73.8	77.7
6〜	69.5	82.5	83.5	77.8	77.1	76.1	85.6	74.5	84.3	73.0	78.3
7〜	75.4	97.0	89.8	73.5	80.9	87.2	78.1	80.8	81.1	85.9	82.4
8〜	83.7	71.2	85.1	78.3	80.3	78.1	80.7	87.6	74.1	74.9	79.7
9〜	108.5	87.5	83.4	92.4	89.8	79.4	101.0	86.6	85.5	68.3	86.8
10〜	87.1	77.1	82.5	87.5	77.0	78.5	80.7	87.3	88.9	87.5	83.4
20〜	85.1	86.5	70.8	74.9	85.9	81.8	81.2	97.4	83.5	66.4	82.6
30〜	88.0	91.5	83.8	73.8	76.9	89.5	72.8	74.7	87.2	99.2	82.6
40〜	56.3	71.3	72.9	74.7	67.1	63.0	79.7	77.0	86.0	79.3	73.6
50〜	75.2	72.6	81.8	40.9	74.8	82.2	98.8	83.0	76.7	66.7	75.6
60〜	104.3	74.5	102.4	111.1	83.6	50.2	61.3	66.9	45.3	84.9	73.8
70〜	84.8	70.3	74.9	76.9	58.9	103.2	75.1	65.7	98.2	94.4	80.1
80〜	49.4	82.2	75.8	43.7	46.0	75.0	97.9	77.1	71.5	49.2	66.6
90〜	53.3	46.2	83.8	96.9	54.7	50.3	61.4	65.5	52.2	100.8	65.5
100〜	26.2	62.3	62.6	44.3	39.9	35.7	33.3	58.2	47.8	39.0	44.7

東京競馬場 3 倍台の人気別成績（10 年間）

前項の 3 倍台の結果が気になったので少し踏み込んで、3 倍台の人気別成績を調べてみましょう。プログラムソースは 4.2.1 項の「東京競馬場　人気別データ集計（Tokyo_ninki.py）」の、該当競走馬を走査する繰り返し文にて、3 倍台だけの馬を抜き出すために次の 1 行を追加します。

```
if( (3 <= int(UMA_RACE["Odds"])/10 < 4) == False ): continue
```

　その結果、4番人気以降の出走回数がゼロとなってしまうために、最後の集計時に分母がゼロになる計算が出現してしまいます。ゼロでの割り算は実行時エラーとなるので、分母が0となる場合には分母に1を与えることにします（Tokyo_odds3.py）。

```
# 分母
b_total_tyakuKaisu = total_tyakuKaisu[0] if(total_tyakuKaisu[0]>0) else 1
# 単勝の的中率と回収率
total_tanshou_ritsu = round(total_tyakuKaisu[1] / b_total_tyakuKaisu * 100, 1)
total_tanshou_kaishuritsu = round(total_tansho_haraimodoshi_sum
                                  └ / b_total_tyakuKaisu, 1)
```

　結果はターミナルに出力します。オッズが3倍台の場合、1番人気と2番人気で該当馬の頭数と勝率が同じ程度（26.5%）で、3番人気はそこからすると圧倒的に少ないですが、勝率が31.7%で回収率も116%となっています。さらに複勝率は74.4%で1倍台に匹敵するぐらいです。1年間あたり平均で8レース強しかありませんが、「東京競馬場で人気三つ巴のレースは3番人気を狙え！」という格言ができそうです。

東京競馬場3倍台の人気別成績（10年間）

```
----------------10年間（2010-2019）----------------------
【1人気】1着-2着-3着-着外|該当レース数 ： 351-233-181-565|1330
単勝率：26.4%　回収率：87.9
複勝率：57.5%　回収率：87.3
【2人気】1着-2着-3着-着外|該当レース数 ： 394-296-202-592|1484
単勝率：26.5%　回収率：93.2
複勝率：60.0%　回収率：88.5
【3人気】1着-2着-3着-着外|該当レース数 ： 26-21-14-21|82
単勝率：31.7%　回収率：116.8
複勝率：74.4%　回収率：110.0
【4人気】1着-2着-3着-着外|該当レース数 ： 0-0-0-0|0
単勝率：0.0%　回収率：0.0
複勝率：0.0%　回収率：0.0
  ⋮
```

　ちなみに、同じ集計を2倍台についても行ってみましたので、以下のとおり結果だけを示します。2倍台は90%以上で1番人気ですが、こちらも単勝・複勝の勝率と回収率は2番人気の方が良いという結果が得られました。

東京競馬場2倍台の人気別成績（10年間）

```
----------------10年間（2010-2019）----------------------
【1人気】1着-2着-3着-着外|該当レース数 ： 712-417-319-778|2226
単勝率：32.0%　回収率：77.4
複勝率：65.0%　回収率：83.1
【2人気】1着-2着-3着-着外|該当レース数 ： 69-54-28-62|213
単勝率：32.4%　回収率：88.4
複勝率：70.4%　回収率：87.4
```

4.2.4　全競馬場3倍台の人気別単勝回収率（10年間）

　東京競馬場以外でも前項と同様の傾向があるかを調べてみましょう。4.1.4項の All_ninki.py を前項と同様に書き換えることで集計することができます。作成したプログラム All_odds3.py で集計した結果が以下のとおりです。全体では2番人気の回収率が高く、1番人気と3番人気は同程度となっています。突出して高いのが2番人気の東京競馬場と小倉競馬場、3番人気の新潟競馬場、東京競馬場、中山競馬場で、反対に3倍人気の福島競馬場と阪神競馬場は50%を割り込むほどの低いことがわかります。4.2.2項で示したとおり、3倍台の回収率は81.1%であったのですが、競馬場ごとや人気ごとに分割することで優位な差が存在していることがわかります。ただし、3番人気は該当レース数が少ないため、ゆらぎである可能性もあるので注意が必要です。

全競馬場　3倍台の人気別単勝回収率（10年間）ファイル書き出し結果

人気	札幌	函館	福島	新潟	東京	中山	中京	京都	阪神	小倉	全体
1	85.8	73.5	71.4	77.8	87.9	78.0	76.1	72.4	80.7	73.9	78.0
2	75.1	85.4	86.2	79.4	93.2	84.6	81.9	81.9	78.1	91.8	84.0
3	74.3	85.7	37.1	100.0	116.8	93.7	61.7	71.2	46.5	77.9	79.4
4	-	-	-	-	-	-	-	-	-	-	-

4.3 コース別　単勝・複勝回収率の集計

東京競馬場の平地コースレイアウトは芝左回り1400m（564）、1600m（677）、1800m（547）、2000m（387）、2300m（21）、2400m（261）、2500m（22）、3400m（10）、ダート左回り1300m（294）、1400m（899）、1600m（1047）、2100m（331）、2400m（8）の全13あります。括弧の中は2010年から2019年のレース数です。コースごとに競走数はかなり異なります。単勝・複勝の回収率がコースごとに異なるかを検証してみましょう。

4.3.1　東京競馬場　芝1400mオッズ別成績（10年間平均）

東京競馬場の芝1400mの単勝・複勝の回収率を集計するために、4.2.1項で解説したTokyo_odds.pyに以下の修正を加えたTokyo_odds_course.pyを準備します。東京競馬場の芝は左回りなのでトラックコード（カラム名「TrackCD」）は「"11"」です。距離（カラム名「Kyori」）はそのまま「"1400"」を与えます。両者とも文字列で定義します。

```
# 東京競馬場
JyoCD = "05"
# 芝・1400m
TrackCD = "11"
Kyori = "1400"
```

そして、該当レースを取得するSQL文にて、カラム名「TrackCD」「Kyori」にAND条件を追記します。

```
# SQL文
strSQL_SELECT = "SELECT * FROM N_RACE"
strSQL_WHERE  = " WHERE DataKubun = '7'"
strSQL_WHERE += " AND Year = '" + Year + "'"
strSQL_WHERE += " AND JyoCD = '" + JyoCD + "'"
strSQL_WHERE += " AND TrackCD = '" + TrackCD + "'"    <------------------------------------追加
strSQL_WHERE += " AND Kyori = '" + Kyori + "'"        <------------------------------------追加
strSQL_ORDER = " ORDER BY MonthDay ASC"
# SQL文の連結
strSQL = strSQL_SELECT + strSQL_WHERE + strSQL_ORDER
```

```
# 該当レースを取得
RACEs = U.getRACEs(strSQL)
```

　以上です。以下は結果です。4.2.1 項の結果と比較して 1 倍台～ 3 倍台までは大きな差は見られ
ませんが、4 倍台 5 倍台は単勝回収率がともに 10% 程度低い結果となっています。上位人気でも
コースごとに回収率で 10% の差が生じるのは非常に興味深いですね。

東京競馬場　芝 1400m オッズ別成績（10 年間平均）ファイル書き出し結果

オッズ	単勝率	（回収率）	複勝率	（回収率）	着回数
1 ～	50.0	81.6	76.0	84.7	48-17-8-23|96
2 ～	31.5	77.0	62.6	80.9	80-45-34-95|254
3 ～	27.4	93.9	54.2	82.1	88-48-38-147|321
4 ～	14.5	64.1	45.9	78.4	51-56-54-190|351
5 ～	11.8	64.6	43.0	82.7	37-52-46-179|314
6 ～	11.8	75.5	38.3	78.9	38-45-40-198|321
7 ～	11.9	89.3	36.2	84.5	31-31-32-166|260
8 ～	10.1	85.2	31.2	78.8	21-25-19-143|208
9 ～	10.8	103.1	24.9	68.5	20-10-16-139|185
10 ～	5.3	71.1	23.4	83.1	73-122-130-1065|1390
20 ～	4.1	99.3	16.7	90.7	34-49-57-699|839
30 ～	2.3	81.2	13.3	93.1	12-27-29-445|513
40 ～	2.7	119.7	9.2	79.4	11-8-19-374|412
50 ～	1.0	51.1	5.2	58.4	3-5-8-293|309
60 ～	2.2	147.5	7.1	84.7	6-5-9-247|267
70 ～	0.0	0.0	6.0	75.4	0-5-8-203|216
80 ～	0.5	43.4	3.2	54.6	1-4-1-181|187
90 ～	1.2	109.7	4.7	84.4	2-4-2-162|170
100 ～	0.4	55.1	1.3	33.9	8-8-12-2065|2093

　参考までに人気別の成績も集計しておきます。プログラムソースは Tokyo_ninki_course.py で
す。人気別の場合、同じ人気でもオッズに分布があることで回収率が 80% に近づいていることは
興味深いです。やはり、平均値から差が大きいほうが馬券投資の期待値を高めることができるの
で、今後は人気ではなくオッズを指標とすることにします。

東京競馬場　芝1400m 人気別成績（10年間平均）ファイル書き出し結果

人気	単勝率	（回収率）	複勝率	（回収率）	着回数
1	32.0	82.5	57.6	77.8	181-83-62-240|566
2	16.6	71.2	51.3	89.1	94-98-98-275|565
3	12.4	76.7	38.6	77.0	70-87-61-347|565
4	10.5	87.4	31.2	73.7	59-54-63-388|564
5	6.9	77.7	26.2	78.6	39-62-47-416|564
6	4.8	67.4	23.0	83.2	27-44-59-434|564
7	4.2	80.4	19.1	89.7	24-35-50-456|565
8	3.0	78.7	12.8	71.2	17-24-31-491|563
9	2.5	78.7	13.0	92.4	14-23-36-488|561
10	2.9	129.9	8.9	74.1	16-17-16-502|551
11	2.1	106.5	7.4	80.8	11-13-15-489|528
12	0.8	73.6	3.9	57.2	4-7-9-488|508
13	0.6	40.5	4.0	61.3	3-8-8-455|474
14	0.5	76.0	2.5	46.3	2-7-2-423|434
15	0.3	27.1	1.3	38.9	1-1-3-373|378
16	0.6	96.6	1.2	31.9	2-1-1-328|332
17	0.0	0.0	0.4	9.3	0-0-1-234|235
18	0.0	0.0	1.1	36.6	0-2-0-187|189

4.3.2 　東京競馬場　全コース別オッズ別単勝回収率（10年間平均）

　前項の Tokyo_odds_course.py をもとにして、前項と同じ集計を東京競馬場の全コースで一括して行う Tokyo_odds_courses.py を作成します。本プログラムの最後では、全コースの単勝回収率の一覧表示用のファイル生成も行います。一括して集計するには Utility.py にて定義した全競馬場のコース情報が格納された辞書型配列 Courses を用いて、for-in 構文で前項の内容を繰り返し実行することで簡単に実現することができます。以下のプログラムソースは上記の該当部分です。

プログラムソース●東京競馬場全コース別オッズ別単勝回収率（Tokyo_odds_courses.py）のはじめ部分

```
import os
# 独自ライブラリのインポート
import utility as U
# 東京競馬場
JyoCD = "05"
```

```
# 全コース情報を取得
Courses = U.Courses[JyoCD]  <------------------------------------------------------ (※1)
 ⋮
# レース数を格納する辞書型
race_num = {}  <------------------------------------------------------------------- (※2)
# レース結果を格納する辞書型
tyakuKaisu = {}
# 単勝・複勝の的中回数を格納する辞書型
tansho_tekityuKaisu = {}
fukusho_tekityuKaisu = {}
# 単勝・複勝の払戻総額を格納する辞書型
tansho_haraimodoshi_sum = {}
fukusho_haraimodoshi_sum = {}
# コースごとに
for Course in Courses:
    # トラックコードと距離を取得
    TrackCD = Course["TrackCD"]
    Kyori = Course["Kyori"]
    # 初期化
    race_num[TrackCD+Kyori] = 0  <------------------------------------------------- (※3-1)
    tyakuKaisu[TrackCD+Kyori] = {}  <---------------------------------------------- (※3-2)
    tansho_tekityuKaisu[TrackCD+Kyori] = {}  <------------------------------------- (※3-3)
    fukusho_tekityuKaisu[TrackCD+Kyori] = {}  <------------------------------------ (※3-4)
    tansho_haraimodoshi_sum[TrackCD+Kyori] = {}  <--------------------------------- (※3-5)
    fukusho_haraimodoshi_sum[TrackCD+Kyori] = {}  <-------------------------------- (※3-6)
 ⋮
```

（※1）　上記のように記述することで、Courses の中に東京競馬場の全コース情報が配列形式で格納
　　　　されます。

（※2）　最終的な集計時に参照するレース数を格納する辞書型変数を定義します。

（※3）　辞書型のキーとして、文字列「TrackCD」と「Kyori」を連結した文字列とします。これによ
　　　　り、コースごとの数値を格納することができます。

　次は東京競馬場の各コースごとの過去 10 年間の単勝回収率を一覧で表示するためのテキスト
ファイルを出力するプログラムです。縦軸にオッズ、横軸にコースをとります。

プログラムソース●東京競馬場全コース別オッズ別単勝回収率（Tokyo_odds_courses.py）の最後部分

```python
# ################################################
# 全コースの単勝回収率を集計したファイル生成
# ################################################
# ファイルオープン
fout = open( dir_path + "all.txt", "w")
fout.write( "東京競馬場　コース別 オッズ別 単勝回収率（10年間平均）\n" )
fout.write( "オッズ" )
for Course in Courses:
    TrackCD = Course["TrackCD"]
    Kyori = Course["Kyori"]
    if(race_num[TrackCD+Kyori] <50): continue  #<----------------------------- (※1-1)
    fout.write( "\t" + Kyori + "m" )
fout.write( "\n" )
# オッズごと
for OddsInt in OddsInts:  #<----------------------------------------------------- (※2-1)
    fout.write( OddsInt + "〜" )
    # オッズごとの全体集計用
    total_shusotosu = 0
    total_tansho_haraimodoshi = 0
    # コースごと
    for Course in Courses:  #<------------------------------------------------- (※2-2)
        TrackCD = Course["TrackCD"]
        Kyori = Course["Kyori"]
        if(race_num[TrackCD+Kyori] <50): continue  #<----------------------- (※1-2)
        # 初期化
        shusotosu = 0
        tansho_haraimodoshi_sum_year = 0
        for Year in Years:  #<------------------------------------------------ (※3)
            shusotosu += tyakuKaisu[TrackCD+Kyori][Year][OddsInt][0]
            tansho_haraimodoshi_sum_year +=
                    └ tansho_haraimodoshi_sum[TrackCD+Kyori][Year][OddsInt]
        # 分母（出走頭数）
        b_shusotosu = shusotosu if(shusotosu > 0) else 1
        fout.write( "\t" + str(round(tansho_haraimodoshi_sum_year/b_shusotosu,1)) )
        # 全体集計
        total_shusotosu += shusotosu
        total_tansho_haraimodoshi += tansho_haraimodoshi_sum_year
```

```
        fout.write( "\n" )
    fout.write( "レース数" )
    for Course in Courses:
        TrackCD = Course["TrackCD"]
        Kyori = Course["Kyori"]
        if(race_num[TrackCD+Kyori] <50): continue  <------------------------------------------------- (※1-3)
            fout.write( "\t" + str(race_num[TrackCD+Kyori]) )
    fout.write( "\n" )
    # ファイルクローズ
    fout.close()
```

（※1）　10 年間の該当レース数が 50 未満のコースは除外しています。
（※2）　縦軸と横軸を出力するための繰り返し文です。
（※3）　各年ごと和を計算するための繰り返し文です。

　以下は上記プログラムで出力したテキストファイルを整形した結果です。右端の全体は 50 レース以上存在するコースの結果のみを集計しているため、4.2.1 項の数値とは若干異なる点に注意してください。90% 以上の 1 倍台 2 倍台の場合、全体では実力とオッズが対応した回収率 80% となっていますが、コースごとに詳細を見てみると、1 倍台では芝 2400m とダート 1300m、2 倍台のダート 1300m の回収率は 60% 台となっていて、15% 近くも低い結果となっています。これは、これらのコースでは圧倒的な実力があっても、実力が発揮しづらいと言えます。また、3 倍台でも全体では 90% を超えていますが、ダート 1300m では 100% を超えている一方、芝 2400m やダート 2100m では 80% を割り込んでいるように、コースによって大きな違いがあることがわかります。

東京競馬場　各コースごとの単勝回収率（10 年間）ファイル書き出し結果

オッズ	芝（左回り）					ダート（左回り）				全体
	1400m	1600m	1800m	2000m	2400m	1300m	1400m	1600m	2100m	
1〜2	81.6	72.1	85.5	86.3	68.9	65.4	78.5	83.9	81.8	79.7
2〜3	77.0	77.1	78.4	78.7	89.9	64.0	74.5	82.2	77.9	78
3〜4	93.9	87.3	83.1	102.5	77.3	104.9	99.9	90.3	77.2	91.5
4〜5	64.1	90.4	80.3	58.2	74.3	75.3	79.3	80.2	82.3	77.4
5〜6	64.6	83.3	74.3	77.1	82.7	65.1	66.3	69.9	85.9	73.1
6〜7	75.5	77.1	82.2	77.3	64.2	82.8	77.2	78.8	66.4	76.8
7〜8	89.3	61.4	96.5	63.2	92.8	62.1	72.1	95.6	93.2	81.4
8〜9	85.2	77.3	109.1	81.1	100.6	68.3	79.9	68.4	69.5	80.6

オッズ	芝（左回り）					ダート（左回り）				全体
	1400m	1600m	1800m	2000m	2400m	1300m	1400m	1600m	2100m	
9～10	**103.1**	85.3	60.6	**101.4**	**120.5**	**102.1**	**97.8**	85.2	76.9	**90.6**
10～20	71.1	89.4	77.1	73.9	73.2	93.5	73.2	70.7	73.9	76.3
20～30	99.3	77.7	69.9	75.7	82.0	88.4	101.8	80.2	88.9	86.1
30～40	81.2	64.4	89.7	119.2	50.0	58.2	73.9	87.6	52.2	77.4
40～50	119.7	69.8	55.9	60.7	59.7	83.2	69.6	33.4	103.2	68
50～60	51.1	90.7	41.3	110.8	80.3	98.6	73.9	71.0	102.0	75.8
60～70	147.5	18.6	63.7	41.3	0.0	86.4	89.2	114.5	159.3	84.6
70～80	0.0	80.1	133.0	128.7	86.7	120.3	61.6	0.0	56.3	59.5
80～90	43.4	72.9	0.0	0.0	99.7	83.0	52.5	26.5	79.9	46.6
90～100	109.7	55.5	64.1	0.0	155.2	213.9	0.0	32.2	0.0	55.1
100～	55.1	32.6	25.6	0.0	0.0	16.2	44.5	58.5	45.7	39.2
レース数	564	677	547	387	261	294	899	1047	331	5007

　最後の行には各コースの該当レース数を記載しています。レース数が多いほど統計的な観点からこれらの傾向が確からしいと言えるわけですが、3倍台ダート1400mは899レース（2番目の多さ）にも関わらず回収率がほぼ100%で相当優秀です。同様の視点で、9倍台ダート1400mも899レース（2番目の多さ）にも関わらず回収率が98%で優秀です。もう少し条件を絞ることで安定して100%を超えることも容易であると考えられます。

4.3.3　全競馬場ごとの全コース別オッズ別単勝回収率（10年間平均）

　東京競馬場以外でも同様の傾向が見られるかを調べてみましょう。前項のプログラムソースに競馬場コード配列 JyoCDs で for-in で競馬場ごとの計算を行います。用意したプログラムソースは All_odds_courses.py です。以下の表は10年間でレース数が50以上あるコースのみを掲載しています。

札幌競馬場

　東京競馬場に比べるとレース数がかなり少ないため、コースごとの単勝回収率にかなりのばらつきがあります。これは地方開催で共通となります。特に目を引くのがコース全体の回収率が100%を超えている9倍台10倍台です。芝1500mとダート1000mを除いた1000レースで回収率が110%を超えていることから、ここを狙い目にできそうですね。一方、コース全体の2倍台の回収率が若干低めであることから、人気を裏切ることが比較的多いと思われます。

札幌競馬場 コース別オッズ別単勝回収率（10年間平均）ファイル書き出し結果

オッズ	芝（右回り）					ダート（右回り）		全体		
	1200m	1500m	1800m	2000m	2600m	1000m	1700m	回収率	出走数	的中率
1～2	72.1	74.6	84.2	80.0	123.8	93.4	77.9	81.0	365	50.7
2～3	72.8	74.7	81.0	73.0	95.1	70.6	69.5	74.0	740	30.3
3～4	75.8	90.6	76.6	86.1	73.8	99.5	73.3	80.7	804	24.0
4～5	80.5	91.1	95.8	60.3	22.3	74.2	92.2	81.1	802	18.3
5～6	65.4	69.1	64.6	75.7	124.4	67.2	66.3	70.9	693	13.1
6～7	83.4	86.7	48.2	87.1	32.1	31.3	86.5	71.1	640	11.1
7～8	91.3	117.5	74.2	58.8	19.2	73.0	75.4	76.8	599	10.4
8～9	145.5	41.8	63.7	102.1	52.6	74.3	76.1	84.2	533	9.9
9～10	129.0	88.0	113.1	151.8	152.0	76.9	92.8	109.8	438	11.6
10～11	149.7	118.0	85.5	83.1	233.3	70.9	69.5	101.3	401	9.7
11～12	40.5	56.4	116.9	25.2	60.0	119.6	101.5	79.2	386	7.0
12～13	98.2	38.7	51.7	92.4	68.9	73.8	99.8	82.6	375	6.7
13～14	61.9	108.4	29.1	63.5	141.6	183.1	150.9	101.6	330	7.6
14～15	52.3	115.3	108.2	0.0	164.7	112.1	80.7	82.7	332	5.7
レース数	222	174	189	155	69	167	432			1408

函館競馬場

　札幌競馬場と似ていますが、コース全体の7倍台の回収率が95%を超えているのは興味深いです。特にダート1700mは該当レースが10年間で499レースもあって回収率が100%を超えているので、条件を絞ることで回収率を更に高めることができそうです。

函館競馬場 コース別オッズ別単勝回収率（10年間平均）ファイル書き出し結果

オッズ	芝（右回り）				ダート（右回り）		全体		
	1200m	1800m	2000m	2600m	1000m	1700m	回収率	出走数	的中率
1～2	77.3	68.8	91.5	100.0	70.2	78.8	78.0	366	47.8
2～3	78.1	86.1	83.2	71.5	74.8	77.6	78.5	865	32.1
3～4	81.4	96.2	78.9	103.9	67.5	75.1	79.5	1000	23.1
4～5	71.0	67.9	79.5	74.8	67.7	69.3	70.5	988	16.1
5～6	88.1	66.6	88.2	29.7	84.1	94.1	84.4	907	15.7
6～7	73.7	83.4	70.1	56.1	104.6	86.5	82.0	832	12.7
7～8	91.4	51.9	119.9	146.8	89.4	107.7	96.0	687	13.0
8～9	86.0	74.1	89.5	78.7	63.0	51.8	71.1	617	8.4
9～10	92.6	82.9	71.3	65.0	77.9	96.5	87.2	550	9.3

オッズ	芝（右回り）				ダート（右回り）		全体		
	1200m	1800m	2000m	2600m	1000m	1700m	回収率	出走数	的中率
10〜11	32.8	50.2	0.0	56.3	161.2	70.3	61.4	428	6.1
11〜12	106.3	69.7	27.0	75.3	107.3	100.1	90.7	452	8.0
12〜13	73.8	128.6	57.7	62.0	30.5	76.0	72.9	401	6.0
13〜14	92.1	55.6	32.0	166.9	65.7	118.1	87.9	396	6.6
14〜15	58.8	116.8	31.0	64.1	175.7	57.3	76.1	376	5.3
レース数	448	209	162	72	258	499			1648

福島競馬場

　全体的な傾向は函館競馬場に似ていて、7 倍台の回収率が 90% を超えています。また、ダート 1700m は該当レース数 576 で 6 倍台から 9 倍台まで安定して 90% を超えていることから、単 穴候補が健闘していると言えます。これも狙い目にできそうですね。一方、1 倍台も芝 1800m・2000m では 90% を超えて、2600m では 120% を超え、圧倒的な人気馬は実力を発揮しやすいこ とが伺えます。

福島競馬場　コース別オッズ別単勝回収率（10 年間平均）ファイル書き出し結果

オッズ	芝（右回り）				ダート（右回り）		全体		
	1200m	1800m	2000m	2600m	1150m	1700m	回収率	出走数	的中率
1〜2	78.7	98.6	92.8	124.3	75.0	78.0	83.2	293	49.5
2〜3	65.1	88.2	69.8	48.4	72.5	84.3	74.8	953	30.5
3〜4	82.7	76.4	83.1	55.4	83.1	69.2	77.0	1272	22.3
4〜5	73.2	70.0	75.3	87.8	92.1	62.0	73.5	1336	16.6
5〜6	99.0	58.4	96.1	104.5	63.0	80.5	83.3	1164	15.5
6〜7	73.7	44.6	71.6	63.8	130.3	98.6	82.7	1103	12.9
7〜8	65.4	105.3	73.8	162.0	109.3	91.4	90.3	987	12.2
8〜9	84.9	81.0	101.8	61.5	60.8	100.6	85.6	898	10.2
9〜10	70.6	111.3	68.9	74.6	50.4	97.7	80.8	784	8.5
10〜11	100.6	85.3	99.7	26.4	76.7	94.3	88.9	655	8.5
11〜12	67.5	93.8	61.4	133.5	143.5	86.6	90.2	673	7.9
12〜13	92.6	71.9	79.5	135.1	55.3	119.3	92.0	579	7.4
13〜14	56.1	71.2	84.5	57.9	98.9	35.3	63.6	610	4.8
14〜15	69.4	149.0	149.7	86.4	18.1	56.1	82.3	576	5.7
レース数	557	298	251	109	323	576			2114

新潟競馬場

　新潟競馬場にしか存在しない芝直線1000mは、1倍台の圧倒的人気馬の信頼度が高く（100%）、2倍台・3倍台は実力通りの信頼度であり（78%）、4倍台も信頼度が高くなっています。それに対して5倍台の信頼度が低くなっています（61%）。全体的に1倍台（84%）と9倍台（92%）と10倍台（87%）と信頼度が高く、とくにダート9倍台・10倍台は突出していると言えます。

新潟競馬場　コース別オッズ別単勝回収率（10年間平均）ファイル書き出し結果

| オッズ | 芝直線 1000m | 芝（左回り・内） | | | | | 芝（左回り・外） | | | ダート（左回り） | | 全体 | | |
		1200m	1400m	2000m	2200m	2400m	1600m	1800m	2000m	1200m	1800m	回収率	出走数	的中率
1〜2	100.7	87.0	93.6	65.2	51.1	91.5	67.6	86.7	78.1	89.3	88.5	84.6	561	51.0
2〜3	78.8	62.8	80.6	77.9	98.6	91.1	67.1	103.0	79.0	77.7	75.7	79.6	1374	32.2
3〜4	78.5	75.2	72.0	81.5	45.4	70.0	94.6	82.7	70.5	85.2	76.3	79.0	1851	23.0
4〜5	98.5	73.6	63.5	78.2	80.9	90.0	67.3	75.2	92.0	77.9	81.8	79.0	1880	18.0
5〜6	61.6	96.6	68.9	49.1	65.4	40.8	88.2	60.9	82.0	85.5	74.5	74.9	1683	13.8
6〜7	61.7	120.8	99.4	95.7	98.8	51.3	89.1	62.6	53.6	78.4	68.1	77.8	1590	12.1
7〜8	86.6	128.2	43.8	62.4	136.7	36.3	84.6	72.5	38.1	64.1	73.6	73.8	1456	10.0
8〜9	68.1	80.8	87.4	135.4	75.1	69.4	80.5	83.9	88.2	76.8	70.1	78.7	1264	9.3
9〜10	88.0	45.2	54.7	124.3	129.0	64.6	93.2	70.4	117.2	93.3	115.6	92.1	1101	9.8
10〜11	46.1	89.8	73.2	90.3	30.6	0.0	89.8	21.0	157.7	109.2	119.8	87.7	1014	8.4
11〜12	117.3	65.6	131.2	143.3	40.3	118.9	76.2	104.0	60.8	77.0	86.4	89.7	876	7.9
12〜13	111.8	67.3	159.0	56.1	172.8	116.4	40.3	85.1	178.2	48.6	80.5	87.8	905	7.1
13〜14	129.5	20.5	153.2	54.2	0.0	167.5	77.9	52.2	88.7	94.8	97.3	92.5	872	6.9
14〜15	110.1	23.9	81.6	111.2	157.9	83.5	104.0	128.4	38.7	90.7	61.3	86.2	821	6.0
レース数	268	171	236	104	102	74	314	296	156	658	721			3100

中山競馬場

　全体の回収率をみると比較的80%付近で安定しているようです。その中でも芝内1800mの7倍台と芝外1200mの3倍台は該当レース数が300レースを超える中なかで回収率が100%を超えているので、大変優秀であると言えます。

中山競馬場　コース別オッズ別単勝回収率（10年間平均）ファイル書き出し結果

| オッズ | 芝（右回り・内） | | | 芝（右回り・外） | | | ダート（右回り） | | | 全体 | | |
	1800m	2000m	2500m	1200m	1600m	2200m	1200m	1800m	2400m	回収率	出走数	的中率
1〜2	73.6	75.4	53.1	70.5	82.6	70.8	78.0	82.7	67.5	78.3	1012	48.1
2〜3	89.9	87.7	90.8	88.0	79.9	57.7	87.8	79.4	64.1	83.2	2173	33.8
3〜4	83.1	77.4	66.1	102.2	81.9	78.4	82.2	77.0	79.7	81.2	2645	23.4

オッズ	芝（右回り・内）			芝（右回り・外）			ダート（右回り）			全体		
	1800m	2000m	2500m	1200m	1600m	2200m	1200m	1800m	2400m	回収率	出走数	的中率
4～5	64.5	104.3	96.6	75.2	71.8	70.0	69.3	76.1	93.9	76.3	2654	17.2
5～6	88.4	92.3	121.1	65.7	71.7	95.5	81.2	85.3	80.2	83.0	2460	15.3
6～7	82.0	71.4	47.3	49.0	80.4	85.6	91.7	70.5	61.7	76.4	2249	11.9
7～8	107.4	85.3	38.4	90.4	89.4	128.0	78.5	89.9	69.1	88.0	2040	11.9
8～9	62.6	67.2	163.8	90.9	57.7	43.1	91.4	74.1	88.2	78.0	1665	9.2
9～10	75.1	82.4	74.2	61.8	80.5	124.7	84.1	71.9	115.0	79.0	1412	8.4
10～11	85.7	8.6	71.8	56.7	91.1	93.2	74.0	86.8	44.6	72.6	1277	7.0
11～12	54.8	91.9	152.3	108.5	113.2	121.6	95.3	67.0	0.0	89.0	1257	7.9
12～13	116.0	71.5	41.7	62.8	101.3	167.0	106.2	98.6	105.7	97.3	1252	7.8
13～14	29.5	77.2	65.5	50.4	84.0	33.7	66.0	67.8	63.3	64.5	1165	4.8
14～15	58.8	96.8	0.0	46.6	68.8	146.2	54.6	60.0	62.6	63.9	1064	4.4
レース数	345	451	96	348	594	149	1213	1274	82			5007

中京競馬場

　1倍台は全体回収率が81%ですが、回収率が非常に高いコース（芝1400m, 1600m、ダート1900m）と低いコース（芝1200m）の差が極端にあることがわかります。2倍～5倍は全体的に回収率が低めで推移し、5倍～7倍がその反動で高い結果となっています。また、10倍台の回収率が全体で100%を超え、かつダートではすべてのコースで100%を超えているのは、かなり興味深いですね。

中京競馬場　コース別オッズ別単勝回収率（10年間平均）ファイル書き出し結果

オッズ	芝（左回り）					ダート（左回り）				全体		
	1200m	1400m	1600m	2000m	2200m	1200m	1400m	1800m	1900m	回収率	出走数	的中率
1～2	57.5	107.7	97.0	78.5	64.8	70.0	69.0	78.0	109.7	81.4	428	50.0
2～3	53.1	75.4	83.2	73.2	83.0	82.4	76.7	81.7	64.7	76.4	1061	30.8
3～4	103.9	79.7	76.9	71.2	95.8	79.3	62.1	72.7	77.3	77.0	1316	22.3
4～5	71.4	78.5	78.6	86.2	65.2	66.8	70.1	70.6	98.1	75.1	1416	16.9
5～6	93.9	94.7	97.0	80.4	39.0	119.9	93.0	69.5	71.5	86.0	1264	15.8
6～7	98.3	59.2	77.5	93.4	82.0	84.5	89.4	95.6	66.1	85.2	1199	13.2
7～8	105.4	74.8	67.3	53.0	66.0	35.6	100.2	90.4	64.8	76.0	1040	10.2
8～9	67.0	94.4	75.8	69.4	135.7	23.8	110.0	72.3	79.4	77.7	924	9.2
9～10	91.1	78.7	54.1	99.8	106.1	107.6	107.8	131.2	186.8	104.6	772	11.0
10～11	95.7	87.8	62.2	95.3	105.1	100.0	61.0	33.0	22.0	71.8	742	6.9

オッズ	芝（左回り）					ダート（左回り）				全体		
	1200m	1400m	1600m	2000m	2200m	1200m	1400m	1800m	1900m	回収率	出走数	的中率
11〜12	87.7	81.2	186.2	156.8	74.3	152.2	120.6	60.5	136.4	112.3	653	9.8
12〜13	45.9	102.4	69.3	15.0	118.8	71.1	78.4	41.7	206.0	69.8	678	5.6
13〜14	103.4	113.7	73.6	72.7	103.8	96.2	107.8	54.1	15.3	85.0	592	6.4
14〜15	68.3	64.3	112.2	101.3	42.7	164.6	67.0	133.2	0.0	92.6	655	6.4
レース数	202	264	235	311	130	261	337	452	116			2308

京都競馬場

　1倍台から6倍台まで全体の回収率が80%を超えていないため、人気馬の成績が悪い競馬場であると言えます。その反動で8倍台以降の回収率が高くなっています。コースごと差が大きく、レース数も多いため狙い目がたくさんありそうですが、2020年秋より改修工事が始まってしまうため、このデータは活用できなさそうです。

京都競馬場　コース別オッズ別単勝回収率（10年間平均）ファイル書き出し結果

オッズ	芝（右回り・内）				芝（右回り・外）					ダート（右回り）				全体		
	1200m	1400m	1600m	2000m	1400m	1600m	1800m	2200m	2400m	1200m	1400m	1800m	1900m	回収率	出走数	的中率
1〜2	93.3	83.2	71.6	73.4	82.2	91.2	84.6	60.0	72.3	85.2	68.6	65.3	64.9	74.7	1318	46.8
2〜3	75.9	71.6	72.2	66.2	82.3	64.1	86.9	83.3	79.9	81.9	81.1	73.6	55.0	76.0	2642	30.9
3〜4	68.2	76.8	86.7	98.6	66.0	79.8	82.3	53.5	69.3	78.0	77.1	73.6	77.8	77.8	3087	22.7
4〜5	68.8	99.1	64.9	85.9	77.7	65.8	74.4	79.4	67.9	75.4	67.1	88.7	83.7	77.1	3114	17.4
5〜6	80.1	71.7	82.6	90.7	112.9	52.6	64.0	102.0	73.3	86.5	63.9	82.9	76.0	78.8	2650	14.6
6〜7	40.8	90.6	59.5	62.8	81.5	102.1	78.8	82.7	73.0	82.6	77.6	67.7	77.3	74.1	2536	11.6
7〜8	78.1	90.9	96.7	68.8	71.0	106.1	92.0	33.4	73.7	83.2	97.0	69.4	64.7	80.9	2262	10.9
8〜9	101.0	74.7	78.3	95.9	54.5	47.8	79.0	84.8	152.3	88.0	85.1	89.1	123.1	87.6	1954	10.4
9〜10	97.6	89.8	122.2	90.7	68.8	99.1	91.4	103.3	47.8	71.0	81.7	85.8	90.6	87.1	1648	9.3
10〜11	166.4	95.7	88.7	123.0	64.5	91.0	96.2	115.0	93.1	77.5	94.2	88.9	53.7	94.0	1481	9.0
11〜12	82.7	64.2	155.3	90.1	60.9	88.9	84.2	91.1	58.0	68.0	104.0	75.8	205.6	90.2	1380	7.9
12〜13	91.1	0.0	93.8	155.9	77.5	75.3	95.5	90.5	163.2	77.5	86.9	80.0	143.3	90.1	1350	7.3
13〜14	30.8	101.5	89.2	13.3	109.4	23.7	75.2	83.8	0.0	70.6	76.9	85.6	68.5	67.1	1239	5.0
14〜15	77.3	0.0	102.2	143.4	67.0	107.6	51.1	164.6	69.0	75.8	93.3	66.3	179.0	86.8	1228	6.0
レース数	303	176	365	420	200	241	453	151	161	745	775	1099	201			5290

阪神競馬場

　京都競馬場と同様、1倍台から5倍台まで全体の回収率が80%を超えていないため、人気馬の成績が悪い競馬場であると言えます。特に1倍台の芝内1400m（59%）と芝内2000m（61%）

は該当レース数がともに 300 レースを超える中、回収率が 60% 程度であるのはかなり驚異的な低さと思われます。反対に芝外 1800m は該当レース数が 451 レースもあるなか 1 倍台から 4 倍台まで 80% を超え、特に 1 倍台と 3 倍台は 90% も超えていて、安定度が高いと言えます。コースごとに差が大きいことから狙い目が多いと考えられます。

阪神競馬場　コース別オッズ別単勝回収率（10 年間平均）ファイル書き出し結果

オッズ	芝（右回り・内）				芝（右回り・外）			ダート（右回り）				全体		
	1200m	1400m	2000m	2200m	1600m	1800m	2400m	1200m	1400m	1800m	2000m	回収率	出走数	的中率
1〜2	78.8	59.2	61.9	60.0	73.6	90.7	67.6	77.4	75.1	85.3	108.3	77.5	1184	48.7
2〜3	93.0	68.1	77.2	81.4	79.1	83.0	79.8	70.1	83.4	78.7	82.9	78.7	2326	32.0
3〜4	64.9	72.2	75.1	86.7	78.8	92.5	57.6	84.7	82.2	76.2	64.9	78.2	2766	22.8
4〜5	74.5	68.7	82.0	90.3	82.7	81.8	41.0	74.9	73.3	74.6	57.1	74.7	2677	16.9
5〜6	59.6	103.0	86.2	72.1	78.6	76.3	56.0	75.9	79.1	62.9	43.4	74.0	2417	13.6
6〜7	92.8	86.6	107.1	38.0	76.3	70.9	54.6	104.2	86.3	81.3	81.5	84.3	2266	13.1
7〜8	84.6	99.0	92.7	79.2	69.3	65.3	75.6	71.4	95.3	79.2	50.7	80.7	1960	10.9
8〜9	63.0	76.7	60.9	39.0	65.5	58.3	173.5	69.8	89.4	66.8	113.9	74.2	1658	8.8
9〜10	115.6	80.0	53.2	33.3	67.1	57.3	173.5	85.9	101.0	91.4	87.0	85.7	1408	9.2
10〜11	121.5	99.7	89.7	38.8	71.7	74.4	133.2	71.0	75.6	109.4	153.9	92.0	1226	8.8
11〜12	85.7	86.4	49.8	125.9	113.1	89.0	79.3	111.7	89.4	96.3	30.8	91.3	1244	8.0
12〜13	144.8	51.9	93.1	243.0	100.0	59.3	133.1	86.2	58.4	106.8	143.8	92.2	1183	7.4
13〜14	83.1	128.4	77.2	231.0	92.7	74.3	129.7	50.1	61.4	71.1	311.0	86.7	1177	6.5
14〜15	96.9	73.0	113.7	94.7	60.8	52.4	45.2	128.0	96.4	50.0	47.0	79.6	1106	5.5
レース数	235	389	354	106	482	451	151	600	714	1068	137			4687

小倉競馬場

　全体の回収率をみると比較的 80% 付近で安定しているようですが、ダートの 1 番人気（1 倍〜3 倍）は期待通りの結果が得られていないことがわかります。特にダート 1700m は該当レースが699 レースありながら、1 倍台が 66%、2 倍台が 74%、3 倍台が 77% となっています。その反動で 4 倍台の 96% は非常に興味深いです。

小倉競馬場　コース別オッズ別単勝回収率（10 年間平均）ファイル書き出し結果

オッズ	芝（右回り）				ダート（右回り）		全体		
	1200m	1800m	2000m	2600m	1000m	1700m	回収率	出走数	的中率
1〜2	85.5	88.1	91.8	90.0	75.2	66.5	80.1	527	48.8
2〜3	80.6	62.9	80.7	125.7	70.6	74.7	76.3	1174	30.8
3〜4	79.8	91.4	66.7	124.9	90.6	77.4	81.9	1552	23.8
4〜5	85.1	82.1	87.8	57.4	89.1	96.4	87.7	1534	19.6

オッズ	芝（右回り）				ダート（右回り）		全体		
	1200m	1800m	2000m	2600m	1000m	1700m	回収率	出走数	的中率
5〜6	82.2	72.7	91.0	62.2	57.2	65.3	73.9	1480	13.6
6〜7	75.2	54.9	64.8	30.2	84.0	81.3	72.2	1244	11.3
7〜8	73.1	91.1	103.2	38.5	75.9	93.9	84.7	1203	11.4
8〜9	88.4	66.4	46.0	88.7	73.3	74.3	73.7	1051	8.8
9〜10	63.2	82.3	44.5	37.5	78.1	84.2	69.8	903	7.4
10〜11	71.4	143.8	91.7	70.7	53.1	96.2	89.0	839	8.5
11〜12	85.4	98.4	61.7	55.2	165.3	67.9	88.9	770	7.8
12〜13	65.7	71.9	72.9	97.2	51.3	91.6	73.9	722	6.0
13〜14	69.8	114.9	116.0	0.0	126.9	124.9	101.9	698	7.6
14〜15	76.6	79.0	81.9	59.6	146.7	84.5	86.8	635	6.0
レース数	773	375	355	79	345	699			2626

4.4　レース条件別　単勝・複勝回収率の集計

　本節では、JRA 全競馬場のコースごと回収率を、テーブル名「RACE」に格納される「競走種別（SyubetuCD）」「重量種別（JyuryoCD）」「競走条件（JyokenCD5）」「競走グレード（GradeCD）」「馬場状態」「牝馬限定」ごとに集計する方法と、結果をランキング形式で示します。

4.4.1　「競走種別」ごとの単勝・複勝回収率

　JRA が主催する平地競走は馬齢によって出場できるレースが決まります。この区分は「競走種別」と呼ばれ、「サラ2歳（11）」「サラ3歳（12）」「サラ3歳以上（13）」「サラ4歳以上（14）」の4種類存在します。カラム「(SyubetuCD)」に先に上げた括弧の中のコード値が格納されます（コード表：2005）。プログラムソース [4.3.3]All_odds_courses.py に、SQL 文を用いて競走種別ごとの結果をデータベースから取得して、結果を集計します。

```
# 種別コード配列
SyubetuCDs = ["11", "12", "13", "14"]
 ⋮
# コースごとに
```

```
for Course in Courses:
    # トラックコードと距離を取得
    TrackCD = Course["TrackCD"]
    Kyori = Course["Kyori"]
     ⋮
    # 種別ごと
    for SyubetuCD in SyubetuCDs:
         ⋮
        # SQL文
        strSQL_SELECT = "SELECT * FROM N_RACE"
         ⋮
        strSQL_WHERE += " AND SyubetuCD = '" + SyubetuCD + "'"  <--------------------------- (※)
        strSQL_ORDER = " ORDER BY MonthDay ASC"
```

（※）条件文をこのように追記します。

　プログラムソースは All_SyubetuCD_odds_courses.py です。次の表は、競馬場、コース、競走種別、オッズ（1倍台、2倍台、3倍台、4倍台）ごとの単勝と複勝の回収率によるランキングです。「平均」は単勝と複勝の回収率の単純平均でこの値を元にして、条件に該当する出走頭数が50頭以上で上位と下位を作成しています。「競走種別」ごとに限りませんが、上位と下位では回収率は2倍近くも異なります。

競走種別ごと　単勝回収率ランキング、ファイル書き出し結果

順位	競馬場	芝・ダート	距離	種別	オッズ	回収率			出走頭数
						単勝	複勝	平均	
1	中山	芝	2000m	サラ4上	4〜5	150.2	103.6	126.9	53
2	中山	芝	1200m	サラ2才	3〜4	129.9	86.5	108.2	71
3	新潟	芝	2000m	サラ3上	4〜5	125.7	88.6	107.1	56
4	東京	芝	2000m	サラ2才	3〜4	109.8	100.9	105.4	55
5	東京	ダート	1400m	サラ2才	4〜5	111.8	98.0	104.9	66
6	小倉	芝	1200m	サラ2才	3〜4	118.5	91.0	104.7	137
7	福島	ダート	1150m	サラ3上	3〜4	106.4	102.8	104.6	76
8	京都	芝	1800m	サラ2才	2〜3	114.9	93.2	104.1	65
9	新潟	ダート	1800m	サラ4上	4〜5	116.6	89.8	103.2	53
10	東京	ダート	1600m	サラ2才	3〜4	107.1	98.2	102.6	85
⋮	⋮	⋮	⋮	⋮	⋮	⋮	⋮	⋮	⋮
469	中山	芝	1600m	サラ4上	4〜5	65.8	55.6	60.7	73

順位	競馬場	芝・ダート	距離	種別	オッズ	回収率			出走頭数
						単勝	複勝	平均	
470	東京	芝	1400m	サラ3上	4〜5	45.5	74.9	60.2	74
471	小倉	芝	1200m	サラ4上	3〜4	49.0	71.0	60.0	62
472	阪神	ダート	1400m	サラ3才	4〜5	56.2	61.3	58.8	127
473	阪神	ダート	1800m	サラ2才	4〜5	52.2	64.7	58.5	81
474	東京	芝	2000m	サラ3上	4〜5	48.7	67.7	58.2	71
475	小倉	芝	2000m	サラ4上	3〜4	54.6	60.5	57.6	56
476	京都	芝	1800m	サラ2才	4〜5	36.9	74.6	55.7	68
477	新潟	芝	1600m	サラ2才	4〜5	45.3	62.3	53.8	78
478	新潟	芝	1400m	サラ3上	4〜5	35.4	71.3	53.4	52

4.4.2 「重量種別」ごとの単勝・複勝回収率

　JRA が主催する平地競走はレースごとに斤量の設定方法が異なります。この区分は「重量種別」と呼ばれ、「ハンデ（1）」「別定（2）」「馬齢（3）」「定量（4）」の4種類存在します。カラム「(JyuryoCD)」に先に上げた括弧の中のコード値が格納されます（コード表：2008）。前項と同様に重量種別コード配列を

```
# 重量種別コード配列
JyuryoCDs = ["1", "2", "3", "4"]
```

と用意して、SQL 文を用いてデータベースから結果を取得して集計します。プログラムソースは [4.4.2]All_JyuryoCD_odds_courses.py です。

重量種別ごと　単勝回収率ランキング、ファイル書き出し結果

順位	競馬場	芝・ダート	距離	種別	オッズ	回収率			出走頭数
						単勝	複勝	平均	
1	中山	芝	2000m	定量	4〜5	131.5	87.8	109.7	74
2	新潟	芝	1800m	馬齢	2〜3	114.1	98.6	106.3	71
3	東京	芝	2000m	定量	3〜4	108.7	97.2	102.9	89
4	東京	ダート	1300m	馬齢	3〜4	116.4	89.1	102.8	109
5	阪神	芝	1800m	定量	3〜4	109.3	94.8	102.0	88
6	東京	芝	1800m	定量	3〜4	103.1	99.2	101.1	96

順位	競馬場	芝・ダート	距離	種別	オッズ	回収率			出走頭数
						単勝	複勝	平均	
7	中山	芝	1200m	馬齢	3〜4	110.7	90.1	100.4	83
8	函館	芝	2000m	定量	3〜4	108.1	92.6	100.4	57
9	東京	芝	2000m	馬齢	3〜4	98.0	98.8	98.4	113
10	中京	芝	1200m	定量	3〜4	92.0	104.8	98.4	61
⋮	⋮	⋮	⋮	⋮	⋮	⋮	⋮	⋮	⋮
393	福島	ダート	1700m	馬齢	3〜4	60.9	69.0	65.0	130
394	新潟	芝	1600m	馬齢	4〜5	56.9	72.6	64.7	109
395	京都	ダート	1900m	定量	2〜3	49.7	78.9	64.3	65
396	中山	芝	1800m	馬齢	4〜5	54.0	74.6	64.3	98
397	中山	芝	1200m	定量	4〜5	56.5	70.6	63.6	84
398	札幌	芝	1200m	定量	3〜4	61.2	63.3	62.3	51
399	中山	芝	1600m	ハンデ	4〜5	60.8	56.5	58.7	52
400	東京	芝	2000m	馬齢	4〜5	39.4	76.5	58.0	98
401	京都	芝	2200m	定量	4〜5	47.1	61.6	54.3	58
402	阪神	ダート	2000m	定量	4〜5	27.0	77.7	52.4	53

4.4.3 「競走条件」ごとの単勝・複勝回収率

　JRA が主催する平地競走には競走馬の実績によるクラスが設定されています。この区分は「競走条件」と呼ばれ、1.5.5 項で言及したとおり、「新馬（701）」「未勝利（703）」「1 勝クラス（005）」「2 勝クラス（010）」「3 勝クラス（016）」「オープン（999）」の 6 種類存在します。カラム「(JyokenCD5)」に先に上げた括弧の中のコード値が格納されます（コード表：2007）。前項と同様に競走条件コード配列を

```
# 競走条件コード配列
JyokenCD5s = ["701", "703", "005", "010", "016", "999"]
```

と用意して、SQL 文を用いてデータベースから結果を取得して集計します。プログラムソースは [4.4.3]All_JyokenCD5_odds_courses.py です。

競走条件ごと　回収率ランキング、ファイル書き出し結果

順位	競馬場	芝・ダート	距離	種別	オッズ	回収率			出走頭数
						単勝	複勝	平均	
1	阪神	芝	1800m	2勝クラス	3〜4	127.9	106.0	117.0	48
2	小倉	芝	2600m	1勝クラス	3〜4	139.3	88.6	113.9	42
3	中山	ダート	1200m	2勝クラス	2〜3	123.3	101.2	112.2	78
4	京都	芝	2000m	1勝クラス	4〜5	100.2	116.4	108.3	45
5	東京	芝	1800m	1勝クラス	3〜4	112.5	101.0	106.8	60
6	東京	ダート	1300m	未勝利	3〜4	123.3	88.0	105.7	92
7	東京	ダート	1400m	2勝クラス	3〜4	106.9	102.7	104.8	75
8	中京	芝	1600m	1勝クラス	2〜3	104.2	104.9	104.5	43
9	新潟	芝	1800m	1勝クラス	3〜4	112.1	96.3	104.2	73
10	中山	ダート	1800m	2勝クラス	2〜3	121.3	86.0	103.6	62
⋮	⋮	⋮	⋮	⋮	⋮	⋮	⋮	⋮	⋮
484	京都	芝	2000m	1勝クラス	3〜4	53.1	66.7	59.9	52
485	阪神	芝	1600m	未勝利	4〜5	48.0	71.7	59.8	54
486	阪神	ダート	1400m	未勝利	4〜5	50.2	68.0	59.1	142
487	東京	芝	1800m	1勝クラス	4〜5	61.0	56.8	58.9	78
488	京都	芝	2000m	1勝クラス	2〜3	56.2	61.2	58.7	42
489	京都	芝	1600m	新馬	4〜5	51.8	65.5	58.7	60
490	京都	ダート	1200m	3勝クラス	4〜5	49.3	67.7	58.5	44
491	東京	芝	1400m	2勝クラス	4〜5	54.8	61.8	58.3	71
492	東京	ダート	1600m	3勝クラス	4〜5	42.1	73.3	57.7	43
493	東京	芝	2000m	1勝クラス	4〜5	50.8	62.0	56.4	40

4.4.4　「競走グレード」ごとの単勝・複勝回収率

　JRA が主催する平地競走には賞金の大きさによるグレードが設定されています。この区分は「競走グレード」と呼ばれ、1.5.2 項で言及したとおり、「G1（A）」「G2（B）」「G3（C）」「グレードのない重賞（D）」「重賞以外の特別競走（E）」「リステッド（L）」「一般競走␣」（␣は半角スペース）の 7 種類存在します。カラム「GradeCD」に先に上げた括弧の中のコード値が格納されます（コード表：2003）。前項と同様に競走グレードコード配列を

```
# 競走グレードコード配列
GradeCDs = [" ", "E", "L", "D", "C", "B", "A"]
```

と用意して、SQL 文を用いてデータベースから結果を取得して集計します。なお、今回利用しているデータベース構築ソフトで構築した SQLite データベースは、データサイズの圧縮のために半角・全角スペースは削除されているので実際に SQL 文を記述する場合に、以下のように文字列置換を行った後に、条件文に記述します。プログラムソースは [4.4.4]All_GradeCD_odds_courses.py です。

```
# 競走グレードコードの修正
N_GradeCD = GradeCD if( GradeCD != " ") else ""  <------------------------------------ (※1)
# SQL文
  ：
strSQL_WHERE += " AND GradeCD = '" + N_GradeCD + "'"  <--------------------------- (※2)
strSQL_ORDER = " ORDER BY MonthDay ASC"
# SQL文の連結
strSQL = strSQL_SELECT + strSQL_WHERE + strSQL_ORDER
```

（※1） 「" "」を「""」に置き換えて変数 N_GradeCD に格納しています。
（※2） ここで SQL の条件文を追加しています。

　G1、G2、G3 などの重賞は該当レース数が少ないので最低出走頭数を 10 と設定しています。該当数が少ないため信頼度は低いかもしれませんが、上位・下位とも重賞の回収率に差が大きいのが、非常に興味深いです。

競走グレードごと　回収率ランキング、ファイル書き出し結果

順位	競馬場	芝・ダート	距離	種別	オッズ	回収率			出走頭数
						単勝	複勝	平均	
1	阪神	芝	1600m	G1	4〜5	165.5	134.5	150.0	11
2	京都	芝	2400m	G2	3〜4	158.5	120.0	139.2	13
3	函館	芝	2600m	一般競走	3〜4	166.2	92.3	129.2	13
4	中山	芝	2000m	G3	4〜5	143.2	113.7	128.4	19
5	中京	ダート	1900m	特別競走	4〜5	136.0	120.0	128.0	10
6	札幌	ダート	2400m	一般競走	4〜5	129.0	126.0	127.5	20
7	函館	ダート	1700m	特別競走	2〜3	136.6	112.5	124.5	32
8	小倉	芝	1200m	G3	3〜4	150.0	94.0	122.0	10
9	新潟	ダート	1800m	特別競走	4〜5	139.5	102.5	121.0	44
10	函館	ダート	2400m	一般競走	3〜4	119.2	122.5	120.8	12
11	新潟	芝	2200m	特別競走	2〜3	128.6	110.0	119.3	28

順位	競馬場	芝・ダート	距離	種別	オッズ	回収率			出走頭数
						単勝	複勝	平均	
12	東京	ダート	1600m	G3	3〜4	124.5	111.8	118.2	11
13	阪神	ダート	2000m	特別競走	2〜3	122.9	109.0	116.0	21
14	阪神	ダート	1200m	特別競走	1〜2	126.0	104.0	115.0	10
15	中京	芝	1600m	特別競走	1〜2	126.7	102.7	114.7	15
16	中京	芝	2200m	特別競走	3〜4	133.4	92.8	113.1	29
17	阪神	芝	2000m	G3	3〜4	112.6	110.5	111.6	19
18	小倉	芝	2600m	一般競走	3〜4	129.2	93.5	111.4	40
19	京都	芝	2200m	G2	4〜5	110.0	111.7	110.8	12
⋮	⋮	⋮	⋮	⋮	⋮	⋮	⋮	⋮	⋮
692	東京	芝	1800m	G2	4〜5	40.8	60.0	50.4	12
693	京都	芝	1600m	G2	4〜5	33.8	66.9	50.4	13
694	新潟	芝	2000m	G3	4〜5	57.5	43.1	50.3	16
695	新潟	芝	1200m	特別競走	4〜5	45.9	53.2	49.6	37
696	福島	芝	1800m	G3	3〜4	30.0	69.0	49.5	10
697	阪神	ダート	2000m	特別競走	4〜5	39.5	58.6	49.0	21
698	阪神	芝	1200m	特別競走	3〜4	41.0	55.1	48.0	41
699	新潟	芝	1400m	特別競走	3〜4	29.4	63.5	46.5	34
700	阪神	芝	2000m	G3	4〜5	41.4	51.4	46.4	21
701	中京	ダート	1900m	特別競走	3〜4	28.3	63.3	45.8	12
702	札幌	ダート	2400m	一般競走	3〜4	34.3	52.9	43.6	21
703	京都	芝	2200m	G2	3〜4	0.0	85.7	42.9	14
704	東京	芝	2000m	G1	4〜5	0.0	84.0	42.0	10
705	札幌	芝	2600m	特別競走	4〜5	17.4	65.2	41.3	27
706	函館	芝	2600m	特別競走	2〜3	25.8	53.7	39.7	19
707	京都	芝	2400m	G2	4〜5	33.6	45.7	39.6	14
708	阪神	芝	1600m	G3	4〜5	41.0	34.0	37.5	10
709	中山	芝	3600m	G2	4〜5	0.0	62.5	31.2	12
710	中山	芝	2200m	G2	4〜5	0.0	60.0	30.0	12
711	阪神	芝	1800m	G3	4〜5	0.0	37.5	18.8	12

4.4.5 「馬場状態」ごとの単勝・複勝回収率

　JRA が主催したレースでは、馬場の水分保有量によって決まる馬場状態がレース前に発表されます。「良（1）」「稍重（2）」「重（3）」「不良（4）」の 4 段階で、各競馬場ごとに基準が異なります。芝競走の場合にはカラム「SibaBabaCD」に、ダート競走の場合にはカラム「DirtBabaCD」に先に上げた括弧の中のコード値が格納されます（コード表：2010）。まず、馬場状態コード配列を

```
# 馬場状態コード配列
BabaCDs = ["1", "2", "3", "4"]
```

と用意して、以下のようにカラム「TrackCD」の値で芝かダートを識別して、カラム名を指定します。プログラムソースは [4.4.5]All_BabaCD_odds_courses.py です。

```
                # 馬場状態カラムの修正
                C_BabaCD = "SibaBabaCD" if(int(TrackCD)<= 22) else "DirtBabaCD"  <---------- (※1)
                 ⋮
                # SQL文
                strSQL_WHERE += " AND " + C_BabaCD + " = '" + BabaCD + "'"  <----------------- (※2)
                strSQL_ORDER = " ORDER BY MonthDay ASC"
                # SQL文の連結
                strSQL = strSQL_SELECT + strSQL_WHERE + strSQL_ORDER
```

（※ 1）　平地レースにて、カラム「TrackCD」が 22 以下は芝競走、23 以上はダート競走です。この値を用いて条件文に記述するカラム名を指定します。

（※ 2）　ここで SQL の条件文を追加しています。

馬場状態ごと　回収率ランキング、ファイル書き出し結果

順位	競馬場	芝・ダート	距離	種別	オッズ	回収率			出走頭数
						単勝	複勝	平均	
1	京都	芝	2000m	稍重	3〜4	152.2	92.5	122.3	32
2	新潟	芝	1600m	稍重	3〜4	120.0	109.5	114.8	20
3	小倉	芝	2600m	良	3〜4	130.0	89.8	109.9	45
4	阪神	ダート	1400m	重	2〜3	118.8	100.2	109.5	40
5	中山	ダート	1200m	不良	2〜3	123.3	95.0	109.2	42
6	福島	ダート	1150m	稍重	3〜4	107.1	108.9	108.0	28
7	中京	ダート	1900m	良	1〜2	115.5	100.0	107.8	20

順位	競馬場	芝・ダート	距離	種別	オッズ	回収率			出走頭数
						単勝	複勝	平均	
8	小倉	芝	2600m	良	2〜3	128.9	86.1	107.5	28
9	東京	ダート	1600m	重	3〜4	130.4	83.9	107.1	54
10	中京	芝	1600m	稍重	4〜5	108.1	105.8	106.9	26
⋮	⋮	⋮	⋮	⋮	⋮	⋮	⋮	⋮	⋮
605	阪神	芝	2000m	稍重	3〜4	29.2	74.6	51.9	24
606	阪神	芝	1200m	稍重	4〜5	0.0	103.0	51.5	20
607	函館	ダート	1700m	不良	4〜5	33.1	68.8	51.0	26
608	京都	芝	1400m	稍重	4〜5	37.1	64.6	50.8	24
609	京都	ダート	1900m	稍重	4〜5	37.3	62.7	50.0	22
610	東京	ダート	2100m	稍重	3〜4	31.2	64.6	47.9	24
611	阪神	芝	1200m	稍重	3〜4	30.5	59.5	45.0	22
612	札幌	芝	2600m	良	4〜5	25.6	60.9	43.2	34
613	中京	ダート	1400m	重	3〜4	14.1	60.7	37.4	27
614	阪神	ダート	1400m	不良	4〜5	12.9	53.4	33.1	35

4.4.6 「牝馬限定」レースの単勝・複勝回収率

　JRA の平地競走には牝馬限定レースが存在します。該当レースが牝馬限定であるかどうかは、テーブル「RACE」のカラム「KigoCD」に格納された競走記号コードの 2 バイト目の値が「2」であるかどうかで判定することができます（詳細は 1.5.4 項を参照してください）。牝馬限定レース以外を除くには

```
KigoCD = RACE["KigoCD"]
if((KigoCD[1] == "2") == False): continue
```

と記述します。プログラムソースは [4.4.6]All_Hinbagentei_courses.py です。

牝馬限定レース　回収率ランキング、ファイル書き出し結果

順位	競馬場	芝・ダート	距離	種別	オッズ	回収率			出走頭数
						単勝	複勝	平均	
1	京都	芝	1600m	牝馬限定	3〜4	133.8	123.1	128.5	13
2	中京	芝	1600m	牝馬限定	4〜5	145.3	110.7	128.0	15
3	新潟	芝	1800m	牝馬限定	3〜4	142.1	104.7	123.4	19
4	函館	芝	2000m	牝馬限定	4〜5	149.2	88.3	118.8	12
5	東京	ダート	1300m	牝馬限定	3〜4	141.0	96.0	118.5	10
6	小倉	ダート	1000m	牝馬限定	4〜5	154.1	82.4	118.2	17
7	阪神	芝	2000m	牝馬限定	4〜5	130.0	105.6	117.8	27
8	京都	芝	2000m	牝馬限定	1〜2	135.0	100.0	117.5	10
9	京都	芝	1600m	牝馬限定	4〜5	105.8	127.5	116.7	12
10	福島	芝	1200m	牝馬限定	1〜2	130.0	102.5	116.2	12
⋮	⋮	⋮	⋮	⋮	⋮	⋮	⋮	⋮	⋮
208	新潟	芝	1800m	牝馬限定	4〜5	57.4	62.6	60.0	38
209	京都	芝	1400m	牝馬限定	2〜3	61.0	59.0	60.0	20
210	中京	ダート	1800m	牝馬限定	4〜5	54.1	63.8	58.9	66
211	福島	芝	2000m	牝馬限定	4〜5	37.0	80.4	58.7	23
212	中山	芝	1600m	牝馬限定	1〜2	44.2	70.5	57.4	19
213	阪神	芝	1400m	牝馬限定	1〜2	39.2	75.0	57.1	12
214	函館	芝	1800m	牝馬限定	4〜5	32.6	80.0	56.3	27
215	函館	ダート	1000m	牝馬限定	4〜5	24.1	74.1	49.1	17
216	阪神	芝	2000m	牝馬限定	1〜2	40.8	46.7	43.8	12
217	札幌	芝	1500m	牝馬限定	3〜4	24.6	36.2	30.4	13

4.5　出走馬属性ごと　単勝・複勝回収率の集計

　本節では、JRA全競馬場のコースごと回収率を、テーブル名「UMA_RACE」に格納されるデータを元にした「馬齢（Barei）」「性別（Sex）」「枠番（Wakuban）」「馬体重（Bataiju）」「馬体重差」「レース間隔」「脚質」ごとに集計する方法と、結果をランキング形式で示します。

「馬齢」ごとの単勝・複勝回収率

レース出走時の馬齢はカラム「Barei」に格納されています。今回、「2歳（"02"）」「3歳（"03"）」「4歳（"04"）」「5歳（"05"）」「6歳（"06"）」「7歳以上（"07"〜）」の6段階に分けるとします。馬齢配列を

```
# 馬齢配列
Bareis = ["02", "03", "04", "05", "06", "07"]
```

と用意しておきます。取得した各レースごとの馬毎レース情報（UMA_RACE）から、上記の区分に分けるとします。プログラムソースは [4.5.1]All_Barei_odds_courses.py です。

```
UMA_RACEs = U.getShiteiRaceUMA_RACEs( RACE )
for UMA_RACE in UMA_RACEs:
        ⋮
    Barei = UMA_RACE["Barei"] if( int(UMA_RACE["Barei"]) <= 6) else "07"
        ⋮
```

馬齢ごと　回収率ランキング、ファイル書き出し結果

順位	競馬場	芝・ダート	距離	種別	オッズ	回収率			出走頭数
						単勝	複勝	平均	
1	小倉	ダート	1000m	2歳	4〜5	152.3	106.7	129.5	30
2	中山	芝	2000m	4歳	4〜5	140.9	90.2	115.6	45
3	福島	芝	2600m	3歳	4〜5	128.4	100.0	114.2	32
4	東京	芝	2000m	5歳	3〜4	128.2	95.2	111.8	40
5	福島	芝	1800m	2歳	2〜3	128.2	93.8	111.0	40
6	函館	芝	1800m	3歳	3〜4	124.7	95.8	110.2	45
7	東京	芝	1400m	5歳	3〜4	132.3	84.9	108.6	39
8	東京	ダート	2100m	5歳	3〜4	116.7	100.3	108.5	30
9	阪神	芝	1600m	4歳	4〜5	126.7	89.8	108.3	55
10	中山	芝	1200m	2歳	3〜4	129.9	86.5	108.2	71
⋮	⋮	⋮	⋮	⋮	⋮	⋮	⋮	⋮	⋮
672	中京	芝	1200m	3歳	4〜5	51.4	56.6	54.0	35
673	新潟	芝	1600m	2歳	4〜5	45.3	62.3	53.8	78
674	阪神	芝	1600m	3歳	4〜5	38.8	64.6	51.7	82

順位	競馬場	芝・ダート	距離	種別	オッズ	回収率			出走頭数
						単勝	複勝	平均	
675	東京	芝	2000m	2歳	4～5	35.1	66.5	50.8	49
676	小倉	芝	1200m	5歳	3～4	32.3	68.4	50.3	44
677	新潟	芝	2200m	4歳	3～4	32.3	68.1	50.2	31
678	東京	芝	1800m	5歳	4～5	44.1	54.4	49.2	39
679	中京	芝	2200m	4歳	4～5	27.4	67.6	47.5	34
680	中山	芝	1200m	5歳	3～4	21.5	61.2	41.4	33
681	中山	芝	1600m	5歳	4～5	25.2	39.7	32.4	33

4.5.2 「性別」ごとの単勝・複勝回収率

レース出走時の性別はカラム「Sex」に格納されています。「牡馬（"1"）」「牝馬（"2"）」「騙馬（"3"）」の3区分に分けられます。性別配列を

```
# 性別配列
SexCDs = ["1", "2", "3"]
```

と用意しておきます。取得した各レースごとの馬毎レース情報（UMA_RACE）から、上記の区分に分けるとします。プログラムソースは [4.5.2]All_SexCD_odds_courses.py です。

性別ごと 回収率ランキング、ファイル書き出し結果

順位	競馬場	芝・ダート	距離	種別	オッズ	回収率			出走頭数
						単勝	複勝	平均	
1	小倉	ダート	1700m	セン馬	4～5	215.0	100.0	157.5	10
2	札幌	ダート	2400m	牡馬	4～5	129.0	126.0	127.5	20
3	小倉	芝	2600m	牡馬	2～3	154.1	98.5	126.3	27
4	函館	ダート	2400m	牡馬	3～4	130.0	115.5	122.7	11
5	東京	ダート	2100m	セン馬	4～5	131.0	111.0	121.0	10
6	中京	芝	1200m	牝馬	3～4	122.7	108.8	115.7	48
7	福島	ダート	1700m	セン馬	4～5	120.0	110.9	115.5	11
8	中山	ダート	1200m	セン馬	2～3	122.0	108.7	115.3	15
9	中京	芝	1400m	牝馬	1～2	123.5	100.0	111.8	20
10	阪神	芝	2000m	牝馬	4～5	123.2	97.7	110.5	53
11	京都	芝	2200m	牝馬	4～5	118.4	99.5	108.9	19

12	福島	芝	1800m	牝馬	1〜2	116.7	98.7	107.7	15
13	新潟	芝	1800m	牝馬	2〜3	112.2	102.6	107.4	65
14	中山	ダート	1800m	セン馬	1〜2	120.0	90.9	105.5	11
15	新潟	芝	2000m	牝馬	2〜3	109.3	101.4	105.4	14
16	東京	芝	2000m	牝馬	1〜2	107.9	102.9	105.4	14
17	阪神	ダート	1800m	セン馬	4〜5	120.0	90.7	105.4	14
18	札幌	ダート	1000m	牝馬	3〜4	123.7	86.3	105.0	46
19	京都	芝	1800m	牝馬	1〜2	112.9	96.5	104.7	31
20	中京	ダート	1900m	牡馬	1〜2	113.6	95.7	104.6	28
⋮	⋮	⋮	⋮	⋮	⋮	⋮	⋮	⋮	⋮
652	函館	芝	2000m	牝馬	4〜5	63.9	47.9	55.9	28
653	阪神	芝	2400m	牡馬	4〜5	42.3	68.9	55.6	66
654	京都	芝	2200m	牝馬	1〜2	33.0	78.0	55.5	10
655	東京	ダート	1600m	セン馬	4〜5	41.4	68.2	54.8	22
656	東京	芝	2000m	牝馬	4〜5	32.9	76.6	54.8	41
657	阪神	芝	2400m	牝馬	4〜5	45.0	63.0	54.0	10
658	中京	ダート	1800m	牝馬	4〜5	47.0	59.6	53.3	76
659	中京	ダート	1400m	牝馬	1〜2	51.0	55.0	53.0	10
660	小倉	芝	1200m	セン馬	4〜5	41.8	60.0	50.9	11
661	福島	ダート	2400m	牡馬	4〜5	32.1	67.1	49.6	14
662	小倉	ダート	1700m	セン馬	3〜4	29.1	63.6	46.4	11
663	福島	芝	2600m	牝馬	4〜5	45.0	47.0	46.0	10
664	札幌	芝	2600m	牡馬	4〜5	29.0	61.7	45.3	30
665	中山	ダート	1800m	セン馬	4〜5	28.7	54.3	41.5	30
666	阪神	ダート	1800m	セン馬	3〜4	38.0	31.0	34.5	10
667	札幌	ダート	2400m	牡馬	3〜4	20.5	48.4	34.5	19
668	東京	ダート	1400m	セン馬	2〜3	23.3	42.5	32.9	12
669	中山	芝	3600m	牡馬	4〜5	0.0	63.0	31.5	10
670	新潟	芝	2200m	牝馬	3〜4	0.0	29.0	14.5	10
671	中山	ダート	1200m	セン馬	4〜5	0.0	27.1	13.5	17

4.5.3 「枠番」ごとの単勝・複勝回収率

　レース出走時の枠番はカラム「Wakuban」に格納されています。「1 枠（"1"）」「2 枠（"2"）」「3 枠（"3"）」「4 枠（"4"）」「5 枠（"5"）」「6 枠（"6"）」「7 枠（"7"）」「8 枠（"8"）」に分けられます。

枠番配列を

```
# 枠番配列
Wakubans = ["1", "2", "3", "4", "5", "6", "7", "8"]
```

と用意しておきます。取得した各レースごとの馬毎レース情報（UMA_RACE）から、上記の区分に分けるとします。プログラムソースは [4.5.3]All_Wakuban_odds_courses.py です。

牝馬限定レース　回収率ランキング、ファイル書き出し結果

順位	競馬場	芝・ダート	距離	種別	オッズ	回収率			出走頭数
						単勝	複勝	平均	
1	小倉	ダート	1700m	5枠	4〜5	173.3	106.8	140.1	57
2	中山	芝	1200m	6枠	3〜4	152.9	106.2	129.5	42
3	京都	芝	2000m	4枠	3〜4	151.9	103.1	127.5	36
4	東京	芝	2000m	6枠	3〜4	142.4	110.9	126.7	33
5	阪神	ダート	1400m	7枠	2〜3	133.8	114.7	124.3	34
6	中山	芝	2000m	1枠	4〜5	121.1	126.7	123.9	36
7	京都	ダート	1200m	2枠	3〜4	148.8	92.9	120.9	41
8	函館	ダート	1700m	8枠	2〜3	129.1	111.6	120.3	43
9	東京	ダート	1400m	2枠	3〜4	137.6	102.1	119.8	62
10	小倉	芝	1800m	5枠	3〜4	142.5	96.7	119.6	36
11	阪神	芝	1800m	5枠	3〜4	123.9	110.6	117.3	33
12	阪神	ダート	1200m	8枠	3〜4	119.1	114.4	116.7	43
13	阪神	芝	1600m	4枠	3〜4	130.0	101.9	116.0	31
14	福島	芝	1200m	5枠	3〜4	117.5	110.2	113.9	40
15	新潟	ダート	1200m	7枠	3〜4	123.9	103.1	113.5	64
16	阪神	ダート	1400m	5枠	3〜4	121.6	105.1	113.4	67
17	中山	芝	1800m	5枠	3〜4	137.5	89.1	113.3	32
18	札幌	ダート	1700m	7枠	4〜5	119.0	107.4	113.2	39
19	中山	芝	2000m	4枠	4〜5	118.9	107.1	113.0	38
20	東京	芝	1600m	5枠	3〜4	129.1	96.7	112.9	45
⋮	⋮	⋮	⋮	⋮	⋮	⋮	⋮	⋮	⋮
680	東京	ダート	1600m	7枠	4〜5	39.0	64.8	51.9	60
681	阪神	芝	1600m	7枠	4〜5	25.6	75.0	50.3	32
682	阪神	芝	1600m	2枠	4〜5	42.3	57.3	49.8	30
683	阪神	芝	1400m	4枠	3〜4	31.6	66.8	49.2	31

順位	競馬場	芝・ダート	距離	種別	オッズ	回収率			出走頭数
						単勝	複勝	平均	
684	東京	ダート	1300m	2枠	4〜5	14.7	81.7	48.2	30
685	東京	芝	2000m	7枠	4〜5	14.8	75.2	45.0	33
686	小倉	芝	1200m	1枠	4〜5	38.3	51.1	44.7	35
687	京都	芝	2000m	8枠	4〜5	20.7	66.7	43.7	45
688	阪神	ダート	1200m	6枠	4〜5	22.2	64.8	43.5	40
689	新潟	ダート	1200m	5枠	3〜4	25.6	61.2	43.4	64
690	東京	芝	1400m	2枠	4〜5	29.1	56.0	42.6	43
691	京都	芝	2000m	3枠	3〜4	31.4	53.4	42.4	35
692	函館	芝	1200m	7枠	3〜4	19.2	65.3	42.2	36
693	中山	芝	1800m	7枠	3〜4	22.9	61.3	42.1	31
694	中京	ダート	1400m	3枠	3〜4	20.7	63.3	42.0	30
695	中京	ダート	1400m	5枠	4〜5	30.3	50.0	40.2	32
696	福島	芝	1800m	5枠	3〜4	18.9	59.2	39.0	36
697	小倉	芝	1800m	6枠	3〜4	0.0	68.8	34.4	32
698	東京	芝	2000m	8枠	4〜5	14.5	53.3	33.9	33
699	福島	ダート	1700m	3枠	4〜5	0.0	43.4	21.7	41

4.5.4 「馬体重」ごとの単勝・複勝回収率

　レース出走時の馬体重はカラム「Bataiju」に2kg単位で格納されています。今回は、「430kg未満」「430kg以上440kg未満」「440kg以上450kg未満」「450kg以上460kg未満」「460kg以上470kg未満」「470kg以上480kg未満」「480kg以上490kg未満」「490kg以上500kg未満」「500kg以上510kg未満」「510kg以上520kg未満」「520kg以上」の11区分に分けるとします。馬体重配列を

```
# 馬体重配列
BaTaijyus = ["~430", "430~440", "440~450", "450~460", "460~470", "470~480", "480~490",
             └ "490~500", "500~510", "510~520", "520~"]
```

と用意し、取得した各レースごとの馬毎レース情報（UMA_RACE）から

```
BaTaijyu = UMA_RACE["BaTaijyu"]
if(int(BaTaijyu) < 430):
```

```
        BaTaijyu = "~430"
    elif( 430 <= int(BaTaijyu) < 440 ):
        BaTaijyu = "430~440"
  ⋮
    elif( 520 <= int(BaTaijyu) ):
        BaTaijyu = "520~"
```

のように区分に分けるとします。プログラムソースは [4.5.4]All_Bataiju_odds_courses.py です。

牝馬限定レース　回収率ランキング、ファイル書き出し結果

順位	競馬場	芝・ダート	距離	種別	オッズ	回収率			出走頭数
						単勝	複勝	平均	
1	中山	芝	2000m	480〜490kg	4〜5	151.8	107.9	129.9	38
2	小倉	芝	1200m	430〜440kg	3〜4	128.5	118.7	123.6	39
3	東京	ダート	1400m	520〜kg	3〜4	133.6	108.9	121.2	36
4	東京	芝	2000m	480〜490kg	3〜4	140.6	99.4	120.0	31
5	阪神	ダート	1200m	460〜470kg	3〜4	133.6	106.1	119.9	36
6	函館	芝	1200m	470〜480kg	3〜4	147.4	80.3	113.9	35
7	東京	ダート	1400m	500〜510kg	3〜4	117.7	109.6	113.7	53
8	新潟	芝	1800m	480〜490kg	4〜5	130.7	96.3	113.5	30
9	新潟	ダート	1200m	500〜510kg	3〜4	125.1	101.3	113.2	47
10	小倉	芝	1200m	460〜470kg	4〜5	130.9	95.0	113.0	66
⋮	⋮	⋮	⋮	⋮	⋮	⋮	⋮	⋮	⋮
566	福島	ダート	1700m	470〜480kg	2〜3	34.9	70.2	52.6	49
567	中京	ダート	1400m	480〜490kg	4〜5	36.3	67.1	51.7	35
568	函館	ダート	1700m	460〜470kg	4〜5	33.4	68.5	51.0	41
569	東京	ダート	2100m	490〜500kg	2〜3	33.5	67.6	50.5	37
570	中京	ダート	1800m	490〜500kg	4〜5	27.4	67.0	47.2	47
571	東京	芝	1400m	440〜450kg	3〜4	38.2	52.7	45.5	33
572	新潟	ダート	1200m	500〜510kg	4〜5	26.2	64.4	45.3	34
573	新潟	ダート	1800m	500〜510kg	4〜5	24.8	61.5	43.2	52
574	中山	芝	1600m	470〜480kg	4〜5	32.7	53.3	43.0	52
575	札幌	ダート	1700m	450〜460kg	3〜4	27.2	52.5	39.9	36

4.5.5 　「馬体重増減」ごとの単勝・複勝回収率

　レース出走時の前走との馬体重差はカラム「ZogenSa」に 2kg 単位で格納されています。初出走や前走の馬体重が不定の場合（海外レースなど）には空欄となります。なお、カラム「ZogenSa」は増減の絶対値であり、増減はカラム「ZogenFugo」に格納された「"+"」「"-"」「""」のいずれかで判別することができます。今回は、「–24kg 未満」「–24kg 以上 –16kg 未満」「–16kg 以上 –8kg 未満」「–8kg 以上 ±0kg 未満」「±0kg」「0kg 超 +8kg 以下」「+8kg 超 +16kg 以下」「+16kg 超 +24kg 以下」「+24kg 超」の 9 区分に分けるとします。馬体重差配列を

```
# 馬体重差配列
BaTaijyuSas  = ["~-24", "-24~-16", "-16~-8", "-8~0", "0", "0~+8", "+8~+16", "+16~+24",
                                                                      └ "+24~"]
```

と用意し、取得した各レースごとの馬毎レース情報（UMA_RACE）から以下のように区分に分けます。プログラムソースは [4.5.5]All_BataijuSa_odds_courses.py です。

```
    if(UMA_RACE["ZogenSa"] == "999" or UMA_RACE["ZogenSa"] == ""): continue  <--- （※1）
    ZogenSa = int(UMA_RACE["ZogenSa"])
    if(UMA_RACE["ZogenFugo"] == "-"): ZogenSa = - ZogenSa  <-------------------------------- （※2）
    if(ZogenSa < -24):
        BaTaijyuSa = "~-24"
    elif( -24 <= ZogenSa < -16 ):
        BaTaijyuSa = "-24~-16"
     ⋮
    elif( 24 < ZogenSa ):
        BaTaijyuSa = "+24~"
```

（※ 1） 　増減差が空欄（初出走 or 前走海外レース）の場合は、集計をスキップします。

（※ 2） 　符号が「-」の場合に、マイナスを与えます。

馬体重増減 回収率ランキング、ファイル書き出し結果

順位	競馬場	芝・ダート	距離	種別	オッズ	回収率			出走頭数
						単勝	複勝	平均	
1	東京	芝	2400m	0kg	4 〜 5	146.7	99.3	123.0	30
2	小倉	ダート	1000m	−8 〜 0kg	4 〜 5	136.9	96.6	116.7	70
3	中山	ダート	1800m	+8 〜 +16kg	4 〜 5	137.4	93.1	115.2	42
4	京都	芝	1800m	0kg	2 〜 3	116.8	112.1	114.4	34
5	中京	芝	1200m	−8 〜 0kg	3 〜 4	115.3	111.9	113.6	36
6	中山	芝	1200m	0kg	3 〜 4	124.4	98.8	111.6	34
7	新潟	芝	1600m	−8 〜 0kg	3 〜 4	137.2	85.1	111.2	47
8	東京	ダート	1300m	−8 〜 0kg	3 〜 4	128.4	90.7	109.6	56
9	中山	芝	1200m	0kg	4 〜 5	117.9	100.3	109.1	33
10	新潟	芝	1800m	0 〜 +8kg	2 〜 3	118.8	99.3	109.0	41
⋮	⋮	⋮	⋮	⋮	⋮	⋮	⋮	⋮	⋮
590	阪神	芝	2000m	0 〜 +8kg	4 〜 5	37.0	68.4	52.7	61
591	阪神	芝	1400m	0kg	3 〜 4	40.9	64.0	52.4	35
592	京都	芝	1400m	0 〜 +8kg	3 〜 4	42.6	61.3	51.9	39
593	東京	芝	2000m	0kg	4 〜 5	42.5	58.8	50.6	32
594	阪神	芝	1400m	0kg	4 〜 5	27.5	67.5	47.5	32
595	阪神	ダート	1800m	+8 〜 +16kg	4 〜 5	32.3	61.0	46.7	30
596	阪神	芝	1600m	0kg	4 〜 5	26.9	65.7	46.3	35
597	札幌	ダート	1000m	−8 〜 0kg	4 〜 5	29.0	59.0	44.0	31
598	京都	ダート	1900m	0 〜 +8kg	4 〜 5	40.5	44.8	42.6	42
599	阪神	芝	1200m	0 〜 +8kg	3 〜 4	26.0	56.2	41.1	42

4.5.6 「レース間隔」ごとの単勝・複勝回収率

　該当レース出走時の前レースとの間隔はテーブル「UMA_RACE」に格納されているわけではありません。競走馬ごとに取得した「UMA_RACE」のカラム「Year」「MonthDay」からレース間隔を計算することができ、これは 3.5.6 項で定義した getRaceInterval 関数で取得することができます。今回は、「連闘（中 0 週）」「中 1 週」「中 2 週」「中 3 週」「中 4 週」「中 5 〜 8 週」「中 9 〜 12 週」「中 13 〜 16 週」「中 17 〜 20 週」「中 20 週以上」の 10 区分に分けるとします。レース間隔配列を

```
# レース間隔配列
RaceIntervals = ["0", "1", "2", "3", "4", "5~8", "9~12", "13~16", "17~20", "21~"]
```

と用意し以下のように区分に分けます。プログラムソースは [4.5.6]All_RaceInterval_odds_courses.py です。

```
    Interval = U.getRaceInterval( UMA_RACE["KettoNum"], UMA_RACE["Year"], UMA_
    RACE["MonthDay"])
    if( Interval == False ): continue
    elif( Interval <= 4 ):
        RaceInterval = str(Interval)
     ⋮
    elif( Interval <= 20 ):
        RaceInterval = "17~20"
    else:
        RaceInterval = "21~"
```

レース間隔　回収率ランキング、ファイル書き出し結果

順位	競馬場	芝・ダート	距離	種別	オッズ	回収率			出走頭数
						単勝	複勝	平均	
1	東京	芝	2400m	中2週	4～5	138.7	109.0	123.8	30
2	東京	ダート	1600m	中13～16週	4～5	145.2	99.0	122.1	31
3	中山	芝	1200m	中3週	3～4	144.4	96.7	120.5	39
4	東京	ダート	1300m	中2週	3～4	134.8	99.3	117.0	71
5	小倉	芝	1800m	中2週	3～4	134.1	98.4	116.2	56
6	小倉	芝	1200m	中3週	3～4	116.1	108.2	112.1	49
7	東京	ダート	1600m	中9～12週	2～3	110.0	113.8	111.9	37
8	東京	ダート	2100m	中5～8週	4～5	103.2	118.2	110.7	34
9	東京	ダート	1400m	中5～8週	3～4	119.0	102.1	110.6	61
10	小倉	ダート	1700m	中5～8週	3～4	120.0	98.1	109.0	47
⋮	⋮	⋮	⋮	⋮	⋮	⋮	⋮	⋮	⋮

順位	競馬場	芝・ダート	距離	種別	オッズ	回収率			出走頭数
						単勝	複勝	平均	
527	中京	芝	2000m	中2週	3〜4	35.6	64.7	50.1	36
528	阪神	ダート	1200m	中5〜8週	4〜5	27.5	71.5	49.5	48
529	中山	芝	1800m	中2週	4〜5	20.7	77.9	49.3	43
530	東京	芝	2000m	中2週	4〜5	33.8	63.6	48.7	50
531	中京	ダート	1200m	中2週	4〜5	37.8	59.2	48.5	36
532	函館	ダート	1700m	中2週	3〜4	28.8	66.0	47.4	50
533	東京	ダート	1600m	中21〜週	4〜5	43.5	48.1	45.8	31
534	福島	ダート	1700m	中3週	4〜5	20.2	67.9	44.0	42
535	中京	ダート	1400m	中5〜8週	4〜5	40.9	43.8	42.3	32
536	東京	芝	1400m	中1週	4〜5	26.5	51.8	39.2	49

4.5.7 「脚質」ごとの単勝・複勝回収率

競走馬の脚質はテーブル「UMA_RACE」に格納されているわけではありません。競走馬ごとに取得した「UMA_RACE」のカラム「KyakusituKubun」から脚質を計算することができ、これは3.5.8項で定義したgetUmaKyakushitu関数で取得することができます。「逃げ（1）」「先行（2）」「差し（3）」「追い（4）」の4区分に分けます。脚質配列とラベルを

```
# 脚質配列
Kyakushitus = ["1", "2", "3", "4"]
KyakushituNames = {}
KyakushituNames["1"] = "逃げ"
KyakushituNames["2"] = "先行"
KyakushituNames["3"] = "差し"
KyakushituNames["4"] = "追い"
```

と用意して以下のように区分に分けます。プログラムソースは [4.5.7]All_Kyakushitu_odds_courses.py です。

```
# 脚質を取得
Kyakushitu = U.getUmaKyakushitu( UMA_RACE["KettoNum"], UMA_RACE["Year"],
```

```
                                              └ UMA_RACE["MonthDay"])
    if(Kyakushitu == 0): continue
    Kyakushitu = str(Kyakushitu)
```

脚質別　回収率ランキング、ファイル書き出し結果

| 順位 | 競馬場 | 芝・ダート | 距離 | 種別 | オッズ | 回収率 | | | 出走頭数 |
						単勝	複勝	平均	
1	函館	ダート	1700m	追い	3〜4	142.1	120.0	131.0	39
2	札幌	ダート	1700m	追い	4〜5	142.5	114.0	128.2	40
3	札幌	芝	1500m	差し	4〜5	144.5	107.7	126.1	31
4	京都	ダート	1900m	追い	4〜5	134.2	97.1	115.6	31
5	東京	芝	2400m	追い	2〜3	125.6	103.8	114.7	45
6	福島	芝	2600m	差し	4〜5	122.4	103.5	113.0	37
7	小倉	ダート	1700m	追い	4〜5	129.6	95.5	112.5	71
8	中山	芝	2000m	追い	4〜5	121.0	102.2	111.6	40
9	中山	芝	1600m	追い	2〜3	124.2	98.2	111.2	33
10	京都	芝	1600m	先行	3〜4	111.0	110.0	110.5	59
11	中山	芝	1200m	追い	4〜5	133.0	87.3	110.2	30
12	阪神	芝	1200m	差し	4〜5	127.7	91.8	109.7	39
13	東京	ダート	1600m	逃げ	3〜4	123.4	96.1	109.7	38
14	札幌	ダート	1000m	先行	3〜4	122.0	94.2	108.1	40
15	東京	ダート	1300m	先行	3〜4	116.0	97.7	106.8	52
16	新潟	芝	1600m	先行	3〜4	112.6	101.0	106.8	31
17	東京	芝	1600m	先行	4〜5	122.7	90.5	106.6	73
18	福島	ダート	1150m	逃げ	2〜3	100.9	110.6	105.8	32
19	東京	ダート	1300m	差し	4〜5	114.0	96.0	105.0	68
20	京都	ダート	1900m	先行	3〜4	111.6	98.1	104.9	37
⋮	⋮	⋮	⋮	⋮	⋮	⋮	⋮	⋮	⋮
623	福島	芝	1200m	逃げ	4〜5	45.8	68.0	56.9	40
624	東京	ダート	1400m	逃げ	4〜5	48.0	65.5	56.7	44
625	函館	芝	1200m	逃げ	4〜5	53.7	59.5	56.6	41
626	東京	ダート	1600m	逃げ	4〜5	43.2	68.5	55.9	41
627	京都	芝	1200m	先行	3〜4	38.3	73.0	55.6	71
628	京都	芝	1200m	先行	4〜5	62.8	48.2	55.5	57
629	札幌	ダート	1700m	追い	3〜4	52.6	58.1	55.3	43
630	京都	芝	2000m	追い	2〜3	44.9	65.4	55.1	39

順位	競馬場	芝・ダート	距離	種別	オッズ	回収率			出走頭数
						単勝	複勝	平均	
631	中京	ダート	1400m	差し	3〜4	39.1	70.1	54.6	67
632	新潟	芝	1200m	差し	3〜4	50.5	58.7	54.6	39
633	福島	ダート	1700m	追い	4〜5	46.1	61.6	53.8	56
634	新潟	芝	1800m	先行	4〜5	41.0	64.6	52.8	41
635	福島	ダート	1700m	逃げ	4〜5	35.8	68.4	52.1	38
636	函館	ダート	1700m	逃げ	3〜4	41.8	60.2	51.0	40
637	東京	芝	2000m	追い	4〜5	23.0	76.2	49.6	40
638	中京	芝	1600m	追い	4〜5	49.7	48.1	48.9	36
639	新潟	ダート	1800m	逃げ	4〜5	37.4	50.9	44.1	35
640	阪神	ダート	1800m	逃げ	4〜5	40.5	43.3	41.9	43
641	阪神	芝	1400m	追い	4〜5	24.6	54.6	39.6	37
642	阪神	芝	2400m	差し	4〜5	24.9	54.3	39.6	37

4.6　前走データごと　単勝・複勝回収率の集計

　本節では、JRA 全競馬場のコースごと回収率を、テーブル名「UMA_RACE」に格納されるデータを元にした前走データ「前走競馬場」「前走距離差」「前走芝ダート」「前走オッズ」「前走順位」「前走上がり順位」ごとに集計する方法と、結果をランキング形式で示します。なお、前走データは 3.5.4 項の getZensoUMA_RACE 関数で取得することができます。

4.6.1　「前走競馬場」ごとの単勝・複勝回収率の集計

　該当レースの前走競馬場は getZensoUMA_RACE 関数で取得した前走「UMA_RACE」の「JyoCD」で取得することができます。「札幌（01）」「函館（02）」「福島（03）」「新潟（04）」「東京（05）」「中山（06）」「中京（07）」「京都（08）」「阪神（09）」「小倉（10）」の 10 区分に分けます。前走競馬場配列を

```
# 前走競馬場配列
zensoJyoCDs = ["01", "02", "03", "04", "05", "06", "07", "08", "09", "10"]
```

として区分に分けます。プログラムソースは [4.5.6]All_RaceInterval_odds_courses.py です。

```
# 前走馬毎レース情報
zensoUMA_RACE = U.getZensoUMA_RACE( UMA_RACE["KettoNum"], UMA_RACE["Year"],
                                    └ UMA_RACE["MonthDay"])
if( zensoUMA_RACE == False): continue
# 前走競馬場
zensoJyoCD = zensoUMA_RACE["JyoCD"]
```

前走競馬場　回収率ランキング、ファイル書き出し結果

| 順位 | 競馬場 | 芝・ダート | 距離 | 種別 | オッズ | 回収率 | | | 出走頭数 |
						単勝	複勝	平均	
1	小倉	芝	2000m	京都	4〜5	162.6	121.8	142.2	39
2	東京	芝	1600m	新潟	4〜5	150.6	100.3	125.4	34
3	福島	芝	1200m	中京	2〜3	134.4	102.9	118.7	34
4	小倉	芝	1200m	阪神	4〜5	123.6	109.3	116.5	44
5	中山	芝	1600m	東京	1〜2	123.3	107.6	115.5	33
6	京都	芝	1400m	京都	4〜5	163.3	67.0	115.2	30
7	小倉	ダート	1700m	阪神	4〜5	122.6	106.7	114.7	61
8	東京	ダート	1300m	東京	3〜4	134.5	93.8	114.1	64
9	中山	芝	2000m	東京	4〜5	134.3	91.1	112.7	56
10	小倉	芝	1800m	京都	4〜5	128.5	94.9	111.7	41
⋮	⋮	⋮	⋮	⋮	⋮	⋮	⋮	⋮	⋮
564	京都	芝	1400m	阪神	3〜4	59.1	43.7	51.4	35
565	中京	芝	1400m	中京	4〜5	40.3	61.9	51.1	31
566	阪神	芝	2400m	京都	3〜4	32.1	69.7	50.9	33
567	福島	芝	1800m	東京	4〜5	34.9	65.1	50.0	49
568	京都	芝	2200m	京都	4〜5	53.2	44.2	48.7	31
569	中京	ダート	1400m	京都	4〜5	49.0	46.5	47.7	48
570	中山	ダート	1200m	福島	4〜5	42.2	52.2	47.2	32
571	新潟	芝	1600m	東京	4〜5	39.7	54.2	47.0	33
572	中山	ダート	1200m	京都	4〜5	40.6	48.8	44.7	33
573	新潟	芝	1400m	新潟	3〜4	26.2	61.6	43.9	32

4.6.2 「前走距離差」ごとの単勝・複勝回収率

　該当レースの前走の距離は getZensoUMA_RACE 関数で取得した前走「UMA_RACE」から更に getZensoRACE 関数で前走「RACE」の「Kyori」で取得することができます。この値と今回のレースの距離との比較で「前走距離差」とします。今回は、「−1000m 以上」「−800m 以上」「−800m 未満 −600m 以上」「−600m 未満 −400m 以上」「−400m 未満 −200m 以上」「−200m 未満」「同距離」「0m 超」「+200m 以下」「+200m 超 +400m 未満」「+400m 超 +600m 未満」「+600m 超 +800m 未満」「+800m 以上」の 11 区分に分けます。前走距離差配列を

```
# 前走距離差配列
zensoKyoriSas = ["-1000", "-800", "-600", "-400", "-200", "0", "+200", "+400",
                                                    └ "+600", "+800", "+1000"]
```

として、以下のように区分に分けます。プログラムソースは [4.6.2]All_zensoKyoriSa_odds_courses.py です。

```
# 前走馬毎レース情報
zensoUMA_RACE = U.getZensoUMA_RACE( UMA_RACE["KettoNum"], UMA_RACE["Year"],
                                                    └ UMA_RACE["MonthDay"])
if( zensoUMA_RACE == False ): continue
# 前走レース情報
zensoRACE = U.getZensoRACE( UMA_RACE["KettoNum"], zensoUMA_RACE)
if( zensoRACE == False ): continue
# 前走距離
zensoKyori = zensoRACE["Kyori"]
# 該当レースの距離
Kyori = RACE["Kyori"]
if(int(Kyori) - int(zensoKyori) <=-800):
    zensoKyoriSa = "-1000"
elif( -800 <= int(Kyori) - int(zensoKyori) < -600):
    zensoKyoriSa = "-800"
 ⋮
elif( 800 < int(Kyori) - int(zensoKyori) ):
    zensoKyoriSa = "+1000"
```

前走距離差　回収率ランキング、ファイル書き出し結果

順位	競馬場	芝・ダート	距離	種別	オッズ	回収率			出走頭数
						単勝	複勝	平均	
1	東京	芝	1600m	−400m	3〜4	156.4	116.8	136.6	22
2	中山	ダート	1200m	−400m	4〜5	156.1	105.5	130.8	31
3	新潟	芝	1800m	−200m	2〜3	145.5	106.8	126.1	31
4	東京	ダート	1300m	0m	3〜4	153.8	97.2	125.5	32
5	阪神	ダート	1200m	+200m	2〜3	129.1	117.0	123.0	23
6	中山	芝	2000m	+400m	4〜5	126.2	119.5	122.9	21
7	中京	ダート	1400m	−400m	4〜5	129.0	113.8	121.4	21
8	京都	ダート	1400m	−200m	2〜3	130.4	109.2	119.8	25
9	札幌	ダート	1000m	−200m	3〜4	127.6	110.4	119.0	25
10	函館	芝	1800m	−200m	3〜4	126.8	101.6	114.2	31
⋮	⋮	⋮	⋮	⋮	⋮	⋮	⋮	⋮	⋮
657	中京	芝	2200m	+200m	4〜5	18.3	69.6	43.9	23
658	新潟	芝	2200m	+200m	3〜4	32.2	53.0	42.6	23
659	新潟	芝	2200m	+200m	4〜5	33.3	49.3	41.3	27
660	小倉	芝	2600m	0m	4〜5	23.5	58.0	40.8	20
661	阪神	芝	2400m	+400m	4〜5	37.9	38.3	38.1	24
662	中京	ダート	1200m	+200m	4〜5	33.2	38.8	36.0	25
663	中京	ダート	1400m	+200m	3〜4	29.6	39.6	34.6	24
664	京都	芝	2200m	−200m	3〜4	0.0	68.1	34.0	21
665	阪神	芝	2400m	0m	4〜5	18.0	50.0	34.0	25
666	札幌	芝	2600m	0m	4〜5	0.0	47.5	23.8	20

4.6.3 「前走芝・ダート」ごとの単勝回収率

　該当レースの前走が芝かダートかを判定するには、getZensoUMA_RACE 関数で取得した前走「UMA_RACE」から更に getZensoRACE 関数で前走「RACE」の「TrackCD」で判定することができます。前走が「芝」「ダート」の2区分に分けるため、前走芝・ダート配列を

```
# 前走芝ダート配列
zensoShibaDirts = [ "芝" , "ダート" ]
```

とします。プログラムソースは [4.6.3]All_zensoShibaDart_odds_courses.py です。

```
# 前走芝・ダート
zensoShibaDirt = "芝" if(int(zensoRACE["TrackCD"]) < 23) else "ダート"
```

前走芝・ダート　回収率ランキング、ファイル書き出し結果

順位	競馬場	芝・ダート	距離	種別	オッズ	回収率			出走頭数
						単勝	複勝	平均	
1	京都	ダート	1400m	芝	2〜3	159.5	104.1	131.8	22
2	新潟	ダート	1800m	芝	3〜4	115.2	110.0	112.6	27
3	新潟	ダート	1200m	芝	3〜4	117.7	104.0	110.9	35
4	小倉	芝	2600m	芝	3〜4	129.6	91.1	110.4	53
5	中京	芝	1400m	芝	1〜2	114.0	104.7	109.3	30
6	阪神	ダート	1800m	芝	4〜5	120.8	95.6	108.2	62
7	阪神	ダート	1800m	芝	1〜2	119.0	95.2	107.1	21
8	新潟	芝	1400m	芝	1〜2	110.0	103.8	106.9	29
9	小倉	芝	1200m	ダート	4〜5	132.9	80.8	106.9	24
10	小倉	芝	2600m	芝	2〜3	125.5	87.9	106.7	33
⋮	⋮	⋮	⋮	⋮	⋮	⋮	⋮	⋮	⋮
379	新潟	芝	1200m	芝	2〜3	59.4	68.1	63.8	48
380	小倉	ダート	1700m	芝	3〜4	60.9	66.1	63.5	23
381	京都	ダート	1400m	芝	3〜4	56.6	69.5	63.0	41
382	中京	芝	1200m	芝	2〜3	52.2	73.4	62.8	83
383	新潟	芝	2200m	芝	3〜4	46.8	77.6	62.2	66
384	阪神	芝	1400m	芝	1〜2	56.2	67.7	62.0	56
385	阪神	芝	2400m	芝	4〜5	42.1	67.3	54.7	77
386	福島	ダート	1150m	芝	4〜5	44.3	64.8	54.5	21
387	札幌	芝	2600m	芝	4〜5	22.3	66.4	44.4	39
388	函館	ダート	1000m	芝	3〜4	32.9	50.5	41.7	21

4.6.4 　「前走オッズ」ごとの単勝回収率

　　該当レースの前走出走時のオッズは、getZensoUMA_RACE 関数で取得した前走「UMA_RACE」の「Odds」で取得することができます。今回は「1 倍台」「2 倍台」「3 倍台」「4 倍台」「5 倍台」「6 倍台」「7 倍台」「8 倍台」「9 倍台」「10 倍以上」の 10 区分に分けます。前走オッズ配列を

```
# 前走オッズ配列
zensoOddsInts = [ "1", "2", "3", "4", "5", "6", "7", "8", "9", "10" ]
```

として区分に分けます。プログラムソースは [4.6.4]All_zensoOdds_odds_courses.py です。

```
# オッズ（小数切り捨て）
zensoOdds_int = int(int(zensoUMA_RACE["Odds"])/10)
if(zensoOdds_int < len(zensoOddsInts)):
    zensoOddsInt = str(zensoOdds_int)
else:
    zensoOddsInt = str(len(zensoOddsInts))
```

前走オッズ　回収率ランキング、ファイル書き出し結果

順位	競馬場	芝・ダート	距離	種別	オッズ	回収率			出走頭数
						単勝	複勝	平均	
1	福島	ダート	1150m	3倍台	4〜5	211.7	137.0	174.3	23
2	中山	芝	2000m	4倍台	4〜5	197.6	139.0	168.3	29
3	東京	ダート	1400m	8倍台	3〜4	167.1	129.0	148.1	21
4	京都	ダート	1200m	7倍台	4〜5	143.6	124.6	134.1	28
5	東京	芝	1800m	6倍台	3〜4	136.7	128.1	132.4	21
6	中京	芝	1600m	2倍台	2〜3	153.5	109.5	131.5	20
7	中京	ダート	1400m	3倍台	4〜5	154.1	100.7	127.4	27
8	東京	ダート	1300m	5倍台	3〜4	147.1	99.2	123.1	24
9	阪神	ダート	1200m	6倍台	4〜5	133.0	110.4	121.7	27
10	札幌	ダート	1000m	10倍〜	3〜4	141.6	100.3	120.9	32
⋮	⋮	⋮	⋮	⋮	⋮	⋮	⋮	⋮	⋮
938	小倉	芝	1200m	9倍台	4〜5	42.9	42.9	42.9	21
939	函館	ダート	1700m	1倍台	3〜4	25.2	56.8	41.0	25
940	京都	ダート	1800m	9倍台	3〜4	0.0	75.2	37.6	25
941	東京	ダート	1400m	9倍台	4〜5	38.1	36.7	37.4	21
942	中山	芝	1800m	4倍台	4〜5	18.0	56.0	37.0	25
943	福島	ダート	1700m	8倍台	4〜5	0.0	68.5	34.2	26
944	中山	芝	2000m	2倍台	3〜4	11.0	57.3	34.2	30
945	福島	芝	2600m	10倍〜	3〜4	14.5	52.7	33.6	22
946	東京	芝	1400m	7倍台	4〜5	20.0	46.2	33.1	21
947	中京	ダート	1400m	2倍台	3〜4	0.0	63.9	32.0	23

4.6.5　「前走順位」ごとの単勝・複勝回収率

　該当レースの前走順位は、getZensoUMA_RACE 関数で取得した前走「UMA_RACE」の「KakuteiJyuni」で取得することができます。今回は「1位」「2位」「3位」「4位」「5位」「6位」「7位」「8位」「9位」「10位以上」の10区分に分けます。前走順位配列を

```
# 前走順位配列
zensoJyunis = [ "1", "2", "3", "4", "5", "6", "7", "8", "9", "10" ]
```

として区分に分けます。プログラムソースは [4.6.5]All_zensoJyuni_odds_courses.py です。

```
    # 確定順位
    _zensoJyuni = int(zensoUMA_RACE["KakuteiJyuni"])
    # 競走中止を除外
    if(_zensoJyuni == 0): continue  <------------------------------------------- (※)
    if( _zensoJyuni < len(zensoJyunis) ):
        zensoJyuni = str(_zensoJyuni)
    else:
        zensoJyuni = str(len(zensoJyunis))
```

（※）　出走後の競走中止した場合、カラム「KakuteiJyuni」の値は「0」が与えられます。上記では競走中止の場合を除外しています。

前走順位　回収率ランキング、ファイル書き出し結果

| 順位 | 競馬場 | 芝・ダート | 距離 | 種別 | オッズ | 回収率 | | | 出走頭数 |
						単勝	複勝	平均	
1	東京	芝	1400m	6位	3〜4	154.5	108.0	131.2	20
2	東京	ダート	1600m	5位	3〜4	145.3	100.6	122.9	36
3	札幌	ダート	1000m	3位	3〜4	140.0	105.0	122.5	22
4	阪神	ダート	1800m	6位	3〜4	123.9	119.6	121.8	28
5	京都	ダート	1800m	10位〜	4〜5	150.7	92.8	121.7	29
6	中山	芝	2000m	4位	4〜5	122.5	120.9	121.7	32
7	小倉	芝	2600m	2位	3〜4	148.6	94.8	121.7	21
8	東京	芝	1800m	4位	3〜4	128.6	109.3	118.9	28
9	阪神	芝	1800m	4位	3〜4	131.2	105.9	118.5	34
10	新潟	ダート	1800m	6位	4〜5	126.5	108.7	117.6	31

順位	競馬場	芝・ダート	距離	種別	オッズ	回収率			出走頭数
						単勝	複勝	平均	
⋮	⋮	⋮	⋮	⋮	⋮	⋮	⋮	⋮	⋮
840	新潟	芝	1200m	2 位	4〜5	22.1	58.4	40.3	38
841	中京	芝	1400m	4 位	4〜5	42.9	36.7	39.8	21
842	新潟	ダート	1200m	10 位〜	4〜5	21.4	56.7	39.0	21
843	中京	芝	2000m	2 位	4〜5	25.8	51.6	38.7	31
844	京都	ダート	1800m	7 位	3〜4	26.2	49.2	37.7	24
845	札幌	芝	1200m	3 位	2〜3	24.1	48.6	36.4	22
846	新潟	芝	1600m	4 位	4〜5	15.0	57.1	36.1	28
847	京都	芝	1800m	4 位	4〜5	0.0	72.0	36.0	25
848	中山	ダート	1200m	8 位	4〜5	23.3	47.1	35.2	21
849	京都	芝	1200m	3 位	3〜4	12.1	47.9	30.0	28

4.6.6 「前走上がり順位」ごとの単勝回収率

　該当レースの前走順位は、getZensoUMA_RACE 関数で取得した前走「UMA_RACE」から更に getZensoAgariJyuni 関数を実行することで取得することができます。今回は「1 位」「2 位」「3 位」「4 位」「5 位」「6 位」「7 位」「8 位」「9 位」「10 位以上」の 10 区分に分けます。上がり順位配列を

```
# 前走上がり順位配列
zensoAgariJyunis = [ "1", "2", "3", "4", "5", "6", "7", "8", "9", "10" ]
```

として区分に分けます。プログラムソースは [4.6.6]All_zensoAgariJyuni_odds_courses.py です。

```
# 前走上がり順位を取得
_zensoAgariJyuni = U.getZensoAgariJyuni( UMA_RACE["KettoNum"], zensoUMA_RACE )
# 競走中止を除外
if(_zensoAgariJyuni == 0): continue
if( _zensoAgariJyuni < len(zensoAgariJyunis) ):
    zensoAgariJyuni = str(_zensoAgariJyuni)
else:
    zensoAgariJyuni = str(len(zensoAgariJyunis))
```

前走上がり順位 回収率ランキング、ファイル書き出し結果

順位	競馬場	芝・ダート	距離	種別	オッズ	回収率			出走頭数
						単勝	複勝	平均	
1	阪神	ダート	1200m	4 位	3〜4	177.6	115.6	146.6	34
2	中山	芝	2000m	4 位	2〜3	164.5	114.5	139.5	22
3	東京	芝	1400m	5 位	3〜4	172.4	105.2	138.8	25
4	小倉	ダート	1700m	7 位	4〜5	166.5	105.0	135.8	26
5	東京	ダート	1400m	6 位	3〜4	141.5	118.7	130.1	39
6	京都	芝	2200m	2 位	4〜5	150.0	107.6	128.8	21
7	小倉	芝	1200m	2 位	3〜4	150.0	95.1	122.6	35
8	阪神	芝	1800m	3 位	3〜4	127.2	116.7	121.9	36
9	東京	芝	1800m	5 位	3〜4	120.5	122.4	121.4	21
10	中山	芝	1600m	5 位	3〜4	151.0	90.0	120.5	20
⋮	⋮	⋮	⋮	⋮	⋮	⋮	⋮	⋮	⋮
932	東京	ダート	1300m	4 位	4〜5	36.7	50.8	43.8	24
933	東京	芝	1600m	4 位	4〜5	34.6	50.8	42.7	37
934	中京	ダート	1800m	7 位	4〜5	20.0	65.0	42.5	20
935	中山	芝	1800m	2 位	4〜5	19.2	65.4	42.3	24
936	中京	芝	2200m	1 位	4〜5	20.0	64.3	42.1	21
937	中京	ダート	1800m	10 位	3〜4	30.9	52.2	41.5	23
938	京都	ダート	1200m	7 位	4〜5	23.2	56.8	40.0	38
939	小倉	芝	1200m	5 位	2〜3	26.7	45.4	36.0	24
940	阪神	ダート	1200m	8 位	4〜5	12.4	53.6	33.0	33
941	小倉	芝	2000m	4 位	3〜4	14.5	36.4	25.5	22

4.1.3 項で示したとおり、東京競馬場の 1 番人気の単勝的中率は約 33%、単勝回収率は約 80% です。レース数も多く安定していると言えます。すべてのレースで 1 番人気の単勝を購入すれば回収率は 80% ですが、もし 1 番人気の信頼性が低い条件を見つけてそのレースを排除することができれば単勝回収率 100% を超えることができるかもしれません。本章では、東京競馬場の全コースごとの様々な条件下での回収率を 1 番人気に絞って集計してみます。

「競走種別」「牝馬限定」「重量種別」「競走条件」「グレード」「馬場状況」「馬齢」「性別」「枠番」「オッズ」「脚質」「馬体重」「馬体重差」「レース間隔」「前走競馬場」「前走芝・ダート」「前走距離差」「前走オッズ」「前走順位」「前走上がり順位」

5.1 コース別回収率集計プログラムの紹介

5.1.1 集計データの構造

今回、様々な条件下における 1 番人気の単勝と複勝の勝率と回収率を集計します。集計したデータは辞書型変数 Data に格納していき、各コースごとにファイルに出力するとします。この辞書型変数 Data は第 1 キーに「種別」、第 2 キーに「種別の値」を与え、第 3 キーに該当数を表す "kaime"、単勝的中数を表す "tansho_atari"、単勝払い戻し総額を表す "tansho_haraimodoshi"、複勝的中数を表す "fukusho_atari"、複勝払い戻し総額を表す "fukusho_haraimodoshi" を用意して、それぞれ整数「0」の初期値を与えるとします。Data の初期化の例として「競走種別」を示します。

```
# 競走種別  "11":サラ2才, "12":サラ3才, "13":サラ3上, "14":サラ4上
SyubetuCDs = ["11", "12", "13", "14"]
Data["SyubetuCD"] = {}
for SyubetuCD in SyubetuCDs:
    Data["SyubetuCD"][SyubetuCD] = {"kaime" : 0, "tansho_atari" : 0,
    "tansho_haraimodoshi" : 0, "fukusho_atari" : 0, "fukusho_haraimodoshi" : 0}
```

変数へのアクセスは、例えば「サラ 2 才」の該当数は Data["SyubetuCD"]["11"]["kaime"]、「サラ 4 上」の単勝払い戻し総額は Data["SyubetuCD"]["14"]["tansho_haraimodoshi"] と記述します。的中率や回収率は必要に応じてこれらの値の割り算で計算します。辞書型変数 Data のデータ構造は以下のとおりです。

辞書型変数 Data のデータ構造

種別	第1キー	第2キー	説明
競走種別	"SyubetuCD"	"11"	サラ2才
		"12"	サラ3才
		"13"	サラ3上
		"14"	サラ4上
牝馬限定フラグ	"HinbaGentei"	"True"	牝馬限定レース
		"False"	その他
重量種別	"JyuryoCD"	"1"	ハンデ
		"2"	別定
		"3"	馬齢
		"4"	定量
競走条件	"JyokenCD5"	"701"	新馬
		"703"	未勝利
		"005"	1勝クラス
		"010"	2勝クラス
		"016"	3勝クラス
		"999"	オープン
グレード	"GradeCD"	" "	条件戦
		"L"	リステッド競走
		"E"	特別競走
		"D"	グレード無し重賞
		"C"	G3
		"B"	G2
		"A"	G1
馬場状態	"BabaCD"	"1"	良
		"2"	稍重
		"3"	重
		"4"	不良
馬齢	"Barei"	"02"	2歳
		"03"	3歳
		"04"	4歳
		"05"	5歳
		"06"	6歳
		"07"	7歳以上

種別	第 1 キー	第 2 キー	説明
性別	SexCD	"1"	牡馬
		"2"	牝馬
		"3"	騙馬
枠番	"Wakuban"	"1" ～ "8"	1 枠～ 8 枠
オッズ	"Odds"	"1" ～ "14"	1 倍台～ 14 倍台
		"15~"	15 倍以上
脚質	"Kyakusitu"	"1"	逃げ
		"2"	先行
		"3"	差し
		"4"	追込
馬体重	"BaTaijyu"	"~430"	430kg 未満
		"430" ～ "510"	430kg 台～ 510kg 台
		"520~"	520kg 以上
馬体重差	"BaTaijyuSa"	"~-24"	−24kg 超
		"-24"	−24kg 以内
		"-16"	−16kg 以内
		"-8"	−8kg 以内
		"0"	±0kg
		"+8"	+8kg 以内
		"+16"	+16kg 以内
		"+24"	+24kg 以内
		"+24~"	+24kg 超
レース間隔	"RaceInterval"	"0" ～ "4"	中 0 週～中 4 週
		"5~8"	中 5~8 週
		"9~12"	中 9~12 週
		"13~16"	中 13~16 週
		"17~20"	中 17~20 週
		"21~"	中 21 週 ~
前走競馬場	"zensoJyoCD"	"01" ～ "10"	中央競馬場のみ
前走芝・ダート	"zensoShibaDirt"	"Shiba"	芝競走
		"Dirt"	ダート競走

種別	第1キー	第2キー	説明
前走との距離差	"zensoKyoriSa"	"~-800"	−800m 超
		"-800"	−800m 以内
		"-600"	−600m 以内
		"-400"	−400m 以内
		"-200"	−200m 以内
		"0"	同距離
		"+200"	+200m 以内
		"+400"	+400m 以内
		"+600"	+600m 以内
		"+800"	+800m 以内
		"+800~"	+800m 超
前走オッズ	"zensoOdds"	"1" 〜 "14"	1倍台〜14倍台
		"15~"	15倍以上
前走順位	"zensoJyuni"	"1" 〜 "9"	1位〜9位
		"10~"	10位以降
前走上がり順位	"zensoAgariJyuni"	"1" 〜 "9"	1位〜9位
		"10~"	10位以降

5.1.2 辞書型変数 Data の値設定用関数 setData

指定した条件下におけるデータ集計プログラムの実装方法は前章で紹介したとおりですが、本章のように列挙したすべての項目を一気に集計する方法は改めて考える必要があります。そこで以下に示す setData 関数を定義します。setData 関数は第1引数 key に辞書型変数 Data の第3キーに与える "kaime"、"tansho_atari"、"tansho_haraimodoshi"、"fukusho_atari"、"fukusho_haraimodoshi" のいずれか、第2引数 value に加算する値、第3引数と第4引数には該当レース RACE と該当馬 UMA_RACE、第5引数と第6引数には該当馬の前走レース関連データ zensoRACE、zensoUMA_RACE を与えます。

プログラムソース● setData 関数（All_shukei.py）

```python
def setData( key, value, RACE, UMA_RACE, zensoRACE, zensoUMA_RACE):
    # 競走種別  11：サラ2才, 12：サラ3才, 13：サラ3上, 14：サラ4上
    Data["SyubetuCD"][RACE["SyubetuCD"]][key] += value  <----------------------------- (※1-1)
    # 牝馬限定フラグ
    KigoCD = RACE["KigoCD"]
```

```
    if((KigoCD[1] == "2")):
        Data["HinbaGentei"]["True"][key] += value    <------------------------------------------- (※2-1)
    else:
        Data["HinbaGentei"]["False"][key] += value    <------------------------------------------ (※2-2)
        # 重量  1：ハンデ, 2：別定, 3：馬齢, 4：定量
        Data["JyuryoCD"][RACE["JyuryoCD"]][key] += value    <------------------------------- (※1-2)
    ⋮
```

（※1）　辞書型変数 Data の第 2 キーが元のデータベースのカラム値と一致する場合には、直接第 2
　　　　キーとして与えます。

（※2）　牝馬限定レースであるかを判定後、第 2 キーに "True" か "False" のいずれかを与えます。

5.1.3　setData 関数の利用方法

　setData 関数の利用方法を示します。該当レース RACE に出走した競走馬データ UMA_RACEs を
SQL 文で取得後、指定した人気（今回は 1 番人気）の UMA_RACE と、前走データ zensoUMA_RACE、
zensoRACE を取得して、それらを setData 関数の引数に与えることで集計することができます。

プログラムソース● setData 関数の利用方法（All_shukei.py）

```
for UMA_RACE in UMA_RACEs:
    # 人気を取得
    if( UMA_RACE["Ninki"] != Ninki ): continue    <------------------------------------------------- (※1)
    # 文字列整形
    text = ""
    text += UMA_RACE["Year"] + UMA_RACE["MonthDay"] + " "
    text += UMA_RACE["RaceNum"] + "R "
    text += UMA_RACE["Bamei"] + " \t\t"
    text += str(int(UMA_RACE["Ninki"])) + "番人気 "
    text += " (" + str(int(UMA_RACE["Odds"])/10) + "倍) "
    text += UMA_RACE["KakuteiJyuni"] + "位 "
    # 前走馬毎レース情報
    zensoUMA_RACE = U.getZensoUMA_RACE( UMA_RACE["KettoNum"],
                                        UMA_RACE["Year"], UMA_RACE["MonthDay"])
    if( zensoUMA_RACE == False ): continue    <----------------------------------------------- (※2-1)
    # 前走レース情報
    zensoRACE = U.getZensoRACE( UMA_RACE["KettoNum"], zensoUMA_RACE)
    if( zensoRACE == False ): continue    <------------------------------------------------------ (※2-2)
```

```
# 該当馬
setData( "kaime", 1, RACE, UMA_RACE, zensoRACE, zensoUMA_RACE )  <----------------- (※3)
# 単勝的中の場合
for i in range(3):
    n = str(i + 1)
    if(HARAI["PayTansyoUmaban" + n] == UMA_RACE["Umaban"]):
        setData( "tansho_atari", 1, RACE, UMA_RACE, zensoRACE, zensoUMA_RACE )
                                                        <---------------------- (※4-1)
        setData( "tansho_haraimodoshi", int(HARAI["PayTansyoPay" + n]),
                    RACE, UMA_RACE, zensoRACE, zensoUMA_RACE )  <---------- (※4-2)
# 複勝的中の場合
for i in range(5):
    n = str(i + 1)
    if(HARAI["PayFukusyoUmaban" + n] == UMA_RACE["Umaban"]):
        setData( "fukusho_atari", 1, RACE, UMA_RACE, zensoRACE, zensoUMA_RACE )
        setData( "fukusho_haraimodoshi", int(HARAI["PayFukusyoPay" + n]),
                        RACE, UMA_RACE, zensoRACE, zensoUMA_RACE )
# ターミナルへ出力
print(text)  <------------------------------------------------------------- (※5)
```

（※1） 指定した人気の馬以外はループをスキップします。同人気が存在しない限り、1レースあた
　　　　り1頭が該当馬となります。

（※2） 初出走の場合は除外しています。

（※3） 該当馬が存在する場合に、Dataの第3キー "kaime" の値を1（第2引数）加算するための本
　　　　関数を実行します。

（※4） 単勝的中の場合に第3キー "tansho_atari" の値を1（第2引数）加算し、第3キー
　　　　"tansho_haraimodoshi" の値を「単勝払い戻し額（第2引数）」加算します。複勝も同様の処
　　　　理を行います。

（※5） ターミナルへの出力結果は以下のようになります。今回、芝1400mで1番人気のみが出力
　　　　されます。

```
##########################################################
  東京競馬場
##########################################################
【芝・左 1400m（1人気）】
20100131 09R セイウンジャガーズ       1番人気 （2.3倍）03位
20100206 09R メジロオードリー         1番人気 （2.4倍）03位
20100206 12R デュヌラルテ             1番人気 （2.8倍）05位
```

```
20100213 04R ウォンビーロング          1番人気 （1.6倍）04位
20100213 11R アントニオバローズ        1番人気 （3.7倍）16位
  ⋮
```

5.1.4 集計結果のテキストファイルへの出力方法

　各コースごとに集計した辞書型変数 Data に格納された値をテキストファイルへ出力します。
for-in 構文を利用することで辞書型変数 Data のキーを階層的に取得できデータへアクセスすることができます。出力後のデータを表計算ソフトなどで容易に利用できるようにタブ区切りで出力します。

プログラムソース● setData 関数の利用方法（All_shukei.py）

```python
    fout = open(dir_path + JyoCD + "/" + TrackCD + "-" + Kyori + "m" + Ninki + ".txt",
"w")
    for k1 in Data:
        fout.write("\n")
        fout.write("買い目\t単勝度数\t単勝配当\t複勝度数\t複勝配当\n")
        for k2 in Data[k1]:
            data = Data[k1][k2]
            fout.write(
                str(data["kaime"]) + "\t" +
                str(data["tansho_atari"]) + "\t" +
                str(data["tansho_haraimodoshi"]) + "\t" +
                str(data["fukusho_atari"]) + "\t" +
                str(data["fukusho_haraimodoshi"]) + "\t" +
                "\n")
        fout.write("\n")
    fout.close()
```

　出力結果は以下のような形になります。次節以降では、表計算ソフト Excel で整形した集計結果を示します。

買い目	単勝度数	単勝配当	複勝度数	複勝配当
115	37	8420	73	9200
120	39	9030	77	9950

136	44	12630	76	10850
101	30	9070	44	6600

5.2　芝1400m、1番人気の各種条件下の成績

　芝1400m、1番人気の2010年から2019年まで10年間の単勝率は約32%、単勝回収率は83%でした。まず、レース条件（競走種別、牝馬限定、重量種別、競走条件、グレード、馬場状況）ごとの回収率を見てみましょう。競走種別「サラ2才」と「サラ3才」の同世代戦の複勝回収率は80%超であるのにも関わらず、単勝回収率が若干低いです。ここから勝ちきれていない様子がわかります。これは重量種別の「馬齢」が低いことに対応します。一方の世代混合戦の単勝回収率は20%程度高く、特に「サラ3上」は92%と優秀です。また、重量種別「ハンデ」が単複とも回収率が50%台とかなり低く、一方の「定量」が100%を超えています。「定量」は勝利数が62と全体勝利数の4割に該当するので非常に魅力的です。また、牝馬限定戦も100%を超えていて安定度が高いと言えます。競走条件とグレードから言えることは、「リステッド」や重賞戦ではない条件戦のなかで、「2勝クラス」「3勝クラス」が比較的回収率が高い傾向がわかります。最後に、該当レース数は少ないですが、馬場状態「重」や「不良」がともに単勝回収率100%を超えていることから、コンディションが悪いほど実力差が生じやすいとも言えます。

　次に、該当馬の条件（馬齢、性別、枠番、オッズ、脚質、馬体重）ごとの回収率を見てみましょう。馬齢ははっきりとした傾向が読み取れます。4歳と5歳の回収率が高いです（6歳は該当レース数が少なく更に複勝の回収率が低い）。性別は該当数が少ないですが騙馬の成績がよく、牡馬と牝馬を比べると牝馬の方が良いように見えますが、牝馬限定の分を引くとおおよそ同程度の回収率となります。枠番は明らかに7枠と8枠が不利であることがわかります。オッズは該当数が少ない5倍台を除くと、4倍台の回収率がかなり低目で、その他は同程度の結果となっています。脚質は「差し」が最も成績が良く、全勝利数の半数強がこれに該当しています。馬体重は該当数が少ないですが、500kg以上の大型馬の成績が良いです。

　最後に前走関連（馬体重差、レース間隔、前走競馬場、前走芝・ダート、前走距離差、前走オッズ、前走順位、前走上がり順位）ごとの回収率を見てみましょう。馬体重は増えているとかなり悪く、反対に減っているほど回収率が高くなっています。また、距離も短縮で臨んでいる方が圧倒的に良いですね。前走は阪神競馬場が圧倒的に良く、反対に新潟競馬場場と中京競馬場場の結果が悪いです。興味深いことに、前走の着順が悪いほど回収率が高い傾向が強いですね。巻き返しが成功していると言えます。

回収率（競走種別）

	買い目	単勝度数	単勝配当	複勝度数	複勝配当	単勝率	複勝率	単勝回収率	複勝回収率
サラ2才	115	37	8420	73	9200	32.2	63.5	73.2	80.0
サラ3才	120	39	9030	77	9950	32.5	64.2	75.3	82.9
サラ3上	136	44	12630	76	10850	32.4	55.9	92.9	79.8
サラ4上	101	30	9070	44	6600	29.7	43.6	89.8	65.3
	472	150	39150	270	36600	31.8	57.2	82.9	77.5

回収率（牝馬限定）

	買い目	単勝度数	単勝配当	複勝度数	複勝配当	単勝率	複勝率	単勝回収率	複勝回収率
○	41	15	4370	27	3870	36.6	65.9	106.6	94.4
×	431	135	34780	243	32730	31.3	56.4	80.7	75.9

回収率（重量種別）

	買い目	単勝度数	単勝配当	複勝度数	複勝配当	単勝率	複勝率	単勝回収率	複勝回収率
ハンデ	48	9	2840	17	2620	18.8	35.4	59.2	54.6
別定	26	6	2310	11	1540	23.1	42.3	88.8	59.2
馬齢	225	73	16560	144	18390	32.4	64.0	73.6	81.7
定量	173	62	17440	98	14050	35.8	56.6	100.8	81.2

回収率（競走条件）

	買い目	単勝度数	単勝配当	複勝度数	複勝配当	単勝率	複勝率	単勝回収率	複勝回収率
新馬	0	0	0	0	0	-	-	-	-
未勝利	140	47	11520	89	11580	33.6	63.6	82.3	82.7
1勝クラス	125	40	9470	78	10330	32.0	62.4	75.8	82.6
2勝クラス	107	37	9830	55	7730	34.6	51.4	91.9	72.2
3勝クラス	52	16	4720	26	3810	30.8	50.0	90.8	73.3
オープン	48	10	3610	22	3150	20.8	45.8	75.2	65.6

回収率（グレード）

	買い目	単勝度数	単勝配当	複勝度数	複勝配当	単勝率	複勝率	単勝回収率	複勝回収率
条件戦	286	104	26190	178	23850	36.4	62.2	91.6	83.4
特別戦	3	1	340	1	130	33.3	33.3	113.3	43.3
リステッド	163	41	11400	83	11530	25.2	50.9	69.9	70.7
G無し重賞	0	0	0	0	0	-	-	-	-
GIII	0	0	0	0	0	-	-	-	-
GII	20	4	1220	8	1090	20.0	40.0	61.0	54.5
GI	0	0	0	0	0	-	-	-	-

回収率（馬場状況）

	買い目	単勝度数	単勝配当	複勝度数	複勝配当	単勝率	複勝率	単勝回収率	複勝回収率
良	374	113	29400	214	28820	30.2	57.2	78.6	77.1
稍重	68	22	6030	37	5210	32.4	54.4	88.7	76.6
重	18	9	2160	11	1520	50.0	61.1	120.0	84.4
不良	12	6	1560	8	1050	50.0	66.7	130.0	87.5

回収率（馬齢）

	買い目	単勝度数	単勝配当	複勝度数	複勝配当	単勝率	複勝率	単勝回収率	複勝回収率
2歳	115	37	8420	73	9200	32.2	63.5	73.2	80.0
3歳	172	53	12550	105	13790	30.8	61.0	73.0	80.2
4歳	112	36	10220	59	8470	32.1	52.7	91.3	75.6
5歳	62	22	6990	31	4720	35.5	50.0	112.7	76.1
6歳	9	2	970	2	420	22.2	22.2	107.8	46.7
7歳～	2	0	0	0	0	0.0	0.0	0.0	0.0

回収率（性別）

	買い目	単勝度数	単勝配当	複勝度数	複勝配当	単勝率	複勝率	単勝回収率	複勝回収率
牡馬	268	83	21050	145	19360	31.0	54.1	78.5	72.2
牝馬	189	61	15920	114	15520	32.3	60.3	84.2	82.1
騙馬	15	6	2180	11	1720	40.0	73.3	145.3	114.7

回収率（枠番）

	買い目	単勝度数	単勝配当	複勝度数	複勝配当	単勝率	複勝率	単勝回収率	複勝回収率
1枠	54	20	5130	38	5190	37.0	70.4	95.0	96.1
2枠	37	10	2840	24	3260	27.0	64.9	76.8	88.1
3枠	72	27	6690	43	5860	37.5	59.7	92.9	81.4
4枠	61	26	7210	35	4890	42.6	57.4	118.2	80.2
5枠	60	18	4570	32	4230	30.0	53.3	76.2	70.5
6枠	56	20	5490	34	4670	35.7	60.7	98.0	83.4
7枠	66	13	3460	36	4820	19.7	54.5	52.4	73.0
8枠	66	16	3760	28	3680	24.2	42.4	57.0	55.8

回収率（オッズ）

	買い目	単勝度数	単勝配当	複勝度数	複勝配当	単勝率	複勝率	単勝回収率	複勝回収率
1倍台	78	38	6280	59	6580	48.7	75.6	80.5	84.4
2倍台	188	63	15250	121	15600	33.5	64.4	81.1	83.0

	買い目	単勝度数	単勝配当	複勝度数	複勝配当	単勝率	複勝率	単勝回収率	複勝回収率
3 倍台	149	38	12550	71	10980	25.5	47.7	84.2	73.7
4 倍台	53	8	3430	16	2800	15.1	30.2	64.7	52.8
5 倍台	4	3	1640	3	640	75.0	75.0	410.0	160.0

回収率（脚質）

	買い目	単勝度数	単勝配当	複勝度数	複勝配当	単勝率	複勝率	単勝回収率	複勝回収率
逃げ	29	9	2390	17	2390	31.0	58.6	82.4	82.4
先行	126	35	8990	73	9830	27.8	57.9	71.3	78.0
差し	218	79	20440	128	17430	36.2	58.7	93.8	80.0
追込	99	27	7330	52	6950	27.3	52.5	74.0	70.2

回収率（馬体重）

	買い目	単勝度数	単勝配当	複勝度数	複勝配当	単勝率	複勝率	単勝回収率	複勝回収率
430kg 未満	30	10	2350	17	2250	33.3	56.7	78.3	75.0
430kg 台	28	10	2660	18	2360	35.7	64.3	95.0	84.3
440kg 台	46	10	2370	19	2510	21.7	41.3	51.5	54.6
450kg 台	52	16	4610	33	4520	30.8	63.5	88.7	86.9
460kg 台	71	18	4440	39	5400	25.4	54.9	62.5	76.1
470kg 台	70	27	6900	42	5420	38.6	60.0	98.6	77.4
480kg 台	57	16	4260	32	4480	28.1	56.1	74.7	78.6
490kg 台	51	16	4070	29	3870	31.4	56.9	79.8	75.9
500kg 台	31	13	3580	21	2950	41.9	67.7	115.5	95.2
510kg 台	20	8	1880	11	1430	40.0	55.0	94.0	71.5
520kg 以上	16	6	2030	9	1410	37.5	56.3	126.9	88.1

回収率（馬体重差）

	買い目	単勝度数	単勝配当	複勝度数	複勝配当	単勝率	複勝率	単勝回収率	複勝回収率
−24kg 超	0	0	0	0	0	-	-	-	-
−24kg 以内	0	0	0	0	0	-	-	-	-
−16kg 以内	18	7	1990	9	1260	38.9	50.0	110.6	70.0
−8kg 以内	170	56	15610	95	13000	32.9	55.9	91.8	76.5
±0kg	100	34	8990	59	8240	34.0	59.0	89.9	82.4
+8kg 以内	160	47	10770	95	12330	29.4	59.4	67.3	77.1
+16kg 以内	21	5	1340	10	1410	23.8	47.6	63.8	67.1
+24kg 以内	3	1	450	2	360	33.3	66.7	150.0	120.0
+24kg 超	0	0	0	0	0	-	-	-	-

回収率（レース間隔）

	買い目	単勝度数	単勝配当	複勝度数	複勝配当	単勝率	複勝率	単勝回収率	複勝回収率
連投	0	0	0	0	0	-	-	-	-
中1週	73	23	5300	41	5220	31.5	56.2	72.6	71.5
中2週	108	33	8750	59	7990	30.6	54.6	81.0	74.0
中3週	73	25	7470	43	5940	34.2	58.9	102.3	81.4
中4週	22	5	1360	13	1750	22.7	59.1	61.8	79.5
中5〜8週	107	32	7620	67	9040	29.9	62.6	71.2	84.5
中9〜12週	51	19	4640	29	3980	37.3	56.9	91.0	78.0
中13〜16週	18	7	1920	9	1290	38.9	50.0	106.7	71.7
中17〜20週	11	3	900	6	860	27.3	54.5	81.8	78.2
中21週〜	7	2	910	2	420	28.6	28.6	130.0	60.0

回収率（前走競馬場）

	買い目	単勝度数	単勝配当	複勝度数	複勝配当	単勝率	複勝率	単勝回収率	複勝回収率
札幌競馬場	9	3	690	6	820	33.3	66.7	76.7	91.1
函館競馬場	3	2	630	2	300	66.7	66.7	210.0	100.0
福島競馬場	4	1	370	1	170	25.0	25.0	92.5	42.5
新潟競馬場	41	8	1920	24	3210	19.5	58.5	46.8	78.3
東京競馬場	213	71	18550	118	15860	33.3	55.4	87.1	74.5
中山競馬場	108	35	8580	67	8810	32.4	62.0	79.4	81.6
中京競馬場	22	4	1150	12	1740	18.2	54.5	52.3	79.1
京都競馬場	32	9	2500	14	2020	28.1	43.8	78.1	63.1
阪神競馬場	38	17	4760	25	3550	44.7	65.8	125.3	93.4
小倉競馬場	2	0	0	1	120	0.0	50.0	0.0	60.0

回収率（前走芝・ダート）

	買い目	単勝度数	単勝配当	複勝度数	複勝配当	単勝率	複勝率	単勝回収率	複勝回収率
芝	467	149	38900	267	36140	31.9	57.2	83.3	77.4
ダート	5	1	250	3	460	20.0	60.0	50.0	92.0

回収率（前走距離差）

	買い目	単勝度数	単勝配当	複勝度数	複勝配当	単勝率	複勝率	単勝回収率	複勝回収率
−800m 超	1	0	0	0	0	0.0	0.0	0.0	0.0
−800m 以内	0	0	0	0	0	-	-	-	-
−600m 以内	2	0	0	2	300	0.0	100.0	0.0	150.0
−400m 以内	16	8	2390	11	1510	50.0	68.8	149.4	94.4

	買い目	単勝度数	単勝配当	複勝度数	複勝配当	単勝率	複勝率	単勝回収率	複勝回収率
−200m 以内	172	61	15540	110	14860	35.5	64.0	90.3	86.4
0	235	73	18990	128	17340	31.1	54.5	80.8	73.8
+200m 以内	46	8	2230	19	2590	17.4	41.3	48.5	56.3
+400m 以内	0	0	0	0	0	-	-	-	-
+600m 以内	0	0	0	0	0	-	-	-	-
+800m 以内	0	0	0	0	0	-	-	-	-
+800m 超	0	0	0	0	0	-	-	-	-

回収率（前走オッズ）

	買い目	単勝度数	単勝配当	複勝度数	複勝配当	単勝率	複勝率	単勝回収率	複勝回収率
1 倍台	43	17	3960	28	3560	39.5	65.1	92.1	82.8
2 倍台	86	28	6680	47	6250	32.6	54.7	77.7	72.7
3 倍台	84	21	5430	41	5480	25.0	48.8	64.6	65.2
4 倍台	60	20	5300	34	4630	33.3	56.7	88.3	77.2
5 倍台	37	16	4120	23	3060	43.2	62.2	111.4	82.7
6 倍台	38	9	2390	22	2960	23.7	57.9	62.9	77.9
7 倍台	25	5	1110	12	1820	20.0	48.0	44.4	72.8
8 倍台	16	4	1060	8	1100	25.0	50.0	66.3	68.8
9 倍台	11	6	1920	9	1340	54.5	81.8	174.5	121.8
10 倍台	5	1	230	3	410	20.0	60.0	46.0	82.0
11 倍台	7	3	700	5	620	42.9	71.4	100.0	88.6
12 倍台	3	1	590	2	400	33.3	66.7	196.7	133.3
13 倍台	7	3	720	4	510	42.9	57.1	102.9	72.9
14 倍台	3	0	0	1	140	0.0	33.3	0.0	46.7
15 倍以上	47	16	4940	31	4320	34.0	66.0	105.1	91.9

回収率（前走順位）

	買い目	単勝度数	単勝配当	複勝度数	複勝配当	単勝率	複勝率	単勝回収率	複勝回収率
1 位	80	19	4990	45	6350	23.8	56.3	62.4	79.4
2 位	173	55	12330	104	13220	31.8	60.1	71.3	76.4
3 位	86	33	8110	51	6670	38.4	59.3	94.3	77.6
4 位	37	10	3090	18	2530	27.0	48.6	83.5	68.4
5 位	31	9	2890	15	2100	29.0	48.4	93.2	67.7
6 位	21	8	2350	12	1740	38.1	57.1	111.9	82.9
7 位	12	5	1520	7	1010	41.7	58.3	126.7	84.2

	買い目	単勝度数	単勝配当	複勝度数	複勝配当	単勝率	複勝率	単勝回収率	複勝回収率
8 位	9	3	930	6	860	33.3	66.7	103.3	95.6
9 位	4	4	1300	4	650	100.0	100.0	325.0	162.5
10 位以降	19	4	1640	8	1470	21.1	42.1	86.3	77.4

回収率（前走上がり順位）

	買い目	単勝度数	単勝配当	複勝度数	複勝配当	単勝率	複勝率	単勝回収率	複勝回収率
1 位	111	34	8340	70	9220	30.6	63.1	75.1	83.1
2 位	73	22	4890	49	6380	30.1	67.1	67.0	87.4
3 位	74	28	7450	40	5400	37.8	54.1	100.7	73.0
4 位	44	6	1600	20	2760	13.6	45.5	36.4	62.7
5 位	39	22	5770	27	3700	56.4	69.2	147.9	94.9
6 位	21	5	1290	10	1310	23.8	47.6	61.4	62.4
7 位	35	9	1910	16	2020	25.7	45.7	54.6	57.7
8 位	19	6	2010	12	1720	31.6	63.2	105.8	90.5
9 位	12	7	2040	8	1170	58.3	66.7	170.0	97.5
10 位以降	44	11	3850	18	2920	25.0	40.9	87.5	66.4

5.3 芝 1600m、1 番人気の各種条件下の成績

種別

	買い目	単勝度数	単勝配当	複勝度数	複勝配当	単勝率	複勝率	単勝回収率	複勝回収率
サラ2才	132	45	8830	85	10440	34.1	64.4	66.9	79.1
サラ3才	156	54	13570	94	12350	34.6	60.3	87.0	79.2
サラ3上	149	51	14580	90	12750	34.2	60.4	97.9	85.6
サラ4上	122	34	9410	68	9520	27.9	55.7	77.1	78.0
	559	184	46390	337	45060	32.9	60.3	83.0	80.6

牝馬限定

	買い目	単勝度数	単勝配当	複勝度数	複勝配当	単勝率	複勝率	単勝回収率	複勝回収率
○	109	41	9390	73	9530	37.6	67.0	86.1	87.4
×	450	143	37000	264	35530	31.8	58.7	82.2	79.0

重量

	買い目	単勝度数	単勝配当	複勝度数	複勝配当	単勝率	複勝率	単勝回収率	複勝回収率
ハンデ	24	8	2380	17	2380	33.3	70.8	99.2	99.2
別定	42	13	3350	23	3200	31.0	54.8	79.8	76.2
馬齢	266	88	19700	165	20930	33.1	62.0	74.1	78.7
定量	227	75	20960	132	18550	33.0	58.1	92.3	81.7

条件

	買い目	単勝度数	単勝配当	複勝度数	複勝配当	単勝率	複勝率	単勝回収率	複勝回収率
新馬	0	0	0	0	0	-	-	-	-
未勝利	194	61	13370	116	14660	31.4	59.8	68.9	75.6
1 勝クラス	132	45	11980	81	11080	34.1	61.4	90.8	83.9
2 勝クラス	91	35	9730	57	7700	38.5	62.6	106.9	84.6
3 勝クラス	56	15	4130	34	4840	26.8	60.7	73.8	86.4
オープン	86	28	7180	49	6780	32.6	57.0	83.5	78.8

グレード

	買い目	単勝度数	単勝配当	複勝度数	複勝配当	単勝率	複勝率	単勝回収率	複勝回収率
条件戦	336	107	26050	201	26360	31.8	59.8	77.5	78.5
特別戦	1	0	0	0	0	0.0	0.0	0.0	0.0
リステッド	148	53	14170	95	13000	35.8	64.2	95.7	87.8
G 無し重賞	4	1	270	2	240	25.0	50.0	67.5	60.0
GIII	40	13	2990	23	3100	32.5	57.5	74.8	77.5
GII	0	0	0	0	0	-	-	-	-
GI	30	10	2910	16	2360	33.3	53.3	97.0	78.7

馬場状況

	買い目	単勝度数	単勝配当	複勝度数	複勝配当	単勝率	複勝率	単勝回収率	複勝回収率
良	459	150	37630	274	36460	32.7	59.7	82.0	79.4
稍重	66	21	5280	45	6150	31.8	68.2	80.0	93.2
重	16	3	710	7	900	18.8	43.8	44.4	56.3
不良	18	10	2770	11	1550	55.6	61.1	153.9	86.1

馬齢

	買い目	単勝度数	単勝配当	複勝度数	複勝配当	単勝率	複勝率	単勝回収率	複勝回収率
2 歳	132	45	8830	85	10440	34.1	64.4	66.9	79.1
3 歳	222	79	20830	134	17970	35.6	60.4	93.8	80.9

	買い目	単勝度数	単勝配当	複勝度数	複勝配当	単勝率	複勝率	単勝回収率	複勝回収率
4 歳	137	45	12710	80	11210	32.8	58.4	92.8	81.8
5 歳	60	15	4020	37	5200	25.0	61.7	67.0	86.7
6 歳	7	0	0	1	240	0.0	14.3	0.0	34.3
7 歳～	1	0	0	0	0	0.0	0.0	0.0	0.0

性別

	買い目	単勝度数	単勝配当	複勝度数	複勝配当	単勝率	複勝率	単勝回収率	複勝回収率
牡馬	341	108	28620	200	27180	31.7	58.7	83.9	79.7
牝馬	208	71	16590	130	16940	34.1	62.5	79.8	81.4
騸馬	10	5	1180	7	940	50.0	70.0	118.0	94.0

枠番

	買い目	単勝度数	単勝配当	複勝度数	複勝配当	単勝率	複勝率	単勝回収率	複勝回収率
1 枠	53	14	3430	27	3610	26.4	50.9	64.7	68.1
2 枠	64	25	6460	45	6170	39.1	70.3	100.9	96.4
3 枠	67	19	4650	37	5070	28.4	55.2	69.4	75.7
4 枠	68	22	5800	39	5200	32.4	57.4	85.3	76.5
5 枠	71	27	7150	45	6430	38.0	63.4	100.7	90.6
6 枠	69	18	4270	43	5600	26.1	62.3	61.9	81.2
7 枠	80	28	7160	45	5870	35.0	56.3	89.5	73.4
8 枠	87	31	7470	56	7110	35.6	64.4	85.9	81.7

オッズ

	買い目	単勝度数	単勝配当	複勝度数	複勝配当	単勝率	複勝率	単勝回収率	複勝回収率
1 倍台	115	48	7430	77	8530	41.7	67.0	64.6	74.2
2 倍台	257	83	20340	153	19620	32.3	59.5	79.1	76.3
3 倍台	137	46	15640	87	13400	33.6	63.5	114.2	97.8
4 倍台	43	7	2980	19	3270	16.3	44.2	69.3	76.0
5 倍台	6	0	0	1	240	0.0	16.7	0.0	40.0
6 倍台	1	0	0	0	0	0.0	0.0	0.0	0.0

脚質

	買い目	単勝度数	単勝配当	複勝度数	複勝配当	単勝率	複勝率	単勝回収率	複勝回収率
逃げ	23	6	1330	13	1710	26.1	56.5	57.8	74.3
先行	121	42	10270	76	9840	34.7	62.8	84.9	81.3

	買い目	単勝度数	単勝配当	複勝度数	複勝配当	単勝率	複勝率	単勝回収率	複勝回収率
差し	285	101	25890	177	23840	35.4	62.1	90.8	83.6
追込	130	35	8900	71	9670	26.9	54.6	68.5	74.4

馬体重

	買い目	単勝度数	単勝配当	複勝度数	複勝配当	単勝率	複勝率	単勝回収率	複勝回収率
430kg 未満	28	6	1710	16	2090	21.4	57.1	61.1	74.6
430kg 台	42	18	4370	33	4380	42.9	78.6	104.0	104.3
440kg 台	52	20	4460	26	3200	38.5	50.0	85.8	61.5
450kg 台	75	21	5530	35	4810	28.0	46.7	73.7	64.1
460kg 台	81	28	6560	53	6780	34.6	65.4	81.0	83.7
470kg 台	75	28	7290	51	7070	37.3	68.0	97.2	94.3
480kg 台	78	22	5750	47	6340	28.2	60.3	73.7	81.3
490kg 台	42	14	3760	25	3370	33.3	59.5	89.5	80.2
500kg 台	45	16	4280	27	3770	35.6	60.0	95.1	83.8
510kg 台	18	5	1280	9	1170	27.8	50.0	71.1	65.0
520kg 以上	23	6	1400	15	2080	26.1	65.2	60.9	90.4

馬体重差

	買い目	単勝度数	単勝配当	複勝度数	複勝配当	単勝率	複勝率	単勝回収率	複勝回収率
−24kg 超	0	0	0	0	0	-	-	-	-
−24kg 以内	0	0	0	0	0	-	-	-	-
−16kg 以内	24	8	2220	16	2150	33.3	66.7	92.5	89.6
−8kg 以内	194	61	16010	111	14800	31.4	57.2	82.5	76.3
0	106	37	8650	70	9130	34.9	66.0	81.6	86.1
+8kg 以内	206	66	16470	117	15930	32.0	56.8	80.0	77.3
+16kg 以内	20	6	1870	15	2060	30.0	75.0	93.5	103.0
+24kg 以内	4	4	850	4	550	100.0	100.0	212.5	137.5
+24kg 超	1	0	0	0	0	0.0	0.0	0.0	0.0

レース間隔

	買い目	単勝度数	単勝配当	複勝度数	複勝配当	単勝率	複勝率	単勝回収率	複勝回収率
連投	0	0	0	0	0	-	-	-	-
中 1 週	60	15	3600	37	5080	25.0	61.7	60.0	84.7
中 2 週	130	45	11390	80	10310	34.6	61.5	87.6	79.3
中 3 週	91	23	6250	45	6180	25.3	49.5	68.7	67.9

	買い目	単勝度数	単勝配当	複勝度数	複勝配当	単勝率	複勝率	単勝回収率	複勝回収率
中4週	39	12	2510	24	3090	30.8	61.5	64.4	79.2
中5～8週	118	46	11090	77	10220	39.0	65.3	94.0	86.6
中9～12週	58	24	6320	37	4940	41.4	63.8	109.0	85.2
中13～16週	23	3	910	9	1230	13.0	39.1	39.6	53.5
中17～20週	17	10	2520	13	1790	58.8	76.5	148.2	105.3
中21週～	22	6	1800	15	2220	27.3	68.2	81.8	100.9

前走競馬場

	買い目	単勝度数	単勝配当	複勝度数	複勝配当	単勝率	複勝率	単勝回収率	複勝回収率
札幌競馬場	13	6	1620	9	1220	46.2	69.2	124.6	93.8
函館競馬場	5	3	930	3	440	60.0	60.0	186.0	88.0
福島競馬場	14	4	1210	8	1150	28.6	57.1	86.4	82.1
新潟競馬場	41	10	2100	19	2310	24.4	46.3	51.2	56.3
東京競馬場	254	81	19970	161	21240	31.9	63.4	78.6	83.6
中山競馬場	115	36	8760	69	9360	31.3	60.0	76.2	81.4
中京競馬場	18	7	1980	11	1530	38.9	61.1	110.0	85.0
京都競馬場	41	13	3790	24	3380	31.7	58.5	92.4	82.4
阪神競馬場	56	24	6030	33	4430	42.9	58.9	107.7	79.1
小倉競馬場	2	0	0	0	0	0.0	0.0	0.0	0.0

前走芝・ダート

	買い目	単勝度数	単勝配当	複勝度数	複勝配当	単勝率	複勝率	単勝回収率	複勝回収率
芝	554	182	45980	334	44700	32.9	60.3	83.0	80.7
ダート	5	2	410	3	360	40.0	60.0	82.0	72.0

前走距離差

	買い目	単勝度数	単勝配当	複勝度数	複勝配当	単勝率	複勝率	単勝回収率	複勝回収率
−800m 超	1	0	0	1	110	0.0	100.0	0.0	110.0
−800m 以内	3	1	280	2	240	33.3	66.7	93.3	80.0
−600m 以内	3	3	720	3	400	100.0	100.0	240.0	133.3
−400m 以内	39	15	4470	24	3390	38.5	61.5	114.6	86.9
−200m 以内	106	33	8920	64	9000	31.1	60.4	84.2	84.9
0	349	110	26590	210	27510	31.5	60.2	76.2	78.8
+200m 以内	53	20	4760	31	4060	37.7	58.5	89.8	76.6
+400m 以内	5	2	650	2	350	40.0	40.0	130.0	70.0
+600m 以内	0	0	0	0	0	-	-	-	-

	買い目	単勝度数	単勝配当	複勝度数	複勝配当	単勝率	複勝率	単勝回収率	複勝回収率
+800m 以内	0	0	0	0	0	-	-	-	-
+800m 超	0	0	0	0	0	-	-	-	-

前走オッズ

	買い目	単勝度数	単勝配当	複勝度数	複勝配当	単勝率	複勝率	単勝回収率	複勝回収率
1 倍台	81	36	8040	54	6870	44.4	66.7	99.3	84.8
2 倍台	113	31	7300	71	9090	27.4	62.8	64.6	80.4
3 倍台	110	36	9390	61	8190	32.7	55.5	85.4	74.5
4 倍台	66	17	4170	34	4580	25.8	51.5	63.2	69.4
5 倍台	48	17	4710	29	4050	35.4	60.4	98.1	84.4
6 倍台	31	8	1950	18	2400	25.8	58.1	62.9	77.4
7 倍台	17	7	2070	11	1560	41.2	64.7	121.8	91.8
8 倍台	13	5	1320	11	1490	38.5	84.6	101.5	114.6
9 倍台	10	3	860	5	730	30.0	50.0	86.0	73.0
10 倍台	9	2	500	5	700	22.2	55.6	55.6	77.8
11 倍台	6	2	410	3	350	33.3	50.0	68.3	58.3
12 倍台	12	5	1510	9	1330	41.7	75.0	125.8	110.8
13 倍台	3	0	0	2	360	0.0	66.7	0.0	120.0
14 倍台	6	3	1050	3	450	50.0	50.0	175.0	75.0
15 倍以上	34	12	3110	21	2910	35.3	61.8	91.5	85.6

前走順位

	買い目	単勝度数	単勝配当	複勝度数	複勝配当	単勝率	複勝率	単勝回収率	複勝回収率
1 位	105	35	8010	66	8860	33.3	62.9	76.3	84.4
2 位	203	65	14330	124	15700	32.0	61.1	70.6	77.3
3 位	103	27	7020	56	7440	26.2	54.4	68.2	72.2
4 位	63	24	7110	40	5640	38.1	63.5	112.9	89.5
5 位	28	8	2390	15	2160	28.6	53.6	85.4	77.1
6 位	13	7	1980	8	1100	53.8	61.5	152.3	84.6
7 位	13	5	1580	7	1080	38.5	53.8	121.5	83.1
8 位	11	5	1470	7	1000	45.5	63.6	133.6	90.9
9 位	6	2	550	4	580	33.3	66.7	91.7	96.7
10 位以降	13	5	1720	9	1360	38.5	69.2	132.3	104.6

前走上がり順位

	買い目	単勝度数	単勝配当	複勝度数	複勝配当	単勝率	複勝率	単勝回収率	複勝回収率
1 位	150	50	11400	91	11800	33.3	60.7	76.0	78.7
2 位	114	47	11290	78	10180	41.2	68.4	99.0	89.3
3 位	87	24	5930	48	6500	27.6	55.2	68.2	74.7
4 位	59	16	4070	30	3960	27.1	50.8	69.0	67.1
5 位	34	7	1660	21	2780	20.6	61.8	48.8	81.8
6 位	35	11	3510	20	2830	31.4	57.1	100.3	80.9
7 位	18	7	1800	11	1480	38.9	61.1	100.0	82.2
8 位	16	6	1720	11	1520	37.5	68.8	107.5	95.0
9 位	12	3	1120	5	790	25.0	41.7	93.3	65.8
10 位以降	34	13	3890	22	3220	38.2	64.7	114.4	94.7

5.4 芝 1800m、1 番人気の各種条件下の成績

種別

	買い目	単勝度数	単勝配当	複勝度数	複勝配当	単勝率	複勝率	単勝回収率	複勝回収率
サラ2才	81	29	5530	58	6970	35.8	71.6	68.3	86.0
サラ3才	156	48	11110	101	12890	30.8	64.7	71.2	82.6
サラ3上	138	53	13410	98	13100	38.4	71.0	97.2	94.9
サラ4上	88	27	7860	56	7770	30.7	63.6	89.3	88.3
	463	157	37910	313	40730	33.9	67.6	81.9	88.0

牝馬限定

	買い目	単勝度数	単勝配当	複勝度数	複勝配当	単勝率	複勝率	単勝回収率	複勝回収率
○	109	30	7180	76	9960	27.5	69.7	65.9	91.4
×	354	127	30730	237	30770	35.9	66.9	86.8	86.9

重量

	買い目	単勝度数	単勝配当	複勝度数	複勝配当	単勝率	複勝率	単勝回収率	複勝回収率
ハンデ	36	13	3170	25	3360	36.1	69.4	88.1	93.3
別定	50	13	3590	29	4010	26.0	58.0	71.8	80.2
馬齢	219	75	16290	149	18700	34.2	68.0	74.4	85.4
定量	158	56	14860	110	14660	35.4	69.6	94.1	92.8

条件

	買い目	単勝度数	単勝配当	複勝度数	複勝配当	単勝率	複勝率	単勝回収率	複勝回収率
新馬	0	0	0	0	0	-	-	-	-
未勝利	154	50	10420	107	13490	32.5	69.5	67.7	87.6
1勝クラス	110	41	9940	75	9820	37.3	68.2	90.4	89.3
2勝クラス	84	30	7520	56	7260	35.7	66.7	89.5	86.4
3勝クラス	37	13	3780	27	3680	35.1	73.0	102.2	99.5
オープン	78	23	6250	48	6480	29.5	61.5	80.1	83.1

グレード

	買い目	単勝度数	単勝配当	複勝度数	複勝配当	単勝率	複勝率	単勝回収率	複勝回収率
条件戦	258	90	20780	179	23090	34.9	69.4	80.5	89.5
特別戦	2	1	130	2	220	50.0	100.0	65.0	110.0
リステッド	153	49	12260	100	12970	32.0	65.4	80.1	84.8
G無し重賞	0	0	0	0	0	-	-	-	-
GIII	31	10	2750	20	2630	32.3	64.5	88.7	84.8
GII	19	7	1990	12	1820	36.8	63.2	104.7	95.8
GI	0	0	0	0	0	-	-	-	-

馬場状況

	買い目	単勝度数	単勝配当	複勝度数	複勝配当	単勝率	複勝率	単勝回収率	複勝回収率
良	371	128	30590	255	32860	34.5	68.7	82.5	88.6
稍重	56	14	3320	33	4420	25.0	58.9	59.3	78.9
重	20	8	2120	12	1620	40.0	60.0	106.0	81.0
不良	16	7	1880	13	1830	43.8	81.3	117.5	114.4

馬齢

	買い目	単勝度数	単勝配当	複勝度数	複勝配当	単勝率	複勝率	単勝回収率	複勝回収率
2歳	81	29	5530	58	6970	35.8	71.6	68.3	86.0
3歳	209	76	17900	142	18280	36.4	67.9	85.6	87.5
4歳	121	43	11860	86	11630	35.5	71.1	98.0	96.1
5歳	48	8	2200	25	3570	16.7	52.1	45.8	74.4
6歳	3	0	0	1	130	0.0	33.3	0.0	43.3
7歳～	1	1	420	1	150	100.0	100.0	420.0	150.0

性別

	買い目	単勝度数	単勝配当	複勝度数	複勝配当	単勝率	複勝率	単勝回収率	複勝回収率
牡馬	293	107	25850	195	25070	36.5	66.6	88.2	85.6
牝馬	168	50	12060	116	15390	29.8	69.0	71.8	91.6
騙馬	2	0	0	2	270	0.0	100.0	0.0	135.0

枠番

	買い目	単勝度数	単勝配当	複勝度数	複勝配当	単勝率	複勝率	単勝回収率	複勝回収率
1枠	56	20	5210	36	4870	35.7	64.3	93.0	87.0
2枠	54	19	4510	36	4790	35.2	66.7	83.5	88.7
3枠	46	22	5480	34	4590	47.8	73.9	119.1	99.8
4枠	67	27	6290	49	6180	40.3	73.1	93.9	92.2
5枠	46	15	3920	30	3900	32.6	65.2	85.2	84.8
6枠	56	15	3530	38	4850	26.8	67.9	63.0	86.6
7枠	74	25	5390	52	6620	33.8	70.3	72.8	89.5
8枠	64	14	3580	38	4930	21.9	59.4	55.9	77.0

オッズ

	買い目	単勝度数	単勝配当	複勝度数	複勝配当	単勝率	複勝率	単勝回収率	複勝回収率
1倍台	100	52	8400	78	8630	52.0	78.0	84.0	86.3
2倍台	225	73	17560	154	19340	32.4	68.4	78.0	86.0
3倍台	109	23	7850	65	9890	21.1	59.6	72.0	90.7
4倍台	26	8	3530	14	2480	30.8	53.8	135.8	95.4
5倍台	3	1	570	2	390	33.3	66.7	190.0	130.0

脚質

	買い目	単勝度数	単勝配当	複勝度数	複勝配当	単勝率	複勝率	単勝回収率	複勝回収率
逃げ	10	6	1650	9	1240	60.0	90.0	165.0	124.0
先行	101	30	6740	65	8240	29.7	64.4	66.7	81.6
差し	233	77	18890	159	20690	33.0	68.2	81.1	88.8
追込	119	44	10630	80	10560	37.0	67.2	89.3	88.7

馬体重

	買い目	単勝度数	単勝配当	複勝度数	複勝配当	単勝率	複勝率	単勝回収率	複勝回収率
430kg未満	23	9	2370	19	2610	39.1	82.6	103.0	113.5
430kg台	27	4	1230	16	2190	14.8	59.3	45.6	81.1
440kg台	39	10	2240	24	3020	25.6	61.5	57.4	77.4

	買い目	単勝度数	単勝配当	複勝度数	複勝配当	単勝率	複勝率	単勝回収率	複勝回収率
450kg 台	44	20	4750	31	3910	45.5	70.5	108.0	88.9
460kg 台	73	27	6260	52	6950	37.0	71.2	85.8	95.2
470kg 台	61	19	4700	42	5470	31.1	68.9	77.0	89.7
480kg 台	46	18	3870	34	4310	39.1	73.9	84.1	93.7
490kg 台	48	15	4020	30	4090	31.3	62.5	83.8	85.2
500kg 台	47	15	3460	29	3710	31.9	61.7	73.6	78.9
510kg 台	25	9	2180	16	1920	36.0	64.0	87.2	76.8
520kg 以上	30	11	2830	20	2550	36.7	66.7	94.3	85.0

馬体重差

	買い目	単勝度数	単勝配当	複勝度数	複勝配当	単勝率	複勝率	単勝回収率	複勝回収率
−24kg 超	0	0	0	0	0	-	-	-	-
−24kg 以内	3	2	670	2	320	66.7	66.7	223.3	106.7
−16kg 以内	18	8	1870	13	1710	44.4	72.2	103.9	95.0
−8kg 以内	153	56	13470	106	13640	36.6	69.3	88.0	89.2
0	89	28	6480	59	7690	31.5	66.3	72.8	86.4
+8kg 以内	169	53	12830	110	14280	31.4	65.1	75.9	84.5
+16kg 以内	24	9	2380	17	2310	37.5	70.8	99.2	96.3
+24kg 以内	5	1	210	4	490	20.0	80.0	42.0	98.0
+24kg 超	1	0	0	1	140	0.0	100.0	0.0	140.0

レース間隔

	買い目	単勝度数	単勝配当	複勝度数	複勝配当	単勝率	複勝率	単勝回収率	複勝回収率
連投	0	0	0	0	0	-	-	-	-
中 1 週	40	9	2410	18	2420	22.5	45.0	60.3	60.5
中 2 週	103	31	7720	71	9400	30.1	68.9	75.0	91.3
中 3 週	83	29	6210	56	7100	34.9	67.5	74.8	85.5
中 4 週	29	12	2890	22	2800	41.4	75.9	99.7	96.6
中 5 〜 8 週	89	33	7470	60	7560	37.1	67.4	83.9	84.9
中 9 〜 12 週	47	16	3540	34	4230	34.0	72.3	75.3	90.0
中 13 〜 16 週	29	12	3500	22	3130	41.4	75.9	120.7	107.9
中 17 〜 20 週	21	8	1950	12	1540	38.1	57.1	92.9	73.3
中 21 週〜	22	7	2220	18	2550	31.8	81.8	100.9	115.9

前走競馬場

	買い目	単勝度数	単勝配当	複勝度数	複勝配当	単勝率	複勝率	単勝回収率	複勝回収率
札幌競馬場	15	7	1540	10	1270	46.7	66.7	102.7	84.7
函館競馬場	6	4	810	5	650	66.7	83.3	135.0	108.3
福島競馬場	6	0	0	2	250	0.0	33.3	0.0	41.7
新潟競馬場	51	16	3950	36	4590	31.4	70.6	77.5	90.0
東京競馬場	205	63	15160	134	17520	30.7	65.4	74.0	85.5
中山競馬場	100	37	8740	71	9140	37.0	71.0	87.4	91.4
中京競馬場	7	2	400	4	460	28.6	57.1	57.1	65.7
京都競馬場	31	12	3670	20	2880	38.7	64.5	118.4	92.9
阪神競馬場	37	15	3470	26	3330	40.5	70.3	93.8	90.0
小倉競馬場	5	1	170	5	640	20.0	100.0	34.0	128.0

前走芝・ダート

	買い目	単勝度数	単勝配当	複勝度数	複勝配当	単勝率	複勝率	単勝回収率	複勝回収率
芝	462	156	37530	312	40550	33.8	67.5	81.2	87.8
ダート	1	1	380	1	180	100.0	100.0	380.0	180.0

前走距離差

	買い目	単勝度数	単勝配当	複勝度数	複勝配当	単勝率	複勝率	単勝回収率	複勝回収率
−800m 超	0	0	0	0	0	-	-	-	-
−800m 以内	1	0	0	0	0	0.0	0.0	0.0	0.0
−600m 以内	12	4	960	6	760	33.3	50.0	80.0	63.3
−400m 以内	11	5	1610	8	1240	45.5	72.7	146.4	112.7
−200m 以内	134	40	10030	94	12480	29.9	70.1	74.9	93.1
0	218	80	18300	153	19390	36.7	70.2	83.9	88.9
+200m 以内	83	26	6630	50	6640	31.3	60.2	79.9	80.0
+400m 以内	4	2	380	2	220	50.0	50.0	95.0	55.0
+600m 以内	0	0	0	0	0	-	-	-	-
+800m 以内	0	0	0	0	0	-	-	-	-
+800m 超	0	0	0	0	0	-	-	-	-

前走オッズ

	買い目	単勝度数	単勝配当	複勝度数	複勝配当	単勝率	複勝率	単勝回収率	複勝回収率
1 倍台	70	28	6320	52	6460	40.0	74.3	90.3	92.3
2 倍台	97	28	5960	65	8160	28.9	67.0	61.4	84.1
3 倍台	68	23	6060	47	6350	33.8	69.1	89.1	93.4

	買い目	単勝度数	単勝配当	複勝度数	複勝配当	単勝率	複勝率	単勝回収率	複勝回収率
4 倍台	56	22	5140	38	4890	39.3	67.9	91.8	87.3
5 倍台	35	15	3370	25	3200	42.9	71.4	96.3	91.4
6 倍台	27	7	1780	19	2560	25.9	70.4	65.9	94.8
7 倍台	19	6	1730	11	1460	31.6	57.9	91.1	76.8
8 倍台	15	6	1820	10	1400	40.0	66.7	121.3	93.3
9 倍台	17	6	1480	10	1290	35.3	58.8	87.1	75.9
10 倍台	4	2	650	3	420	50.0	75.0	162.5	105.0
11 倍台	2	1	220	1	120	50.0	50.0	110.0	60.0
12 倍台	9	2	450	4	550	22.2	44.4	50.0	61.1
13 倍台	6	2	550	5	700	33.3	83.3	91.7	116.7
14 倍台	3	0	0	0	0	0.0	0.0	0.0	0.0
15 倍以上	35	9	2380	23	3170	25.7	65.7	68.0	90.6

前走順位

	買い目	単勝度数	単勝配当	複勝度数	複勝配当	単勝率	複勝率	単勝回収率	複勝回収率
1 位	90	34	8300	64	8360	37.8	71.1	92.2	92.9
2 位	170	53	11660	120	15090	31.2	70.6	68.6	88.8
3 位	93	44	10550	67	8650	47.3	72.0	113.4	93.0
4 位	40	10	3080	22	3090	25.0	55.0	77.0	77.3
5 位	25	3	780	14	1940	12.0	56.0	31.2	77.6
6 位	21	7	1670	12	1550	33.3	57.1	79.5	73.8
7 位	9	1	180	4	550	11.1	44.4	20.0	61.1
8 位	6	1	370	3	430	16.7	50.0	61.7	71.7
9 位	2	0	0	0	0	0.0	0.0	0.0	0.0
10 位以降	7	4	1320	7	1070	57.1	100.0	188.6	152.9

前走上がり順位

	買い目	単勝度数	単勝配当	複勝度数	複勝配当	単勝率	複勝率	単勝回収率	複勝回収率
1 位	151	56	12960	106	13450	37.1	70.2	85.8	89.1
2 位	101	33	7470	66	8360	32.7	65.3	74.0	82.8
3 位	58	13	2870	31	4110	22.4	53.4	49.5	70.9
4 位	50	18	4460	38	4930	36.0	76.0	89.2	98.6
5 位	33	13	3150	24	3100	39.4	72.7	95.5	93.9
6 位	21	7	1930	15	2060	33.3	71.4	91.9	98.1
7 位	24	8	2300	15	2060	33.3	62.5	95.8	85.8

	買い目	単勝度数	単勝配当	複勝度数	複勝配当	単勝率	複勝率	単勝回収率	複勝回収率
8 位	5	3	840	3	450	60.0	60.0	168.0	90.0
9 位	9	1	420	4	620	11.1	44.4	46.7	68.9
10 位以降	11	5	1510	11	1590	45.5	100.0	137.3	144.5

5.5 芝 2000m、1 番人気の各種条件下の成績

種別

	買い目	単勝度数	単勝配当	複勝度数	複勝配当	単勝率	複勝率	単勝回収率	複勝回収率
サラ2才	68	29	5650	51	6010	42.6	75.0	83.1	88.4
サラ3才	87	40	9140	60	7650	46.0	69.0	105.1	87.9
サラ3上	107	35	8730	69	8840	32.7	64.5	81.6	82.6
サラ4上	78	23	5640	53	6760	29.5	67.9	72.3	86.7
	340	127	29160	233	29260	37.4	68.5	85.8	86.1

牝馬限定

	買い目	単勝度数	単勝配当	複勝度数	複勝配当	単勝率	複勝率	単勝回収率	複勝回収率
○	32	9	2130	19	2510	28.1	59.4	66.6	78.4
×	308	118	27030	214	26750	38.3	69.5	87.8	86.9

重量

	買い目	単勝度数	単勝配当	複勝度数	複勝配当	単勝率	複勝率	単勝回収率	複勝回収率
ハンデ	25	5	1450	15	1940	20.0	60.0	58.0	77.6
別定	20	5	1310	13	1610	25.0	65.0	65.5	80.5
馬齢	154	69	14790	110	13530	44.8	71.4	96.0	87.9
定量	141	48	11610	95	12180	34.0	67.4	82.3	86.4

条件

	買い目	単勝度数	単勝配当	複勝度数	複勝配当	単勝率	複勝率	単勝回収率	複勝回収率
新馬	0	0	0	0	0	-	-	-	-
未勝利	106	45	9120	76	9130	42.5	71.7	86.0	86.1
1 勝クラス	77	30	6790	54	6850	39.0	70.1	88.2	89.0
2 勝クラス	68	23	5570	46	5800	33.8	67.6	81.9	85.3

	買い目	単勝度数	単勝配当	複勝度数	複勝配当	単勝率	複勝率	単勝回収率	複勝回収率
3勝クラス	38	8	2350	22	2920	21.1	57.9	61.8	76.8
オープン	51	21	5330	35	4560	41.2	68.6	104.5	89.4

グレード

	買い目	単勝度数	単勝配当	複勝度数	複勝配当	単勝率	複勝率	単勝回収率	複勝回収率
条件戦	174	71	15060	123	15090	40.8	70.7	86.6	86.7
特別戦	3	0	0	1	120	0.0	33.3	0.0	40.0
リステッド	142	47	11650	95	12140	33.1	66.9	82.0	85.5
G無し重賞	0	0	0	0	0	-	-	-	-
GⅢ	0	0	0	0	0	-	-	-	-
GⅡ	10	4	1060	5	710	40.0	50.0	106.0	71.0
GⅠ	11	5	1390	9	1200	45.5	81.8	126.4	109.1

馬場状況

	買い目	単勝度数	単勝配当	複勝度数	複勝配当	単勝率	複勝率	単勝回収率	複勝回収率
良	281	105	23950	193	24230	37.4	68.7	85.2	86.2
稍重	38	15	3410	26	3170	39.5	68.4	89.7	83.4
重	13	6	1490	7	910	46.2	53.8	114.6	70.0
不良	8	1	310	7	950	12.5	87.5	38.8	118.8

馬齢

	買い目	単勝度数	単勝配当	複勝度数	複勝配当	単勝率	複勝率	単勝回収率	複勝回収率
2歳	68	29	5650	51	6010	42.6	75.0	83.1	88.4
3歳	127	52	11620	87	11020	40.9	68.5	91.5	86.8
4歳	100	30	7250	64	8220	30.0	64.0	72.5	82.2
5歳	39	15	4400	27	3530	38.5	69.2	112.8	90.5
6歳	5	1	240	3	360	20.0	60.0	48.0	72.0
7歳～	1	0	0	1	120	0.0	100.0	0.0	120.0

性別

	買い目	単勝度数	単勝配当	複勝度数	複勝配当	単勝率	複勝率	単勝回収率	複勝回収率
牡馬	265	102	23500	183	22890	38.5	69.1	88.7	86.4
牝馬	72	25	5660	49	6230	34.7	68.1	78.6	86.5
騸馬	3	0	0	1	140	0.0	33.3	0.0	46.7

枠番

	買い目	単勝度数	単勝配当	複勝度数	複勝配当	単勝率	複勝率	単勝回収率	複勝回収率
1枠	30	12	2660	22	2680	40.0	73.3	88.7	89.3
2枠	31	10	2380	23	3020	32.3	74.2	76.8	97.4
3枠	36	16	3640	28	3500	44.4	77.8	101.1	97.2
4枠	41	15	3650	26	3220	36.6	63.4	89.0	78.5
5枠	42	17	3640	27	3280	40.5	64.3	86.7	78.1
6枠	46	21	5150	32	4110	45.7	69.6	112.0	89.3
7枠	58	14	3010	40	5110	24.1	69.0	51.9	88.1
8枠	56	22	5030	35	4340	39.3	62.5	89.8	77.5

オッズ

	買い目	単勝度数	単勝配当	複勝度数	複勝配当	単勝率	複勝率	単勝回収率	複勝回収率
1倍台	96	51	8080	78	8670	53.1	81.3	84.2	90.3
2倍台	151	48	11410	102	12680	31.8	67.5	75.6	84.0
3倍台	78	26	8740	49	7210	33.3	62.8	112.1	92.4
4倍台	12	1	400	3	520	8.3	25.0	33.3	43.3
5倍台	3	1	530	1	180	33.3	33.3	176.7	60.0

脚質

	買い目	単勝度数	単勝配当	複勝度数	複勝配当	単勝率	複勝率	単勝回収率	複勝回収率
逃げ	9	3	760	7	910	33.3	77.8	84.4	101.1
先行	72	22	5590	47	6100	30.6	65.3	77.6	84.7
差し	183	73	16750	128	16110	39.9	69.9	91.5	88.0
追込	76	29	6060	51	6140	38.2	67.1	79.7	80.8

馬体重

	買い目	単勝度数	単勝配当	複勝度数	複勝配当	単勝率	複勝率	単勝回収率	複勝回収率
430kg未満	10	2	490	5	630	20.0	50.0	49.0	63.0
430kg台	10	5	1160	6	800	50.0	60.0	116.0	80.0
440kg台	19	9	2610	14	1850	47.4	73.7	137.4	97.4
450kg台	37	20	4320	27	3280	54.1	73.0	116.8	88.6
460kg台	43	18	4150	31	3950	41.9	72.1	96.5	91.9
470kg台	46	14	2670	30	3660	30.4	65.2	58.0	79.6
480kg台	54	18	4120	34	4160	33.3	63.0	76.3	77.0
490kg台	47	16	3530	35	4350	34.0	74.5	75.1	92.6
500kg台	38	15	3870	30	3920	39.5	78.9	101.8	103.2

	買い目	単勝度数	単勝配当	複勝度数	複勝配当	単勝率	複勝率	単勝回収率	複勝回収率
510kg 台	18	6	1200	10	1210	33.3	55.6	66.7	67.2
520kg 以上	18	4	1040	11	1450	22.2	61.1	57.8	80.6

馬体重差

	買い目	単勝度数	単勝配当	複勝度数	複勝配当	単勝率	複勝率	単勝回収率	複勝回収率
−24kg 超	0	0	0	0	0	-	-	-	-
−24kg 以内	0	0	0	0	0	-	-	-	-
−16kg 以内	10	3	820	7	910	30.0	70.0	82.0	91.0
−8kg 以内	114	44	9900	76	9570	38.6	66.7	86.8	83.9
0	63	21	4570	46	5750	33.3	73.0	72.5	91.3
+8kg 以内	128	49	11550	84	10540	38.3	65.6	90.2	82.3
+16kg 以内	24	9	2060	19	2350	37.5	79.2	85.8	97.9
+24kg 以内	1	1	260	1	140	100.0	100.0	260.0	140.0
+24kg 超	0	0	0	0	0	-	-	-	-

レース間隔

	買い目	単勝度数	単勝配当	複勝度数	複勝配当	単勝率	複勝率	単勝回収率	複勝回収率
連投	0	0	0	0	0	-	-	-	-
中 1 週	23	7	1580	12	1580	30.4	52.2	68.7	68.7
中 2 週	83	37	8530	63	7960	44.6	75.9	102.8	95.9
中 3 週	59	20	4300	34	4170	33.9	57.6	72.9	70.7
中 4 週	23	9	1910	19	2400	39.1	82.6	83.0	104.3
中 5 〜 8 週	75	28	6540	55	6840	37.3	73.3	87.2	91.2
中 9 〜 12 週	26	10	2620	20	2520	38.5	76.9	100.8	96.9
中 13 〜 16 週	20	5	1240	13	1640	25.0	65.0	62.0	82.0
中 17 〜 20 週	12	6	1240	8	1040	50.0	66.7	103.3	86.7
中 21 週〜	17	4	950	8	980	23.5	47.1	55.9	57.6

前走競馬場

	買い目	単勝度数	単勝配当	複勝度数	複勝配当	単勝率	複勝率	単勝回収率	複勝回収率
札幌競馬場	13	6	1950	11	1400	46.2	84.6	150.0	107.7
函館競馬場	2	1	330	2	280	50.0	100.0	165.0	140.0
福島競馬場	13	4	780	7	940	30.8	53.8	60.0	72.3
新潟競馬場	17	4	1130	12	1560	23.5	70.6	66.5	91.8
東京競馬場	137	53	11800	95	11790	38.7	69.3	86.1	86.1

	買い目	単勝度数	単勝配当	複勝度数	複勝配当	単勝率	複勝率	単勝回収率	複勝回収率
中山競馬場	86	30	6450	61	7520	34.9	70.9	75.0	87.4
中京競馬場	9	2	460	5	670	22.2	55.6	51.1	74.4
京都競馬場	27	11	2420	17	2150	40.7	63.0	89.6	79.6
阪神競馬場	29	15	3600	19	2440	51.7	65.5	124.1	84.1
小倉競馬場	7	1	240	4	510	14.3	57.1	34.3	72.9

前走芝・ダート

	買い目	単勝度数	単勝配当	複勝度数	複勝配当	単勝率	複勝率	単勝回収率	複勝回収率
芝	340	127	29160	233	29260	37.4	68.5	85.8	86.1
ダート	0	0	0	0	0	-	-	-	-

前走距離差

	買い目	単勝度数	単勝配当	複勝度数	複勝配当	単勝率	複勝率	単勝回収率	複勝回収率
−800m 超	1	1	190	1	110	100.0	100.0	190.0	110.0
−800m 以内	0	0	0	0	0	-	-	-	-
−600m 以内	3	1	340	3	410	33.3	100.0	113.3	136.7
−400m 以内	26	11	2610	18	2360	42.3	69.2	100.4	90.8
−200m 以内	28	10	2480	17	2160	35.7	60.7	88.6	77.1
0	164	56	12840	116	14500	34.1	70.7	78.3	88.4
+200m 以内	100	43	9630	69	8660	43.0	69.0	96.3	86.6
+400m 以内	18	5	1070	9	1060	27.8	50.0	59.4	58.9
+600m 以内	0	0	0	0	0	-	-	-	-
+800m 以内	0	0	0	0	0	-	-	-	-
+800m 超	0	0	0	0	0	-	-	-	-

前走オッズ

	買い目	単勝度数	単勝配当	複勝度数	複勝配当	単勝率	複勝率	単勝回収率	複勝回収率
1 倍台	49	22	4790	40	4800	44.9	81.6	97.8	98.0
2 倍台	66	23	4810	45	5590	34.8	68.2	72.9	84.7
3 倍台	58	23	5260	41	5240	39.7	70.7	90.7	90.3
4 倍台	42	13	3230	28	3650	31.0	66.7	76.9	86.9
5 倍台	31	12	2870	20	2480	38.7	64.5	92.6	80.0
6 倍台	22	10	2420	16	1980	45.5	72.7	110.0	90.0
7 倍台	14	3	900	8	1050	21.4	57.1	64.3	75.0
8 倍台	7	4	1090	4	540	57.1	57.1	155.7	77.1

	買い目	単勝度数	単勝配当	複勝度数	複勝配当	単勝率	複勝率	単勝回収率	複勝回収率
9 倍台	7	1	150	5	610	14.3	71.4	21.4	87.1
10 倍台	2	1	160	1	110	50.0	50.0	80.0	55.0
11 倍台	1	1	340	1	160	100.0	100.0	340.0	160.0
12 倍台	3	1	170	3	360	33.3	100.0	56.7	120.0
13 倍台	5	3	610	4	470	60.0	80.0	122.0	94.0
14 倍台	4	2	400	3	330	50.0	75.0	100.0	82.5
15 倍以上	29	8	1960	14	1890	27.6	48.3	67.6	65.2

前走順位

	買い目	単勝度数	単勝配当	複勝度数	複勝配当	単勝率	複勝率	単勝回収率	複勝回収率
1 位	57	19	4390	39	5030	33.3	68.4	77.0	88.2
2 位	133	49	10840	92	11310	36.8	69.2	81.5	85.0
3 位	68	26	5630	48	5770	38.2	70.6	82.8	84.9
4 位	28	11	2720	19	2370	39.3	67.9	97.1	84.6
5 位	13	3	800	9	1330	23.1	69.2	61.5	102.3
6 位	12	6	1500	9	1230	50.0	75.0	125.0	102.5
7 位	10	5	1100	7	880	50.0	70.0	110.0	88.0
8 位	6	2	520	3	370	33.3	50.0	86.7	61.7
9 位	6	4	1320	4	600	66.7	66.7	220.0	100.0
10 位以降	7	2	340	3	370	28.6	42.9	48.6	52.9

前走上がり順位

	買い目	単勝度数	単勝配当	複勝度数	複勝配当	単勝率	複勝率	単勝回収率	複勝回収率
1 位	122	51	11330	90	10930	41.8	73.8	92.9	89.6
2 位	64	23	5210	47	6000	35.9	73.4	81.4	93.8
3 位	41	13	2630	28	3390	31.7	68.3	64.1	82.7
4 位	34	7	1760	18	2290	20.6	52.9	51.8	67.4
5 位	21	12	3100	15	1940	57.1	71.4	147.6	92.4
6 位	17	7	1640	11	1460	41.2	64.7	96.5	85.9
7 位	15	4	890	8	1030	26.7	53.3	59.3	68.7
8 位	8	4	1230	6	850	50.0	75.0	153.8	106.3
9 位	8	3	880	5	760	37.5	62.5	110.0	95.0
10 位以降	10	3	490	5	610	30.0	50.0	49.0	61.0

5.6　芝 2400m、1 番人気の各種条件下の成績

種別

	買い目	単勝度数	単勝配当	複勝度数	複勝配当	単勝率	複勝率	単勝回収率	複勝回収率
サラ2才	0	0	0	0	0	-	-	-	-
サラ3才	93	33	7790	67	8890	35.5	72.0	83.8	95.6
サラ3上	88	34	7690	62	7770	38.6	70.5	87.4	88.3
サラ4上	79	20	4940	44	5800	25.3	55.7	62.5	73.4
	260	87	20420	173	22460	33.5	66.5	78.5	86.4

牝馬限定

	買い目	単勝度数	単勝配当	複勝度数	複勝配当	単勝率	複勝率	単勝回収率	複勝回収率
○	10	5	1220	8	1150	50.0	80.0	122.0	115.0
×	250	82	19200	165	21310	32.8	66.0	76.8	85.2

重量

	買い目	単勝度数	単勝配当	複勝度数	複勝配当	単勝率	複勝率	単勝回収率	複勝回収率
ハンデ	64	16	3670	37	4850	25.0	57.8	57.3	75.8
別定	3	2	490	2	280	66.7	66.7	163.3	93.3
馬齢	73	25	5790	52	6750	34.2	71.2	79.3	92.5
定量	120	44	10470	82	10580	36.7	68.3	87.3	88.2

条件

	買い目	単勝度数	単勝配当	複勝度数	複勝配当	単勝率	複勝率	単勝回収率	複勝回収率
新馬	0	0	0	0	0	-	-	-	-
未勝利	44	14	3190	30	3830	31.8	68.2	72.5	87.0
1勝クラス	74	28	6210	48	5980	37.8	64.9	83.9	80.8
2勝クラス	66	18	4330	42	5490	27.3	63.6	65.6	83.2
3勝クラス	28	7	1790	16	2110	25.0	57.1	63.9	75.4
オープン	48	20	4900	37	5050	41.7	77.1	102.1	105.2

グレード

	買い目	単勝度数	単勝配当	複勝度数	複勝配当	単勝率	複勝率	単勝回収率	複勝回収率
条件戦	114	43	9680	78	9820	37.7	68.4	84.9	86.1
特別戦	0	0	0	0	0	-	-	-	-

	買い目	単勝度数	単勝配当	複勝度数	複勝配当	単勝率	複勝率	単勝回収率	複勝回収率
リステッド	107	29	7100	64	8390	27.1	59.8	66.4	78.4
G 無し重賞	0	0	0	0	0	-	-	-	-
GIII	0	0	0	0	0	-	-	-	-
GII	10	4	910	9	1250	40.0	90.0	91.0	125.0
GI	29	11	2730	22	3000	37.9	75.9	94.1	103.4

馬場状況

	買い目	単勝度数	単勝配当	複勝度数	複勝配当	単勝率	複勝率	単勝回収率	複勝回収率
良	219	71	16220	142	18070	32.4	64.8	74.1	82.5
稍重	26	8	2000	20	2880	30.8	76.9	76.9	110.8
重	8	4	1060	5	640	50.0	62.5	132.5	80.0
不良	7	4	1140	6	870	57.1	85.7	162.9	124.3

馬齢

	買い目	単勝度数	単勝配当	複勝度数	複勝配当	単勝率	複勝率	単勝回収率	複勝回収率
2 歳	0	0	0	0	0	-	-	-	-
3 歳	137	51	11720	97	12590	37.2	70.8	85.5	91.9
4 歳	71	26	6360	45	5830	36.6	63.4	89.6	82.1
5 歳	45	8	1870	27	3520	17.8	60.0	41.6	78.2
6 歳	6	2	470	4	520	33.3	66.7	78.3	86.7
7 歳〜	1	0	0	0	0	0.0	0.0	0.0	0.0

性別

	買い目	単勝度数	単勝配当	複勝度数	複勝配当	単勝率	複勝率	単勝回収率	複勝回収率
牡馬	217	70	16600	142	18420	32.3	65.4	76.5	84.9
牝馬	35	14	3140	26	3360	40.0	74.3	89.7	96.0
騸馬	8	3	680	5	680	37.5	62.5	85.0	85.0

枠番

	買い目	単勝度数	単勝配当	複勝度数	複勝配当	単勝率	複勝率	単勝回収率	複勝回収率
1 枠	22	13	3020	18	2340	59.1	81.8	137.3	106.4
2 枠	26	8	1840	16	2070	30.8	61.5	70.8	79.6
3 枠	30	10	2400	16	2210	33.3	53.3	80.0	73.7
4 枠	27	9	2380	18	2370	33.3	66.7	88.1	87.8
5 枠	31	9	2160	20	2540	29.0	64.5	69.7	81.9

	買い目	単勝度数	単勝配当	複勝度数	複勝配当	単勝率	複勝率	単勝回収率	複勝回収率
6 枠	41	13	2680	24	3000	31.7	58.5	65.4	73.2
7 枠	43	15	3540	31	4030	34.9	72.1	82.3	93.7
8 枠	40	10	2400	30	3900	25.0	75.0	60.0	97.5

オッズ

	買い目	単勝度数	単勝配当	複勝度数	複勝配当	単勝率	複勝率	単勝回収率	複勝回収率
1 倍台	62	27	4270	46	5080	43.5	74.2	68.9	81.9
2 倍台	116	40	9350	80	10160	34.5	69.0	80.6	87.6
3 倍台	66	15	4770	37	5470	22.7	56.1	72.3	82.9
4 倍台	15	5	2030	9	1540	33.3	60.0	135.3	102.7
5 倍台	1	0	0	1	210	0.0	100.0	0.0	210.0

脚質

	買い目	単勝度数	単勝配当	複勝度数	複勝配当	単勝率	複勝率	単勝回収率	複勝回収率
逃げ	5	2	380	2	240	40.0	40.0	76.0	48.0
先行	52	18	4780	36	4790	34.6	69.2	91.9	92.1
差し	125	35	7740	80	10140	28.0	64.0	61.9	81.1
追込	78	32	7520	55	7290	41.0	70.5	96.4	93.5

馬体重

	買い目	単勝度数	単勝配当	複勝度数	複勝配当	単勝率	複勝率	単勝回収率	複勝回収率
430kg 未満	3	3	560	3	330	100.0	100.0	186.7	110.0
430kg 台	10	3	630	9	1180	30.0	90.0	63.0	118.0
440kg 台	24	8	2100	16	2160	33.3	66.7	87.5	90.0
450kg 台	23	7	1930	15	2020	30.4	65.2	83.9	87.8
460kg 台	38	10	2320	22	2820	26.3	57.9	61.1	74.2
470kg 台	37	12	2850	28	3750	32.4	75.7	77.0	101.4
480kg 台	34	15	3510	25	3260	44.1	73.5	103.2	95.9
490kg 台	29	12	2790	20	2570	41.4	69.0	96.2	88.6
500kg 台	24	7	1420	15	1820	29.2	62.5	59.2	75.8
510kg 台	15	2	410	4	510	13.3	26.7	27.3	34.0
520kg 以上	23	8	1900	16	2040	34.8	69.6	82.6	88.7

馬体重差

	買い目	単勝度数	単勝配当	複勝度数	複勝配当	単勝率	複勝率	単勝回収率	複勝回収率
−24kg 超	0	0	0	0	0	-	-	-	-
−24kg 以内	0	0	0	0	0	-	-	-	-
−16kg 以内	15	4	850	9	1190	26.7	60.0	56.7	79.3
−8kg 以内	103	30	6720	70	9100	29.1	68.0	65.2	88.3
0	49	18	4700	35	4530	36.7	71.4	95.9	92.4
+8kg 以内	80	32	7470	50	6480	40.0	62.5	93.4	81.0
+16kg 以内	11	3	680	7	920	27.3	63.6	61.8	83.6
+24kg 以内	1	0	0	1	120	0.0	100.0	0.0	120.0
+24kg 超	0	0	0	0	0	-	-	-	-

レース間隔

	買い目	単勝度数	単勝配当	複勝度数	複勝配当	単勝率	複勝率	単勝回収率	複勝回収率
連投	0	0	0	0	0	-	-	-	-
中 1 週	21	9	2000	16	2000	42.9	76.2	95.2	95.2
中 2 週	49	14	3490	31	4020	28.6	63.3	71.2	82.0
中 3 週	48	14	3260	28	3560	29.2	58.3	67.9	74.2
中 4 週	19	7	1670	14	1810	36.8	73.7	87.9	95.3
中 5 ～ 8 週	68	28	6500	49	6470	41.2	72.1	95.6	95.1
中 9 ～ 12 週	33	8	1620	19	2420	24.2	57.6	49.1	73.3
中 13 ～ 16 週	11	5	1250	9	1230	45.5	81.8	113.6	111.8
中 17 ～ 20 週	6	1	380	4	580	16.7	66.7	63.3	96.7
中 21 週～	5	1	250	3	370	20.0	60.0	50.0	74.0

前走競馬場

	買い目	単勝度数	単勝配当	複勝度数	複勝配当	単勝率	複勝率	単勝回収率	複勝回収率
札幌競馬場	8	3	630	4	550	37.5	50.0	78.8	68.8
函館競馬場	2	1	200	2	310	50.0	100.0	100.0	155.0
福島競馬場	6	2	610	6	780	33.3	100.0	101.7	130.0
新潟競馬場	16	6	1360	10	1250	37.5	62.5	85.0	78.1
東京競馬場	94	32	7180	66	8420	34.0	70.2	76.4	89.6
中山競馬場	74	20	4710	44	5620	27.0	59.5	63.6	75.9
中京競馬場	8	3	700	6	820	37.5	75.0	87.5	102.5
京都競馬場	16	5	1240	10	1320	31.3	62.5	77.5	82.5
阪神競馬場	33	14	3490	23	3110	42.4	69.7	105.8	94.2
小倉競馬場	3	1	300	2	280	33.3	66.7	100.0	93.3

前走芝・ダート

	買い目	単勝度数	単勝配当	複勝度数	複勝配当	単勝率	複勝率	単勝回収率	複勝回収率
芝	259	87	20420	173	22460	33.6	66.8	78.8	86.7
ダート	1	0	0	0	0	0.0	0.0	0.0	0.0

前走距離差

	買い目	単勝度数	単勝配当	複勝度数	複勝配当	単勝率	複勝率	単勝回収率	複勝回収率
−800m 超	3	1	210	2	250	33.3	66.7	70.0	83.3
−800m 以内	0	0	0	0	0	-	-	-	-
−600m 以内	2	2	330	2	260	100.0	100.0	165.0	130.0
−400m 以内	0	0	0	0	0	-	-	-	-
−200m 以内	21	8	2130	12	1520	38.1	57.1	101.4	72.4
0	76	24	6130	50	6590	31.6	65.8	80.7	86.7
+200m 以内	47	11	2240	31	3850	23.4	66.0	47.7	81.9
+400m 以内	84	32	7640	60	7940	38.1	71.4	91.0	94.5
+600m 以内	20	5	920	10	1250	25.0	50.0	46.0	62.5
+800m 以内	7	4	820	6	800	57.1	85.7	117.1	114.3
+800m 超	0	0	0	0	0	-	-	-	-

前走オッズ

	買い目	単勝度数	単勝配当	複勝度数	複勝配当	単勝率	複勝率	単勝回収率	複勝回収率
1 倍台	40	17	3700	29	3750	42.5	72.5	92.5	93.8
2 倍台	55	21	5030	36	4720	38.2	65.5	91.5	85.8
3 倍台	41	8	1690	28	3660	19.5	68.3	41.2	89.3
4 倍台	16	6	1250	10	1210	37.5	62.5	78.1	75.6
5 倍台	15	5	1320	9	1260	33.3	60.0	88.0	84.0
6 倍台	17	7	1440	12	1480	41.2	70.6	84.7	87.1
7 倍台	10	2	540	5	720	20.0	50.0	54.0	72.0
8 倍台	8	2	610	5	620	25.0	62.5	76.3	77.5
9 倍台	7	2	550	4	540	28.6	57.1	78.6	77.1
10 倍台	6	3	700	5	610	50.0	83.3	116.7	101.7
11 倍台	7	2	640	5	640	28.6	71.4	91.4	91.4
12 倍台	3	0	0	2	230	0.0	66.7	0.0	76.7
13 倍台	2	1	170	2	220	50.0	100.0	85.0	110.0
14 倍台	1	0	0	0	0	0.0	0.0	0.0	0.0
15 倍以上	32	11	2780	21	2800	34.4	65.6	86.9	87.5

前走順位

	買い目	単勝度数	単勝配当	複勝度数	複勝配当	単勝率	複勝率	単勝回収率	複勝回収率
1 位	60	26	6160	45	6130	43.3	75.0	102.7	102.2
2 位	78	26	5830	54	6700	33.3	69.2	74.7	85.9
3 位	48	14	3250	32	4040	29.2	66.7	67.7	84.2
4 位	18	6	1380	12	1510	33.3	66.7	76.7	83.9
5 位	22	5	1290	10	1330	22.7	45.5	58.6	60.5
6 位	13	5	1240	7	970	38.5	53.8	95.4	74.6
7 位	8	1	420	4	530	12.5	50.0	52.5	66.3
8 位	6	2	300	3	390	33.3	50.0	50.0	65.0
9 位	3	1	250	2	310	33.3	66.7	83.3	103.3
10 位以降	4	1	300	4	550	25.0	100.0	75.0	137.5

前走上がり順位

	買い目	単勝度数	単勝配当	複勝度数	複勝配当	単勝率	複勝率	単勝回収率	複勝回収率
1 位	83	33	7220	61	7710	39.8	73.5	87.0	92.9
2 位	40	12	3200	26	3510	30.0	65.0	80.0	87.8
3 位	44	12	2930	29	3630	27.3	65.9	66.6	82.5
4 位	29	11	2670	20	2700	37.9	69.0	92.1	93.1
5 位	16	6	1240	10	1360	37.5	62.5	77.5	85.0
6 位	17	4	1000	11	1460	23.5	64.7	58.8	85.9
7 位	10	3	730	3	400	30.0	30.0	73.0	40.0
8 位	8	2	500	3	370	25.0	37.5	62.5	46.3
9 位	7	2	580	5	660	28.6	71.4	82.9	94.3
10 位以降	6	2	350	5	660	33.3	83.3	58.3	110.0

5.7 ダート 1300m、1 番人気の各種条件下の成績

種別

	買い目	単勝度数	単勝配当	複勝度数	複勝配当	単勝率	複勝率	単勝回収率	複勝回収率
サラ2才	31	11	2580	23	2890	35.5	74.2	83.2	93.2
サラ3才	119	39	9240	83	10390	32.8	69.7	77.6	87.3
サラ3上	80	20	5890	47	6400	25.0	58.8	73.6	80.0
サラ4上	42	10	2850	23	3390	23.8	54.8	67.9	80.7
	272	80	20560	176	23070	29.4	64.7	75.6	84.8

牝馬限定

	買い目	単勝度数	単勝配当	複勝度数	複勝配当	単勝率	複勝率	単勝回収率	複勝回収率
○	15	6	1660	10	1250	40.0	66.7	110.7	83.3
×	257	74	18900	166	21820	28.8	64.6	73.5	84.9

重量

	買い目	単勝度数	単勝配当	複勝度数	複勝配当	単勝率	複勝率	単勝回収率	複勝回収率
ハンデ	0	0	0	0	0	-	-	-	-
別定	0	0	0	0	0	-	-	-	-
馬齢	150	50	11820	106	13280	33.3	70.7	78.8	88.5
定量	122	30	8740	70	9790	24.6	57.4	71.6	80.2

条件

	買い目	単勝度数	単勝配当	複勝度数	複勝配当	単勝率	複勝率	単勝回収率	複勝回収率
新馬	0	0	0	0	0	-	-	-	-
未勝利	147	49	11590	103	12890	33.3	70.1	78.8	87.7
1勝クラス	83	23	6460	44	6050	27.7	53.0	77.8	72.9
2勝クラス	42	8	2510	29	4130	19.0	69.0	59.8	98.3
3勝クラス	0	0	0	0	0	-	-	-	-
オープン	0	0	0	0	0	-	-	-	-

グレード

	買い目	単勝度数	単勝配当	複勝度数	複勝配当	単勝率	複勝率	単勝回収率	複勝回収率
条件戦	267	78	19870	173	22550	29.2	64.8	74.4	84.5
特別戦	0	0	0	0	0	-	-	-	-

	買い目	単勝度数	単勝配当	複勝度数	複勝配当	単勝率	複勝率	単勝回収率	複勝回収率
リステッド	5	2	690	3	520	40.0	60.0	138.0	104.0
G 無し重賞	0	0	0	0	0	-	-	-	-
GIII	0	0	0	0	0	-	-	-	-
GII	0	0	0	0	0	-	-	-	-
GI	0	0	0	0	0	-	-	-	-

馬場状況

	買い目	単勝度数	単勝配当	複勝度数	複勝配当	単勝率	複勝率	単勝回収率	複勝回収率
良	184	54	13520	122	15800	29.3	66.3	73.5	85.9
稍重	35	13	3650	22	3070	37.1	62.9	104.3	87.7
重	36	10	2470	24	3090	27.8	66.7	68.6	85.8
不良	17	3	920	8	1110	17.6	47.1	54.1	65.3

馬齢

	買い目	単勝度数	単勝配当	複勝度数	複勝配当	単勝率	複勝率	単勝回収率	複勝回収率
2 歳	31	11	2580	23	2890	35.5	74.2	83.2	93.2
3 歳	154	48	11980	99	12630	31.2	64.3	77.8	82.0
4 歳	61	14	3710	40	5500	23.0	65.6	60.8	90.2
5 歳	23	6	1950	12	1770	26.1	52.2	84.8	77.0
6 歳	3	1	340	2	280	33.3	66.7	113.3	93.3
7 歳〜	0	0	0	0	0	-	-	-	-

性別

	買い目	単勝度数	単勝配当	複勝度数	複勝配当	単勝率	複勝率	単勝回収率	複勝回収率
牡馬	196	57	14610	126	16500	29.1	64.3	74.5	84.2
牝馬	61	18	4560	40	5180	29.5	65.6	74.8	84.9
騸馬	15	5	1390	10	1390	33.3	66.7	92.7	92.7

枠番

	買い目	単勝度数	単勝配当	複勝度数	複勝配当	単勝率	複勝率	単勝回収率	複勝回収率
1 枠	30	7	1770	17	2310	23.3	56.7	59.0	77.0
2 枠	28	9	1880	21	2660	32.1	75.0	67.1	95.0
3 枠	34	9	2220	26	3300	26.5	76.5	65.3	97.1
4 枠	34	8	2210	20	2570	23.5	58.8	65.0	75.6
5 枠	37	12	3300	25	3390	32.4	67.6	89.2	91.6

	買い目	単勝度数	単勝配当	複勝度数	複勝配当	単勝率	複勝率	単勝回収率	複勝回収率
6 枠	35	12	3190	25	3380	34.3	71.4	91.1	96.6
7 枠	37	12	3170	18	2390	32.4	48.6	85.7	64.6
8 枠	37	11	2820	24	3070	29.7	64.9	76.2	83.0

オッズ

	買い目	単勝度数	単勝配当	複勝度数	複勝配当	単勝率	複勝率	単勝回収率	複勝回収率
1 倍台	50	19	3050	39	4310	38.0	78.0	61.0	86.2
2 倍台	122	32	7750	79	10010	26.2	64.8	63.5	82.0
3 倍台	87	27	8900	53	7930	31.0	60.9	102.3	91.1
4 倍台	11	2	860	5	820	18.2	45.5	78.2	74.5
5 倍台	2	0	0	0	0	0.0	0.0	0.0	0.0

脚質

	買い目	単勝度数	単勝配当	複勝度数	複勝配当	単勝率	複勝率	単勝回収率	複勝回収率
逃げ	25	9	2190	18	2360	36.0	72.0	87.6	94.4
先行	88	23	5790	58	7560	26.1	65.9	65.8	85.9
差し	122	38	9820	77	10040	31.1	63.1	80.5	82.3
追込	37	10	2760	23	3110	27.0	62.2	74.6	84.1

馬体重

	買い目	単勝度数	単勝配当	複勝度数	複勝配当	単勝率	複勝率	単勝回収率	複勝回収率
430kg 未満	3	0	0	1	130	0.0	33.3	0.0	43.3
430kg 台	7	1	310	5	700	14.3	71.4	44.3	100.0
440kg 台	12	4	880	5	630	33.3	41.7	73.3	52.5
450kg 台	29	12	3000	20	2540	41.4	69.0	103.4	87.6
460kg 台	28	8	2360	17	2300	28.6	60.7	84.3	82.1
470kg 台	53	22	5410	39	4870	41.5	73.6	102.1	91.9
480kg 台	36	6	1510	18	2380	16.7	50.0	41.9	66.1
490kg 台	36	7	1680	22	2950	19.4	61.1	46.7	81.9
500kg 台	22	6	1770	17	2230	27.3	77.3	80.5	101.4
510kg 台	23	6	1770	18	2450	26.1	78.3	77.0	106.5
520kg 以上	23	8	1870	14	1890	34.8	60.9	81.3	82.2

馬体重差

	買い目	単勝度数	単勝配当	複勝度数	複勝配当	単勝率	複勝率	単勝回収率	複勝回収率
−24kg 超	0	0	0	0	0	-	-	-	-
−24kg 以内	0	0	0	0	0	-	-	-	-
−16kg 以内	5	0	0	4	640	0.0	80.0	0.0	128.0
−8kg 以内	103	31	8320	70	9010	30.1	68.0	80.8	87.5
0	50	16	3720	27	3500	32.0	54.0	74.4	70.0
+8kg 以内	106	31	8120	72	9540	29.2	67.9	76.6	90.0
+16kg 以内	6	1	230	2	270	16.7	33.3	38.3	45.0
+24kg 以内	2	1	170	1	110	50.0	50.0	85.0	55.0
+24kg 超	0	0	0	0	0	-	-	-	-

レース間隔

	買い目	単勝度数	単勝配当	複勝度数	複勝配当	単勝率	複勝率	単勝回収率	複勝回収率
連投	0	0	0	0	0	-	-	-	-
中 1 週	46	9	2350	25	3200	19.6	54.3	51.1	69.6
中 2 週	102	40	10680	72	9480	39.2	70.6	104.7	92.9
中 3 週	57	14	3250	38	4850	24.6	66.7	57.0	85.1
中 4 週	6	2	500	4	530	33.3	66.7	83.3	88.3
中 5 ～ 8 週	24	6	1340	11	1460	25.0	45.8	55.8	60.8
中 9 ～ 12 週	12	3	650	11	1480	25.0	91.7	54.2	123.3
中 13 ～ 16 週	5	1	370	3	450	20.0	60.0	74.0	90.0
中 17 ～ 20 週	5	0	0	3	350	0.0	60.0	0.0	70.0
中 21 週～	11	3	820	6	890	27.3	54.5	74.5	80.9

前走競馬場

	買い目	単勝度数	単勝配当	複勝度数	複勝配当	単勝率	複勝率	単勝回収率	複勝回収率
札幌競馬場	0	0	0	0	0	-	-	-	-
函館競馬場	0	0	0	0	0	-	-	-	-
福島競馬場	6	3	710	4	530	50.0	66.7	118.3	88.3
新潟競馬場	24	5	1320	14	1980	20.8	58.3	55.0	82.5
東京競馬場	115	35	9590	78	10090	30.4	67.8	83.4	87.7
中山競馬場	95	31	7320	59	7650	32.6	62.1	77.1	80.5
中京競馬場	5	1	260	3	410	20.0	60.0	52.0	82.0
京都競馬場	12	3	760	9	1230	25.0	75.0	63.3	102.5
阪神競馬場	15	2	600	9	1180	13.3	60.0	40.0	78.7
小倉競馬場	0	0	0	0	0	-	-	-	-

前走芝・ダート

	買い目	単勝度数	単勝配当	複勝度数	複勝配当	単勝率	複勝率	単勝回収率	複勝回収率
芝	10	3	630	6	830	30.0	60.0	63.0	83.0
ダート	262	77	19930	170	22240	29.4	64.9	76.1	84.9

前走距離差

	買い目	単勝度数	単勝配当	複勝度数	複勝配当	単勝率	複勝率	単勝回収率	複勝回収率
−800m 超	0	0	0	0	0	-	-	-	-
−800m 以内	1	0	0	0	0	0.0	0.0	0.0	0.0
−600m 以内	2	1	240	2	320	50.0	100.0	120.0	160.0
−400m 以内	10	3	920	6	870	30.0	60.0	92.0	87.0
−200m 以内	62	20	5080	45	5800	32.3	72.6	81.9	93.5
0	59	15	4350	38	4870	25.4	64.4	73.7	82.5
+200m 以内	138	41	9970	85	11210	29.7	61.6	72.2	81.2
+400m 以内	0	0	0	0	0	-	-	-	-
+600m 以内	0	0	0	0	0	-	-	-	-
+800m 以内	0	0	0	0	0	-	-	-	-
+800m 超	0	0	0	0	0	-	-	-	-

前走オッズ

	買い目	単勝度数	単勝配当	複勝度数	複勝配当	単勝率	複勝率	単勝回収率	複勝回収率
1 倍台	27	10	2190	21	2610	37.0	77.8	81.1	96.7
2 倍台	46	14	3280	31	3920	30.4	67.4	71.3	85.2
3 倍台	45	16	4330	29	3720	35.6	64.4	96.2	82.7
4 倍台	29	4	1000	17	2220	13.8	58.6	34.5	76.6
5 倍台	27	11	2930	18	2420	40.7	66.7	108.5	89.6
6 倍台	21	7	1720	12	1520	33.3	57.1	81.9	72.4
7 倍台	11	1	460	6	830	9.1	54.5	41.8	75.5
8 倍台	9	2	580	6	850	22.2	66.7	64.4	94.4
9 倍台	5	2	440	3	360	40.0	60.0	88.0	72.0
10 倍台	11	1	400	6	940	9.1	54.5	36.4	85.5
11 倍台	3	0	0	3	410	0.0	100.0	0.0	136.7
12 倍台	4	2	500	3	360	50.0	75.0	125.0	90.0
13 倍台	9	3	640	7	960	33.3	77.8	71.1	106.7
14 倍台	1	0	0	1	130	0.0	100.0	0.0	130.0
15 倍以上	24	7	2090	13	1820	29.2	54.2	87.1	75.8

前走順位

	買い目	単勝度数	単勝配当	複勝度数	複勝配当	単勝率	複勝率	単勝回収率	複勝回収率
1 位	13	0	0	4	530	0.0	30.8	0.0	40.8
2 位	137	43	10070	91	11420	31.4	66.4	73.5	83.4
3 位	53	18	4940	35	4410	34.0	66.0	93.2	83.2
4 位	28	8	2200	19	2600	28.6	67.9	78.6	92.9
5 位	17	3	1060	9	1410	17.6	52.9	62.4	82.9
6 位	7	3	920	6	880	42.9	85.7	131.4	125.7
7 位	7	3	850	6	950	42.9	85.7	121.4	135.7
8 位	5	2	520	3	430	40.0	60.0	104.0	86.0
9 位	1	0	0	0	0	0.0	0.0	0.0	0.0
10 位以降	4	0	0	3	440	0.0	75.0	0.0	110.0

前走上がり順位

	買い目	単勝度数	単勝配当	複勝度数	複勝配当	単勝率	複勝率	単勝回収率	複勝回収率
1 位	55	19	4540	37	4630	34.5	67.3	82.5	84.2
2 位	40	9	1900	29	3670	22.5	72.5	47.5	91.8
3 位	38	7	1480	19	2420	18.4	50.0	38.9	63.7
4 位	35	12	3270	18	2380	34.3	51.4	93.4	68.0
5 位	23	5	1370	15	2100	21.7	65.2	59.6	91.3
6 位	26	6	1690	18	2320	23.1	69.2	65.0	89.2
7 位	14	6	1880	11	1450	42.9	78.6	134.3	103.6
8 位	16	7	1930	12	1660	43.8	75.0	120.6	103.8
9 位	6	3	820	4	560	50.0	66.7	136.7	93.3
10 位以降	19	6	1680	13	1880	31.6	68.4	88.4	98.9

5.8 ダート1400m、1番人気の各種条件下の成績

種別

	買い目	単勝度数	単勝配当	複勝度数	複勝配当	単勝率	複勝率	単勝回収率	複勝回収率
サラ2才	109	45	8940	80	9480	41.3	73.4	82.0	87.0
サラ3才	292	98	22570	202	25580	33.6	69.2	77.3	87.6
サラ3上	245	79	19730	149	20430	32.2	60.8	80.5	83.4
サラ4上	182	49	13680	111	15780	26.9	61.0	75.2	86.7
	828	271	64920	542	71270	32.7	65.5	78.4	86.1

牝馬限定

	買い目	単勝度数	単勝配当	複勝度数	複勝配当	単勝率	複勝率	単勝回収率	複勝回収率
○	166	52	12380	100	12790	31.3	60.2	74.6	77.0
×	662	219	52540	442	58480	33.1	66.8	79.4	88.3

重量

	買い目	単勝度数	単勝配当	複勝度数	複勝配当	単勝率	複勝率	単勝回収率	複勝回収率
ハンデ	29	9	2760	16	2530	31.0	55.2	95.2	87.2
別定	34	10	2450	19	2560	29.4	55.9	72.1	75.3
馬齢	401	143	31510	282	35060	35.7	70.3	78.6	87.4
定量	364	109	28200	225	31120	29.9	61.8	77.5	85.5

条件

	買い目	単勝度数	単勝配当	複勝度数	複勝配当	単勝率	複勝率	単勝回収率	複勝回収率
新馬	0	0	0	0	0	-	-	-	-
未勝利	325	108	23270	226	28070	33.2	69.5	71.6	86.4
1勝クラス	270	91	21930	170	22450	33.7	63.0	81.2	83.1
2勝クラス	121	37	10700	77	11080	30.6	63.6	88.4	91.6
3勝クラス	68	24	6410	47	6680	35.3	69.1	94.3	98.2
オープン	44	11	2610	22	2990	25.0	50.0	59.3	68.0

グレード

	買い目	単勝度数	単勝配当	複勝度数	複勝配当	単勝率	複勝率	単勝回収率	複勝回収率
条件戦	651	212	49060	427	55040	32.6	65.6	75.4	84.5
特別戦	1	0	0	0	0	0.0	0.0	0.0	0.0

	買い目	単勝度数	単勝配当	複勝度数	複勝配当	単勝率	複勝率	単勝回収率	複勝回収率
リステッド	166	56	15000	109	15420	33.7	65.7	90.4	92.9
G 無し重賞	0	0	0	0	0	-	-	-	-
GIII	10	3	860	6	810	30.0	60.0	86.0	81.0
GII	0	0	0	0	0	-	-	-	-
GI	0	0	0	0	0	-	-	-	-

馬場状況

	買い目	単勝度数	単勝配当	複勝度数	複勝配当	単勝率	複勝率	単勝回収率	複勝回収率
良	532	182	43510	347	45410	34.2	65.2	81.8	85.4
稍重	145	49	11570	99	13000	33.8	68.3	79.8	89.7
重	90	26	6540	62	8360	28.9	68.9	72.7	92.9
不良	61	14	3300	34	4500	23.0	55.7	54.1	73.8

馬齢

	買い目	単勝度数	単勝配当	複勝度数	複勝配当	単勝率	複勝率	単勝回収率	複勝回収率
2 歳	109	45	8940	80	9480	41.3	73.4	82.0	87.0
3 歳	376	123	29060	253	32890	32.7	67.3	77.3	87.5
4 歳	226	68	16660	138	18670	30.1	61.1	73.7	82.6
5 歳	94	28	8210	59	8480	29.8	62.8	87.3	90.2
6 歳	20	7	2050	10	1420	35.0	50.0	102.5	71.0
7 歳〜	3	0	0	2	330	0.0	66.7	0.0	110.0

性別

	買い目	単勝度数	単勝配当	複勝度数	複勝配当	単勝率	複勝率	単勝回収率	複勝回収率
牡馬	533	182	43430	359	47390	34.1	67.4	81.5	88.9
牝馬	266	83	19840	167	21630	31.2	62.8	74.6	81.3
騸馬	29	6	1650	16	2250	20.7	55.2	56.9	77.6

枠番

	買い目	単勝度数	単勝配当	複勝度数	複勝配当	単勝率	複勝率	単勝回収率	複勝回収率
1 枠	97	32	7080	62	7950	33.0	63.9	73.0	82.0
2 枠	99	37	8840	64	8180	37.4	64.6	89.3	82.6
3 枠	111	33	7980	70	9310	29.7	63.1	71.9	83.9
4 枠	110	27	6570	76	9820	24.5	69.1	59.7	89.3
5 枠	105	39	9420	70	9060	37.1	66.7	89.7	86.3

	買い目	単勝度数	単勝配当	複勝度数	複勝配当	単勝率	複勝率	単勝回収率	複勝回収率
6 枠	111	35	7990	66	8670	31.5	59.5	72.0	78.1
7 枠	98	33	8290	64	8820	33.7	65.3	84.6	90.0
8 枠	97	35	8750	70	9460	36.1	72.2	90.2	97.5

オッズ

	買い目	単勝度数	単勝配当	複勝度数	複勝配当	単勝率	複勝率	単勝回収率	複勝回収率
1 倍台	201	100	16220	168	18730	49.8	83.6	80.7	93.2
2 倍台	345	106	25900	217	27800	30.7	62.9	75.1	80.6
3 倍台	206	54	17970	122	18570	26.2	59.2	87.2	90.1
4 倍台	73	11	4830	34	6000	15.1	46.6	66.2	82.2
5 倍台	3	0	0	1	170	0.0	33.3	0.0	56.7

脚質

	買い目	単勝度数	単勝配当	複勝度数	複勝配当	単勝率	複勝率	単勝回収率	複勝回収率
逃げ	83	26	6070	52	6960	31.3	62.7	73.1	83.9
先行	295	114	26460	201	26560	38.6	68.1	89.7	90.0
差し	317	97	23610	213	27740	30.6	67.2	74.5	87.5
追込	133	34	8780	76	10010	25.6	57.1	66.0	75.3

馬体重

	買い目	単勝度数	単勝配当	複勝度数	複勝配当	単勝率	複勝率	単勝回収率	複勝回収率
430kg 未満	15	4	910	10	1340	26.7	66.7	60.7	89.3
430kg 台	20	4	1030	10	1320	20.0	50.0	51.5	66.0
440kg 台	33	11	2300	21	2560	33.3	63.6	69.7	77.6
450kg 台	76	20	4550	49	6340	26.3	64.5	59.9	83.4
460kg 台	88	31	8010	57	7390	35.2	64.8	91.0	84.0
470kg 台	127	39	9110	78	9990	30.7	61.4	71.7	78.7
480kg 台	122	42	9870	82	10830	34.4	67.2	80.9	88.8
490kg 台	94	31	7300	58	7720	33.0	61.7	77.7	82.1
500kg 台	101	33	8340	75	9980	32.7	74.3	82.6	98.8
510kg 台	57	20	5080	42	5740	35.1	73.7	89.1	100.7
520kg 以上	95	36	8420	60	8060	37.9	63.2	88.6	84.8

馬体重差

	買い目	単勝度数	単勝配当	複勝度数	複勝配当	単勝率	複勝率	単勝回収率	複勝回収率
−24kg 超	0	0	0	0	0	-	-	-	-
−24kg 以内	1	0	0	1	270	0.0	100.0	0.0	270.0
−16kg 以内	24	7	1990	17	2400	29.2	70.8	82.9	100.0
−8kg 以内	297	88	21150	187	24250	29.6	63.0	71.2	81.6
0	153	49	11240	100	12870	32.0	65.4	73.5	84.1
+8kg 以内	308	106	25490	207	27410	34.4	67.2	82.8	89.0
+16kg 以内	41	19	4380	28	3740	46.3	68.3	106.8	91.2
+24kg 以内	3	1	320	1	150	33.3	33.3	106.7	50.0
+24kg 超	1	1	350	1	180	100.0	100.0	350.0	180.0

レース間隔

	買い目	単勝度数	単勝配当	複勝度数	複勝配当	単勝率	複勝率	単勝回収率	複勝回収率
連投	0	0	0	0	0	-	-	-	-
中 1 週	148	49	11580	94	12080	33.1	63.5	78.2	81.6
中 2 週	247	89	20570	174	21800	36.0	70.4	83.3	88.3
中 3 週	131	32	7620	88	11540	24.4	67.2	58.2	88.1
中 4 週	29	9	2030	15	2000	31.0	51.7	70.0	69.0
中 5 ～ 8 週	112	38	9360	76	10340	33.9	67.9	83.6	92.3
中 9 ～ 12 週	63	23	6340	38	5240	36.5	60.3	100.6	83.2
中 13 ～ 16 週	42	14	3360	23	3440	33.3	54.8	80.0	81.9
中 17 ～ 20 週	22	8	1970	14	2040	36.4	63.6	89.5	92.7
中 21 週～	19	6	1520	11	1660	31.6	57.9	80.0	87.4

前走競馬場

	買い目	単勝度数	単勝配当	複勝度数	複勝配当	単勝率	複勝率	単勝回収率	複勝回収率
札幌競馬場	6	3	540	4	490	50.0	66.7	90.0	81.7
函館競馬場	2	0	0	1	130	0.0	50.0	0.0	65.0
福島競馬場	10	3	760	5	660	30.0	50.0	76.0	66.0
新潟競馬場	41	12	2560	24	3130	29.3	58.5	62.4	76.3
東京競馬場	461	167	40160	315	40910	36.2	68.3	87.1	88.7
中山競馬場	161	35	7920	98	13090	21.7	60.9	49.2	81.3
中京競馬場	32	11	2420	24	3000	34.4	75.0	75.6	93.8
京都競馬場	49	19	4600	31	4270	38.8	63.3	93.9	87.1
阪神競馬場	65	21	5960	40	5590	32.3	61.5	91.7	86.0
小倉競馬場	1	0	0	0	0	0.0	0.0	0.0	0.0

前走芝・ダート

	買い目	単勝度数	単勝配当	複勝度数	複勝配当	単勝率	複勝率	単勝回収率	複勝回収率
芝	62	15	3120	38	5070	24.2	61.3	50.3	81.8
ダート	766	256	61800	504	66200	33.4	65.8	80.7	86.4

前走距離差

	買い目	単勝度数	単勝配当	複勝度数	複勝配当	単勝率	複勝率	単勝回収率	複勝回収率
−800m 超	0	0	0	0	0	-	-	-	-
−800m 以内	0	0	0	0	0	-	-	-	-
−600m 以内	2	1	230	2	330	50.0	100.0	115.0	165.0
−400m 以内	63	20	4910	40	5370	31.7	63.5	77.9	85.2
−200m 以内	116	46	11030	79	10450	39.7	68.1	95.1	90.1
0	432	139	33670	288	37390	32.2	66.7	77.9	86.6
+200m 以内	213	65	15080	133	17730	30.5	62.4	70.8	83.2
+400m 以内	2	0	0	0	0	0.0	0.0	0.0	0.0
+600m 以内	0	0	0	0	0	-	-	-	-
+800m 以内	0	0	0	0	0	-	-	-	-
+800m 超	0	0	0	0	0	-	-	-	-

前走オッズ

	買い目	単勝度数	単勝配当	複勝度数	複勝配当	単勝率	複勝率	単勝回収率	複勝回収率
1 倍台	90	38	7720	63	7860	42.2	70.0	85.8	87.3
2 倍台	145	49	11240	103	13010	33.8	71.0	77.5	89.7
3 倍台	130	42	10200	87	11530	32.3	66.9	78.5	88.7
4 倍台	108	33	8150	69	8850	30.6	63.9	75.5	81.9
5 倍台	65	25	6210	46	6210	38.5	70.8	95.5	95.5
6 倍台	51	16	3840	29	3960	31.4	56.9	75.3	77.6
7 倍台	41	10	2390	26	3410	24.4	63.4	58.3	83.2
8 倍台	29	9	2380	21	2870	31.0	72.4	82.1	99.0
9 倍台	18	5	1340	12	1590	27.8	66.7	74.4	88.3
10 倍台	15	4	980	9	1230	26.7	60.0	65.3	82.0
11 倍台	16	3	910	10	1430	18.8	62.5	56.9	89.4
12 倍台	16	3	910	10	1420	18.8	62.5	56.9	88.8
13 倍台	12	2	610	7	1070	16.7	58.3	50.8	89.2
14 倍台	11	1	190	5	670	9.1	45.5	17.3	60.9
15 倍以上	81	31	7850	45	6160	38.3	55.6	96.9	76.0

前走順位

	買い目	単勝度数	単勝配当	複勝度数	複勝配当	単勝率	複勝率	単勝回収率	複勝回収率
1 位	94	31	7500	60	8130	33.0	63.8	79.8	86.5
2 位	341	122	26780	226	28030	35.8	66.3	78.5	82.2
3 位	165	55	13000	110	14380	33.3	66.7	78.8	87.2
4 位	94	25	6380	60	8030	26.6	63.8	67.9	85.4
5 位	51	13	3410	32	4400	25.5	62.7	66.9	86.3
6 位	28	8	2510	16	2300	28.6	57.1	89.6	82.1
7 位	15	7	2220	11	1680	46.7	73.3	148.0	112.0
8 位	12	3	970	5	780	25.0	41.7	80.8	65.0
9 位	3	2	580	3	470	66.7	100.0	193.3	156.7
10 位以降	25	5	1570	19	3070	20.0	76.0	62.8	122.8

前走上がり順位

	買い目	単勝度数	単勝配当	複勝度数	複勝配当	単勝率	複勝率	単勝回収率	複勝回収率
1 位	175	65	14850	121	15390	37.1	69.1	84.9	87.9
2 位	132	44	10140	85	11020	33.3	64.4	76.8	83.5
3 位	103	35	7870	70	8980	34.0	68.0	76.4	87.2
4 位	103	31	7540	70	8960	30.1	68.0	73.2	87.0
5 位	81	26	5700	52	6690	32.1	64.2	70.4	82.6
6 位	63	21	5360	40	5320	33.3	63.5	85.1	84.4
7 位	53	18	4600	32	4410	34.0	60.4	86.8	83.2
8 位	30	8	2040	17	2310	26.7	56.7	68.0	77.0
9 位	18	4	970	12	1710	22.2	66.7	53.9	95.0
10 位以降	70	19	5850	43	6480	27.1	61.4	83.6	92.6

5.9 ダート1600m、1番人気の各種条件下の成績

種別

	買い目	単勝度数	単勝配当	複勝度数	複勝配当	単勝率	複勝率	単勝回収率	複勝回収率
サラ2才	118	49	10360	89	10960	41.5	75.4	87.8	92.9
サラ3才	378	139	33260	263	33970	36.8	69.6	88.0	89.9
サラ3上	278	104	24280	184	23850	37.4	66.2	87.3	85.8
サラ4上	195	47	11730	118	16000	24.1	60.5	60.2	82.1
	969	339	79630	654	84780	35.0	67.5	82.2	87.5

牝馬限定

	買い目	単勝度数	単勝配当	複勝度数	複勝配当	単勝率	複勝率	単勝回収率	複勝回収率
○	202	57	15430	123	16510	28.2	60.9	76.4	81.7
×	767	282	64200	531	68270	36.8	69.2	83.7	89.0

重量

	買い目	単勝度数	単勝配当	複勝度数	複勝配当	単勝率	複勝率	単勝回収率	複勝回収率
ハンデ	38	10	2460	24	3290	26.3	63.2	64.7	86.6
別定	45	11	2710	29	3840	24.4	64.4	60.2	85.3
馬齢	470	181	42010	333	42440	38.5	70.9	89.4	90.3
定量	416	137	32450	268	35210	32.9	64.4	78.0	84.6

条件

	買い目	単勝度数	単勝配当	複勝度数	複勝配当	単勝率	複勝率	単勝回収率	複勝回収率
新馬	0	0	0	0	0	-	-	-	-
未勝利	376	150	35480	268	34080	39.9	71.3	94.4	90.6
1勝クラス	336	112	25330	221	28400	33.3	65.8	75.4	84.5
2勝クラス	135	40	9660	86	11850	29.6	63.7	71.6	87.8
3勝クラス	57	19	4730	35	4620	33.3	61.4	83.0	81.1
オープン	65	18	4430	44	5830	27.7	67.7	68.2	89.7

グレード

	買い目	単勝度数	単勝配当	複勝度数	複勝配当	単勝率	複勝率	単勝回収率	複勝回収率
条件戦	780	280	65500	529	68270	35.9	67.8	84.0	87.5
特別戦	2	0	0	1	120	0.0	50.0	0.0	60.0
リステッド	156	48	11320	103	13640	30.8	66.0	72.6	87.4
G 無し重賞	0	0	0	0	0	-	-	-	-
GIII	20	6	1660	12	1570	30.0	60.0	83.0	78.5
GII	0	0	0	0	0	-	-	-	-
GI	11	5	1150	9	1180	45.5	81.8	104.5	107.3

馬場状況

	買い目	単勝度数	単勝配当	複勝度数	複勝配当	単勝率	複勝率	単勝回収率	複勝回収率
良	630	231	54300	426	55400	36.7	67.6	86.2	87.9
稍重	158	56	12990	109	14110	35.4	69.0	82.2	89.3
重	111	30	6940	69	8830	27.0	62.2	62.5	79.5
不良	70	22	5400	50	6440	31.4	71.4	77.1	92.0

馬齢

	買い目	単勝度数	単勝配当	複勝度数	複勝配当	単勝率	複勝率	単勝回収率	複勝回収率
2 歳	118	49	10360	89	10960	41.5	75.4	87.8	92.9
3 歳	492	178	42040	334	43350	36.2	67.9	85.4	88.1
4 歳	258	82	19060	170	22110	31.8	65.9	73.9	85.7
5 歳	89	28	7510	54	7280	31.5	60.7	84.4	81.8
6 歳	11	2	660	7	1080	18.2	63.6	60.0	98.2
7 歳～	1	0	0	0	0	0.0	0.0	0.0	0.0

性別

	買い目	単勝度数	単勝配当	複勝度数	複勝配当	単勝率	複勝率	単勝回収率	複勝回収率
牡馬	697	264	59640	490	62720	37.9	70.3	85.6	90.0
牝馬	248	67	17500	150	19990	27.0	60.5	70.6	80.6
騙馬	24	8	2490	14	2070	33.3	58.3	103.8	86.3

枠番

	買い目	単勝度数	単勝配当	複勝度数	複勝配当	単勝率	複勝率	単勝回収率	複勝回収率
1 枠	77	23	5470	44	6100	29.9	57.1	71.0	79.2
2 枠	114	44	10740	78	10180	38.6	68.4	94.2	89.3
3 枠	130	43	10470	82	10860	33.1	63.1	80.5	83.5

	買い目	単勝度数	単勝配当	複勝度数	複勝配当	単勝率	複勝率	単勝回収率	複勝回収率
4 枠	130	55	12670	100	12770	42.3	76.9	97.5	98.2
5 枠	104	39	9330	72	9440	37.5	69.2	89.7	90.8
6 枠	130	40	8830	83	10390	30.8	63.8	67.9	79.9
7 枠	137	45	10660	97	12590	32.8	70.8	77.8	91.9
8 枠	147	50	11460	98	12450	34.0	66.7	78.0	84.7

オッズ

	買い目	単勝度数	単勝配当	複勝度数	複勝配当	単勝率	複勝率	単勝回収率	複勝回収率
1 倍台	233	120	19100	195	21530	51.5	83.7	82.0	92.4
2 倍台	410	143	34320	285	36460	34.9	69.5	83.7	88.9
3 倍台	264	67	22330	149	22510	25.4	56.4	84.6	85.3
4 倍台	60	9	3880	25	4280	15.0	41.7	64.7	71.3
5 倍台	2	0	0	0	0	0.0	0.0	0.0	0.0

脚質

	買い目	単勝度数	単勝配当	複勝度数	複勝配当	単勝率	複勝率	単勝回収率	複勝回収率
逃げ	91	44	9170	62	7810	48.4	68.1	100.8	85.8
先行	359	118	28030	242	31290	32.9	67.4	78.1	87.2
差し	349	116	27690	236	30770	33.2	67.6	79.3	88.2
追込	170	61	14740	114	14910	35.9	67.1	86.7	87.7

馬体重

	買い目	単勝度数	単勝配当	複勝度数	複勝配当	単勝率	複勝率	単勝回収率	複勝回収率
430kg 未満	10	3	660	7	920	30.0	70.0	66.0	92.0
430kg 台	21	5	1310	13	1850	23.8	61.9	62.4	88.1
440kg 台	42	10	2530	24	3130	23.8	57.1	60.2	74.5
450kg 台	67	19	5260	40	5530	28.4	59.7	78.5	82.5
460kg 台	96	28	7310	61	8020	29.2	63.5	76.1	83.5
470kg 台	128	46	10760	89	11580	35.9	69.5	84.1	90.5
480kg 台	154	56	12920	99	12750	36.4	64.3	83.9	82.8
490kg 台	122	38	8630	82	10770	31.1	67.2	70.7	88.3
500kg 台	112	40	8660	76	9570	35.7	67.9	77.3	85.4
510kg 台	87	35	7690	68	8400	40.2	78.2	88.4	96.6
520kg 以上	130	59	13900	95	12260	45.4	73.1	106.9	94.3

馬体重差

	買い目	単勝度数	単勝配当	複勝度数	複勝配当	単勝率	複勝率	単勝回収率	複勝回収率
−24kg 超	1	0	0	0	0	0.0	0.0	0.0	0.0
−24kg 以内	1	0	0	0	0	0.0	0.0	0.0	0.0
−16kg 以内	36	11	2430	24	3120	30.6	66.7	67.5	86.7
−8kg 以内	341	122	27790	219	28070	35.8	64.2	81.5	82.3
0	165	67	15260	117	15020	40.6	70.9	92.5	91.0
+8kg 以内	370	116	28530	254	33080	31.4	68.6	77.1	89.4
+16kg 以内	43	17	4290	32	4350	39.5	74.4	99.8	101.2
+24kg 以内	7	4	940	6	880	57.1	85.7	134.3	125.7
+24kg 超	2	1	230	1	150	50.0	50.0	115.0	75.0

レース間隔

	買い目	単勝度数	単勝配当	複勝度数	複勝配当	単勝率	複勝率	単勝回収率	複勝回収率
連投	0	0	0	0	0	-	-	-	-
中 1 週	156	58	12960	109	13620	37.2	69.9	83.1	87.3
中 2 週	283	103	24440	190	24330	36.4	67.1	86.4	86.0
中 3 週	161	54	12640	110	14290	33.5	68.3	78.5	88.8
中 4 週	44	10	2310	28	3660	22.7	63.6	52.5	83.2
中 5〜8 週	137	45	11260	86	11680	32.8	62.8	82.2	85.3
中 9〜12 週	92	33	7710	69	9010	35.9	75.0	83.8	97.9
中 13〜16 週	37	16	3510	24	3020	43.2	64.9	94.9	81.6
中 17〜20 週	20	9	1980	15	2010	45.0	75.0	99.0	100.5
中 21 週〜	29	7	1610	17	2360	24.1	58.6	55.5	81.4

前走競馬場

	買い目	単勝度数	単勝配当	複勝度数	複勝配当	単勝率	複勝率	単勝回収率	複勝回収率
札幌競馬場	19	6	1230	15	1840	31.6	78.9	64.7	96.8
函館競馬場	5	2	410	3	430	40.0	60.0	82.0	86.0
福島競馬場	18	4	1050	10	1390	22.2	55.6	58.3	77.2
新潟競馬場	56	14	3050	32	4200	25.0	57.1	54.5	75.0
東京競馬場	508	203	47350	357	45530	40.0	70.3	93.2	89.6
中山競馬場	231	72	17370	145	18960	31.2	62.8	75.2	82.1
中京競馬場	24	6	1470	15	1980	25.0	62.5	61.3	82.5
京都競馬場	42	8	2180	31	4380	19.0	73.8	51.9	104.3
阪神競馬場	58	19	4400	39	5160	32.8	67.2	75.9	89.0
小倉競馬場	8	5	1120	7	910	62.5	87.5	140.0	113.8

前走芝・ダート

	買い目	単勝度数	単勝配当	複勝度数	複勝配当	単勝率	複勝率	単勝回収率	複勝回収率
芝	71	26	6760	35	4920	36.6	49.3	95.2	69.3
ダート	898	313	72870	619	79860	34.9	68.9	81.1	88.9

前走距離差

	買い目	単勝度数	単勝配当	複勝度数	複勝配当	単勝率	複勝率	単勝回収率	複勝回収率
−800m 超	0	0	0	0	0	-	-	-	-
−800m 以内	0	0	0	0	0	-	-	-	-
−600m 以内	7	2	680	5	770	28.6	71.4	97.1	110.0
−400m 以内	23	7	1380	11	1480	30.4	47.8	60.0	64.3
−200m 以内	372	114	26860	244	31840	30.6	65.6	72.2	85.6
0	470	185	43220	327	41750	39.4	69.6	92.0	88.8
+200m 以内	87	27	6510	61	8120	31.0	70.1	74.8	93.3
+400m 以内	10	4	980	6	820	40.0	60.0	98.0	82.0
+600m 以内	0	0	0	0	0	-	-	-	-
+800m 以内	0	0	0	0	0	-	-	-	-
+800m 超	0	0	0	0	0	-	-	-	-

前走オッズ

	買い目	単勝度数	単勝配当	複勝度数	複勝配当	単勝率	複勝率	単勝回収率	複勝回収率
1 倍台	109	45	8730	80	9550	41.3	73.4	80.1	87.6
2 倍台	166	65	14590	117	14870	39.2	70.5	87.9	89.6
3 倍台	164	52	12090	112	14590	31.7	68.3	73.7	89.0
4 倍台	119	49	11270	88	11100	41.2	73.9	94.7	93.3
5 倍台	80	26	6460	48	6400	32.5	60.0	80.8	80.0
6 倍台	66	22	5310	45	5820	33.3	68.2	80.5	88.2
7 倍台	49	9	1820	33	4210	18.4	67.3	37.1	85.9
8 倍台	32	8	2240	22	3070	25.0	68.8	70.0	95.9
9 倍台	17	4	970	9	1180	23.5	52.9	57.1	69.4
10 倍台	20	6	1480	12	1590	30.0	60.0	74.0	79.5
11 倍台	14	8	2320	11	1640	57.1	78.6	165.7	117.1
12 倍台	16	3	510	8	980	18.8	50.0	31.9	61.3
13 倍台	14	3	1210	9	1290	21.4	64.3	86.4	92.1
14 倍台	9	3	710	6	810	33.3	66.7	78.9	90.0
15 倍以上	94	36	9920	54	7680	38.3	57.4	105.5	81.7

前走順位

	買い目	単勝度数	単勝配当	複勝度数	複勝配当	単勝率	複勝率	単勝回収率	複勝回収率
1 位	151	55	12720	104	13740	36.4	68.9	84.2	91.0
2 位	386	151	31550	274	33200	39.1	71.0	81.7	86.0
3 位	178	58	15480	124	16470	32.6	69.7	87.0	92.5
4 位	105	32	8450	63	8710	30.5	60.0	80.5	83.0
5 位	55	18	4950	34	4770	32.7	61.8	90.0	86.7
6 位	31	5	1330	16	2390	16.1	51.6	42.9	77.1
7 位	17	4	1090	12	1660	23.5	70.6	64.1	97.6
8 位	15	8	2290	11	1660	53.3	73.3	152.7	110.7
9 位	7	2	520	3	460	28.6	42.9	74.3	65.7
10 位以降	23	5	1080	12	1610	21.7	52.2	47.0	70.0

前走上がり順位

	買い目	単勝度数	単勝配当	複勝度数	複勝配当	単勝率	複勝率	単勝回収率	複勝回収率
1 位	224	89	20010	155	19770	39.7	69.2	89.3	88.3
2 位	179	62	12870	121	14880	34.6	67.6	71.9	83.1
3 位	147	53	12660	105	13550	36.1	71.4	86.1	92.2
4 位	103	36	9140	73	9610	35.0	70.9	88.7	93.3
5 位	89	25	5880	61	7880	28.1	68.5	66.1	88.5
6 位	59	19	4760	36	4900	32.2	61.0	80.7	83.1
7 位	48	18	4460	33	4470	37.5	68.8	92.9	93.1
8 位	26	9	2310	18	2460	34.6	69.2	88.8	94.6
9 位	40	13	3460	24	3290	32.5	60.0	86.5	82.3
10 位以降	54	15	4080	28	3970	27.8	51.9	75.6	73.5

5.10 ダート2100m、1番人気の各種条件下の成績

種別

	買い目	単勝度数	単勝配当	複勝度数	複勝配当	単勝率	複勝率	単勝回収率	複勝回収率
サラ2才	0	0	0	0	0	-	-	-	-
サラ3才	112	28	6130	76	9940	25.0	67.9	54.7	88.8
サラ3上	121	36	8900	74	10030	29.8	61.2	73.6	82.9
サラ4上	98	32	8220	55	7600	32.7	56.1	83.9	77.6
	331	96	23250	205	27570	29.0	61.9	70.2	83.3

牝馬限定

	買い目	単勝度数	単勝配当	複勝度数	複勝配当	単勝率	複勝率	単勝回収率	複勝回収率
○	0	0	0	0	0	-	-	-	-
×	331	96	23250	205	27570	29.0	61.9	70.2	83.3

重量

	買い目	単勝度数	単勝配当	複勝度数	複勝配当	単勝率	複勝率	単勝回収率	複勝回収率
ハンデ	46	14	4340	24	3680	30.4	52.2	94.3	80.0
別定	1	0	0	0	0	0.0	0.0	0.0	0.0
馬齢	112	28	6130	76	9940	25.0	67.9	54.7	88.8
定量	172	54	12780	105	13950	31.4	61.0	74.3	81.1

条件

	買い目	単勝度数	単勝配当	複勝度数	複勝配当	単勝率	複勝率	単勝回収率	複勝回収率
新馬	0	0	0	0	0	-	-	-	-
未勝利	106	27	5880	72	9370	25.5	67.9	55.5	88.4
1勝クラス	94	29	6740	59	7760	30.9	62.8	71.7	82.6
2勝クラス	68	21	5070	41	5590	30.9	60.3	74.6	82.2
3勝クラス	42	11	3250	21	3020	26.2	50.0	77.4	71.9
オープン	21	8	2310	12	1830	38.1	57.1	110.0	87.1

グレード

	買い目	単勝度数	単勝配当	複勝度数	複勝配当	単勝率	複勝率	単勝回収率	複勝回収率
条件戦	233	65	14730	150	19730	27.9	64.4	63.2	84.7
特別戦	2	2	640	2	330	100.0	100.0	320.0	165.0

	買い目	単勝度数	単勝配当	複勝度数	複勝配当	単勝率	複勝率	単勝回収率	複勝回収率
リステッド	96	29	7880	53	7510	30.2	55.2	82.1	78.2
G 無し重賞	0	0	0	0	0	-	-	-	-
GIII	0	0	0	0	0	-	-	-	-
GII	0	0	0	0	0	-	-	-	-
GI	0	0	0	0	0	-	-	-	-

馬場状況

	買い目	単勝度数	単勝配当	複勝度数	複勝配当	単勝率	複勝率	単勝回収率	複勝回収率
良	227	65	15770	135	17990	28.6	59.5	69.5	79.3
稍重	44	10	2160	27	3560	22.7	61.4	49.1	80.9
重	35	13	3440	25	3640	37.1	71.4	98.3	104.0
不良	25	8	1880	18	2380	32.0	72.0	75.2	95.2

馬齢

	買い目	単勝度数	単勝配当	複勝度数	複勝配当	単勝率	複勝率	単勝回収率	複勝回収率
2 歳	0	0	0	0	0	-	-	-	-
3 歳	153	39	9340	101	13560	25.5	66.0	61.0	88.6
4 歳	108	35	7810	58	7370	32.4	53.7	72.3	68.2
5 歳	57	20	5460	38	5410	35.1	66.7	95.8	94.9
6 歳	11	1	220	7	1040	9.1	63.6	20.0	94.5
7 歳～	2	1	420	1	190	50.0	50.0	210.0	95.0

性別

	買い目	単勝度数	単勝配当	複勝度数	複勝配当	単勝率	複勝率	単勝回収率	複勝回収率
牡馬	300	87	21110	189	25440	29.0	63.0	70.4	84.8
牝馬	9	2	560	4	610	22.2	44.4	62.2	67.8
騸馬	22	7	1580	12	1520	31.8	54.5	71.8	69.1

枠番

	買い目	単勝度数	単勝配当	複勝度数	複勝配当	単勝率	複勝率	単勝回収率	複勝回収率
1 枠	35	10	2500	20	2760	28.6	57.1	71.4	78.9
2 枠	34	5	1140	15	2180	14.7	44.1	33.5	64.1
3 枠	45	16	4150	29	4020	35.6	64.4	92.2	89.3
4 枠	41	11	2610	29	4010	26.8	70.7	63.7	97.8
5 枠	47	16	3770	34	4430	34.0	72.3	80.2	94.3

	買い目	単勝度数	単勝配当	複勝度数	複勝配当	単勝率	複勝率	単勝回収率	複勝回収率
6枠	44	15	3880	26	3410	34.1	59.1	88.2	77.5
7枠	46	11	2820	29	3880	23.9	63.0	61.3	84.3
8枠	39	12	2380	23	2880	30.8	59.0	61.0	73.8

オッズ

	買い目	単勝度数	単勝配当	複勝度数	複勝配当	単勝率	複勝率	単勝回収率	複勝回収率
1倍台	62	30	5070	51	5630	48.4	82.3	81.8	90.8
2倍台	145	45	10980	92	12000	31.0	63.4	75.7	82.8
3倍台	95	18	5890	49	7550	18.9	51.6	62.0	79.5
4倍台	28	3	1310	12	2200	10.7	42.9	46.8	78.6
5倍台	1	0	0	1	190	0.0	100.0	0.0	190.0

脚質

	買い目	単勝度数	単勝配当	複勝度数	複勝配当	単勝率	複勝率	単勝回収率	複勝回収率
逃げ	14	2	600	4	560	14.3	28.6	42.9	40.0
先行	81	20	4730	47	6200	24.7	58.0	58.4	76.5
差し	171	60	14480	112	14960	35.1	65.5	84.7	87.5
追込	65	14	3440	42	5850	21.5	64.6	52.9	90.0

馬体重

	買い目	単勝度数	単勝配当	複勝度数	複勝配当	単勝率	複勝率	単勝回収率	複勝回収率
430kg 未満	3	1	380	3	380	33.3	100.0	126.7	126.7
430kg 台	1	1	180	1	110	100.0	100.0	180.0	110.0
440kg 台	5	2	540	3	460	40.0	60.0	108.0	92.0
450kg 台	10	2	590	5	660	20.0	50.0	59.0	66.0
460kg 台	30	5	1250	22	2940	16.7	73.3	41.7	98.0
470kg 台	42	16	3570	30	3860	38.1	71.4	85.0	91.9
480kg 台	45	16	3880	28	4020	35.6	62.2	86.2	89.3
490kg 台	53	7	1640	27	3490	13.2	50.9	30.9	65.8
500kg 台	41	12	3220	25	3580	29.3	61.0	78.5	87.3
510kg 台	34	13	2890	24	3000	38.2	70.6	85.0	88.2
520kg 以上	67	21	5110	37	5070	31.3	55.2	76.3	75.7

馬体重差

	買い目	単勝度数	単勝配当	複勝度数	複勝配当	単勝率	複勝率	単勝回収率	複勝回収率
−24kg 超	0	0	0	0	0	-	-	-	-
−24kg 以内	0	0	0	0	0	-	-	-	-
−16kg 以内	20	5	1500	13	1780	25.0	65.0	75.0	89.0
−8kg 以内	128	38	8780	81	10490	29.7	63.3	68.6	82.0
0	74	20	4930	44	6070	27.0	59.5	66.6	82.0
+8kg 以内	97	28	6670	59	8110	28.9	60.8	68.8	83.6
+16kg 以内	10	4	1110	7	980	40.0	70.0	111.0	98.0
+24kg 以内	2	1	260	1	140	50.0	50.0	130.0	70.0
+24kg 超	0	0	0	0	0	-	-	-	-

レース間隔

	買い目	単勝度数	単勝配当	複勝度数	複勝配当	単勝率	複勝率	単勝回収率	複勝回収率
連投	0	0	0	0	0	-	-	-	-
中 1 週	47	12	2590	32	3950	25.5	68.1	55.1	84.0
中 2 週	113	28	6450	64	8310	24.8	56.6	57.1	73.5
中 3 週	51	18	4420	31	4280	35.3	60.8	86.7	83.9
中 4 週	27	10	2640	18	2520	37.0	66.7	97.8	93.3
中 5 〜 8 週	45	11	2750	29	4080	24.4	64.4	61.1	90.7
中 9 〜 12 週	20	7	1800	12	1690	35.0	60.0	90.0	84.5
中 13 〜 16 週	12	3	740	7	970	25.0	58.3	61.7	80.8
中 17 〜 20 週	4	1	340	2	330	25.0	50.0	85.0	82.5
中 21 週〜	6	3	820	5	810	50.0	83.3	136.7	135.0

前走競馬場

	買い目	単勝度数	単勝配当	複勝度数	複勝配当	単勝率	複勝率	単勝回収率	複勝回収率
札幌競馬場	5	2	410	3	440	40.0	60.0	82.0	88.0
函館競馬場	0	0	0	0	0	-	-	-	-
福島競馬場	4	3	850	3	460	75.0	75.0	212.5	115.0
新潟競馬場	15	4	960	9	1240	26.7	60.0	64.0	82.7
東京競馬場	150	33	7300	88	11370	22.0	58.7	48.7	75.8
中山競馬場	97	30	6690	60	7940	30.9	61.9	69.0	81.9
中京競馬場	14	4	1220	11	1680	28.6	78.6	87.1	120.0
京都競馬場	19	10	2680	15	2110	52.6	78.9	141.1	111.1
阪神競馬場	26	10	3140	15	2190	38.5	57.7	120.8	84.2
小倉競馬場	1	0	0	1	140	0.0	100.0	0.0	140.0

前走芝・ダート

	買い目	単勝度数	単勝配当	複勝度数	複勝配当	単勝率	複勝率	単勝回収率	複勝回収率
芝	15	4	970	8	1230	26.7	53.3	64.7	82.0
ダート	316	92	22280	197	26340	29.1	62.3	70.5	83.4

前走距離差

	買い目	単勝度数	単勝配当	複勝度数	複勝配当	単勝率	複勝率	単勝回収率	複勝回収率
−800m 超	0	0	0	0	0	-	-	-	-
−800m 以内	0	0	0	0	0	-	-	-	-
−600m 以内	0	0	0	0	0	-	-	-	-
−400m 以内	28	8	1890	15	2000	28.6	53.6	67.5	71.4
−200m 以内	1	1	330	1	200	100.0	100.0	330.0	200.0
0	131	30	6600	76	9580	22.9	58.0	50.4	73.1
+200m 以内	35	14	4090	21	3010	40.0	60.0	116.9	86.0
+400m 以内	123	42	10030	82	11190	34.1	66.7	81.5	91.0
+600m 以内	13	1	310	10	1590	7.7	76.9	23.8	122.3
+800m 以内	0	0	0	0	0	-	-	-	-
+800m 超	0	0	0	0	0	-	-	-	-

前走オッズ

	買い目	単勝度数	単勝配当	複勝度数	複勝配当	単勝率	複勝率	単勝回収率	複勝回収率
1 倍台	37	11	2160	24	3010	29.7	64.9	58.4	81.4
2 倍台	54	28	6780	44	5670	51.9	81.5	125.6	105.0
3 倍台	52	15	3710	30	4080	28.8	57.7	71.3	78.5
4 倍台	47	11	3110	28	3980	23.4	59.6	66.2	84.7
5 倍台	26	8	1750	16	2200	30.8	61.5	67.3	84.6
6 倍台	22	3	780	10	1280	13.6	45.5	35.5	58.2
7 倍台	20	2	520	10	1360	10.0	50.0	26.0	68.0
8 倍台	8	0	0	3	440	0.0	37.5	0.0	55.0
9 倍台	14	4	1020	9	1270	28.6	64.3	72.9	90.7
10 倍台	10	3	710	6	840	30.0	60.0	71.0	84.0
11 倍台	6	2	560	6	850	33.3	100.0	93.3	141.7
12 倍台	3	2	500	2	290	66.7	66.7	166.7	96.7
13 倍台	4	2	450	2	240	50.0	50.0	112.5	60.0
14 倍台	3	2	450	2	260	66.7	66.7	150.0	86.7
15 倍以上	25	3	750	13	1800	12.0	52.0	30.0	72.0

前走順位

	買い目	単勝度数	単勝配当	複勝度数	複勝配当	単勝率	複勝率	単勝回収率	複勝回収率
1位	37	6	2000	17	2630	16.2	45.9	54.1	71.1
2位	131	42	9190	83	10270	32.1	63.4	70.2	78.4
3位	81	24	6100	50	6880	29.6	61.7	75.3	84.9
4位	25	6	1450	17	2270	24.0	68.0	58.0	90.8
5位	18	3	600	11	1500	16.7	61.1	33.3	83.3
6位	13	4	1010	9	1370	30.8	69.2	77.7	105.4
7位	8	1	380	4	580	12.5	50.0	47.5	72.5
8位	5	2	490	4	590	40.0	80.0	98.0	118.0
9位	5	3	740	4	640	60.0	80.0	148.0	128.0
10位以降	7	4	1130	5	730	57.1	71.4	161.4	104.3

前走上がり順位

	買い目	単勝度数	単勝配当	複勝度数	複勝配当	単勝率	複勝率	単勝回収率	複勝回収率
1位	99	22	5740	61	8470	22.2	61.6	58.0	85.6
2位	75	25	5560	51	6650	33.3	68.0	74.1	88.7
3位	52	19	4740	29	3760	36.5	55.8	91.2	72.3
4位	30	8	2020	20	2720	26.7	66.7	67.3	90.7
5位	19	8	1630	13	1570	42.1	68.4	85.8	82.6
6位	18	2	530	5	720	11.1	27.8	29.4	40.0
7位	15	4	860	10	1360	26.7	66.7	57.3	90.7
8位	7	2	650	6	910	28.6	85.7	92.9	130.0
9位	4	1	290	3	390	25.0	75.0	72.5	97.5
10位以降	12	5	1230	7	1020	41.7	58.3	102.5	85.0

6

馬券投資の実践！：１番人気で行こう！

　前章で集計した2010年から2019年まで10年間のデータを詳細に見ると、1番人気にも関わらず明らかに分の悪い条件が存在することがわかると思います。本章では馬券投資の実践として、1番人気でも危険な条件を足切りすることで、「単勝」のみで回収率100%超えを目指してみます。紙面の都合上、東京競馬場芝1400mの結果のみを紹介します。

6.1 絞り込み条件を課した後の回収率計算

6.1.1 絞り込み条件の立て方

　馬券投資を行う場合、月ごとのばらつきをできるだけ抑えて、かつ安定的に100%を超えるようにすることが理想です。そのためには、「的中数」をできるだけ大きくする必要があるため、「特定の条件に合致した場合のみを投票対象とする」よりも「期待値が100%を超える条件をできるだけ投票対象とする」という考え方が必要になります。そのため、「1番人気」を対象とするのは、全レースが対象かつ最も的中率が高いため、理にかなっていると考えられます。以上を踏まえて東京競馬場芝1400mの全体結果を見てみます。

東京競馬場芝1400m、1番人気の全体結果（2010年〜2019年、初出走は除く）

該当数	単勝数	複勝数	単勝回収率	複勝回収率
472	150	270	82.9	77.5

　上記の「単勝数」をできるだけ減らさずに「該当数」をできるだけ減らせる条件が、絞り込み条件として優秀と言えます。5.2節の集計結果にて、「単勝回収率」と「複勝回収率」がともに70%を割り込んでいて、かつ「該当数」が比較的少ない項目を抜き出してみましょう。ちなみに、「複勝回収率」も考慮に入れるには理由があります。例えば複勝回収率が単勝回収率に比べて著しく低い場合、これは条件に該当した全馬の傾向を表していない可能性があるからです。反対に単勝回収率が低い（70%未満）にも関わらず、複勝回収率が高い（80%以上）の場合、条件に該当した全馬の傾向として勝ちきれてはいないが、力は出し切れているとも考えられます。いずれにしても、絞り込み条件を立てる上で有用であると言えます。

東京競馬場芝1400m、1番人気：絞り込み条件

項目	足切り対象の値	該当数	単勝数	複勝数	単勝回収率	複勝回収率
重量種別	ハンデ	48	9	17	59.2	54.6
グレード	G2	20	4	8	61.0	54.5

項目	足切り対象の値	該当数	単勝数	複勝数	単勝回収率	複勝回収率
馬齢	7 歳以上	2	0	0	0	0
枠番	7 枠以上	132	29	64	54.7	64.4
馬体重	440kg 台	46	10	19	51.5	54.6
馬体重増減差	+8 超から +16 以下	21	5	10	63.8	67.1
前走との距離差	−400m 超短縮 or 距離延長	49	8	21	45.5	59.0

6.1.2　絞り込み結果

　上記の絞り込み条件を上から順番に課した結果が下表です。はじめの行が足切り前の該当数と単勝数、単勝回収率です。絞り込み条件によって該当したレースを足切していくので該当数と単勝数が減少していきます。前項で示したとおり、重量種別（ハンデ）は該当数 48、単勝数 9 だったので、足切り後はそれぞれ 424、141 となります。なお、足切りされるレースは絞り込み条件に重複があるため、前項の該当数や単勝数がそのまま引かれるわけではない点に注意が必要です。

東京競馬場芝 1400m、1 番人気：足切り結果

No	項目	足切り対象の値	該当数	単勝数	単勝回収率
-	-	-	472	150	82.9
1	重量種別	ハンデ	424	141	85.6
2	グレード	G2	404	137	86.9
3	馬齢	7 歳以上	404	137	86.9
4	枠番	7 枠以上	294	110	97.0
5	馬体重	440kg 台	267	102	99.3
6	馬体重増減差	+8 超から +16 以下	255	99	100.3
7	前走との距離差	−400m 超短縮 or 距離延長	233	96	105.8

　最終的に、該当数を 202 まで半分以下に絞り込んだ結果、単勝数 150 から 96 まで減りましたが、回収率は 100% を十分に超えることができました。つまり、投票対象とするレースを半分に絞り込むことで少なくとも過去 10 年の回収率は 100% を超えることができた言えます。

6.1.3　絞り込み条件を課した後の集計結果

　絞り込み条件を課した後の集計結果を示します。足切りを行ったことで単勝回収率が 120% を超える項目が多数現れました。例えば、競走種別「サラ 3 上」「サラ 4 上」は 5.2 節の集計結果と比較すると、単勝回収率は大幅に改善していることがわかります（それぞれ 92.9% → 124.4%、

89.8% → 133.6%）。次節ではこの集計結果を踏まえての投票条件を考えます。

東京競馬場芝1400m、1番人気：絞り込み条件を課した後の集計結果

競走種別

	買い目	単勝度数	単勝配当	複勝度数	複勝配当	単勝率	複勝率	単勝回収率	複勝回収率
サラ2才	48	18	3940	33	4130	37.5	68.8	82.1	86.0
サラ3才	83	33	7600	58	7440	39.8	69.9	91.6	89.6
サラ3上	57	24	7090	37	5310	42.1	64.9	124.4	93.2
サラ4上	45	21	6010	30	4360	46.7	66.7	133.6	96.9
	233	96	24640	158	21240	41.2	67.8	105.8	91.2

牝馬限定

	買い目	単勝度数	単勝配当	複勝度数	複勝配当	単勝率	複勝率	単勝回収率	複勝回収率
○	28	14	4030	23	3250	50.0	82.1	143.9	116.1
×	205	82	20610	135	17990	40.0	65.9	100.5	87.8

重量

	買い目	単勝度数	単勝配当	複勝度数	複勝配当	単勝率	複勝率	単勝回収率	複勝回収率
ハンデ	0	0	0	0	0	-	-	-	-
別定	12	3	1140	7	940	25.0	58.3	95.0	78.3
馬齢	124	49	10990	87	11080	39.5	70.2	88.6	89.4
定量	97	44	12510	64	9220	45.4	66.0	129.0	95.1

条件

	買い目	単勝度数	単勝配当	複勝度数	複勝配当	単勝率	複勝率	単勝回収率	複勝回収率
新馬	0	0	0	0	0	-	-	-	-
未勝利	74	31	7510	51	6600	41.9	68.9	101.5	89.2
1勝クラス	78	28	6520	53	6960	35.9	67.9	83.6	89.2
2勝クラス	47	24	6720	32	4550	51.1	68.1	143.0	96.8
3勝クラス	22	10	2750	15	2190	45.5	68.2	125.0	99.5
オープン	12	3	1140	7	940	25.0	58.3	95.0	78.3

グレード

	買い目	単勝度数	単勝配当	複勝度数	複勝配当	単勝率	複勝率	単勝回収率	複勝回収率
条件戦	160	71	17780	110	14680	44.4	68.8	111.1	91.8
特別戦	0	0	0	0	0	-	-	-	-

	買い目	単勝度数	単勝配当	複勝度数	複勝配当	単勝率	複勝率	単勝回収率	複勝回収率
リステッド	73	25	6860	48	6560	34.2	65.8	94.0	89.9
G無し重賞	0	0	0	0	0	-	-	-	-
GIII	0	0	0	0	0	-	-	-	-
GII	0	0	0	0	0	-	-	-	-
GI	0	0	0	0	0	-	-	-	-

馬場状況

	買い目	単勝度数	単勝配当	複勝度数	複勝配当	単勝率	複勝率	単勝回収率	複勝回収率
良	186	74	18870	127	16880	39.8	68.3	101.5	90.8
稍重	32	13	3420	21	2920	40.6	65.6	106.9	91.3
重	9	5	1190	6	850	55.6	66.7	132.2	94.4
不良	6	4	1160	4	590	66.7	66.7	193.3	98.3

馬齢

	買い目	単勝度数	単勝配当	複勝度数	複勝配当	単勝率	複勝率	単勝回収率	複勝回収率
2歳	48	18	3940	33	4130	37.5	68.8	82.1	86.0
3歳	106	41	9560	72	9310	38.7	67.9	90.2	87.8
4歳	45	18	5160	28	4090	40.0	62.2	114.7	90.9
5歳	30	17	5010	23	3290	56.7	76.7	167.0	109.7
6歳	4	2	970	2	420	50.0	50.0	242.5	105.0
7歳〜	0	0	0	0	0	-	-	-	-

性別

	買い目	単勝度数	単勝配当	複勝度数	複勝配当	単勝率	複勝率	単勝回収率	複勝回収率
牡馬	127	50	12380	82	10800	39.4	64.6	97.5	85.0
牝馬	100	43	11010	71	9650	43.0	71.0	110.1	96.5
騸馬	6	3	1250	5	790	50.0	83.3	208.3	131.7

枠番

	買い目	単勝度数	単勝配当	複勝度数	複勝配当	単勝率	複勝率	単勝回収率	複勝回収率
1枠	39	16	4050	28	3740	41.0	71.8	103.8	95.9
2枠	26	9	2570	20	2650	34.6	76.9	98.8	101.9
3枠	49	22	5110	34	4630	44.9	69.4	104.3	94.5
4枠	41	21	5790	26	3600	51.2	63.4	141.2	87.8
5枠	36	12	2900	23	2980	33.3	63.9	80.6	82.8

	買い目	単勝度数	単勝配当	複勝度数	複勝配当	単勝率	複勝率	単勝回収率	複勝回収率
6枠	42	16	4220	27	3640	38.1	64.3	100.5	86.7
7枠	0	0	0	0	0	-	-	-	-
8枠	0	0	0	0	0	-	-	-	-

オッズ

	買い目	単勝度数	単勝配当	複勝度数	複勝配当	単勝率	複勝率	単勝回収率	複勝回収率
1倍台	42	24	3890	33	3710	57.1	78.6	92.6	88.3
2倍台	101	42	10060	75	9530	41.6	74.3	99.6	94.4
3倍台	65	24	7850	41	6310	36.9	63.1	120.8	97.1
4倍台	22	4	1730	7	1260	18.2	31.8	78.6	57.3
5倍台	3	2	1110	2	430	66.7	66.7	370.0	143.3

脚質

	買い目	単勝度数	単勝配当	複勝度数	複勝配当	単勝率	複勝率	単勝回収率	複勝回収率
逃げ	14	4	1040	9	1190	28.6	64.3	74.3	85.0
先行	69	28	7390	46	6190	40.6	66.7	107.1	89.7
差し	112	50	12980	79	10860	44.6	70.5	115.9	97.0
追込	38	14	3230	24	3000	36.8	63.2	85.0	78.9

馬体重

	買い目	単勝度数	単勝配当	複勝度数	複勝配当	単勝率	複勝率	単勝回収率	複勝回収率
430kg 未満	17	5	1300	10	1310	29.4	58.8	76.5	77.1
430kg 台	17	6	1330	13	1640	35.3	76.5	78.2	96.5
440kg 台	0	0	0	0	0	-	-	-	-
450kg 台	27	12	3190	20	2720	44.4	74.1	118.1	100.7
460kg 台	44	16	3970	27	3720	36.4	61.4	90.2	84.5
470kg 台	41	19	4790	27	3480	46.3	65.9	116.8	84.9
480kg 台	31	12	3300	21	3000	38.7	67.7	106.5	96.8
490kg 台	26	11	2710	19	2430	42.3	73.1	104.2	93.5
500kg 台	16	10	2650	14	1890	62.5	87.5	165.6	118.1
510kg 台	8	2	330	3	390	25.0	37.5	41.3	48.8
520kg 以上	6	3	1070	4	660	50.0	66.7	178.3	110.0

馬体重差

	買い目	単勝度数	単勝配当	複勝度数	複勝配当	単勝率	複勝率	単勝回収率	複勝回収率
−24kg 超	0	0	0	0	0	-	-	-	-
−24kg 以内	0	0	0	0	0	-	-	-	-
−16kg 以内	11	6	1610	7	970	54.5	63.6	146.4	88.2
−8kg 以内	84	35	9480	58	7760	41.7	69.0	112.9	92.4
0	51	21	5290	34	4650	41.2	66.7	103.7	91.2
+8kg 以内	86	33	7810	58	7650	38.4	67.4	90.8	89.0
+16kg 以内	0	0	0	0	0	-	-	-	-
+24kg 以内	1	1	450	1	210	100.0	100.0	450.0	210.0
+24kg 超	0	0	0	0	0	-	-	-	-

レース間隔

	買い目	単勝度数	単勝配当	複勝度数	複勝配当	単勝率	複勝率	単勝回収率	複勝回収率
連投	0	0	0	0	0	-	-	-	-
中1週	43	19	4410	29	3710	44.2	67.4	102.6	86.3
中2週	53	20	5160	36	4840	37.7	67.9	97.4	91.3
中3週	38	17	5060	26	3600	44.7	68.4	133.2	94.7
中4週	6	2	550	5	710	33.3	83.3	91.7	118.3
中5〜8週	57	21	4880	39	5030	36.8	68.4	85.6	88.2
中9〜12週	22	11	2480	16	2200	50.0	72.7	112.7	100.0
中13〜16週	8	3	800	4	620	37.5	50.0	100.0	77.5
中17〜20週	3	1	430	1	190	33.3	33.3	143.3	63.3
中21週〜	1	1	590	1	230	100.0	100.0	590.0	230.0

前走競馬場

	買い目	単勝度数	単勝配当	複勝度数	複勝配当	単勝率	複勝率	単勝回収率	複勝回収率
札幌競馬場	2	1	310	1	190	50.0	50.0	155.0	95.0
函館競馬場	0	0	0	0	0	-	-	-	-
福島競馬場	1	0	0	0	0	0.0	0.0	0.0	0.0
新潟競馬場	15	3	600	10	1380	20.0	66.7	40.0	92.0
東京競馬場	113	47	12120	72	9570	41.6	63.7	107.3	84.7
中山競馬場	48	20	4550	37	4720	41.7	77.1	94.8	98.3
中京競馬場	12	3	900	8	1100	25.0	66.7	75.0	91.7
京都競馬場	17	8	2230	11	1600	47.1	64.7	131.2	94.1
阪神競馬場	25	14	3930	19	2680	56.0	76.0	157.2	107.2
小倉競馬場	0	0	0	0	0	-	-	-	-

前走芝・ダート

	買い目	単勝度数	単勝配当	複勝度数	複勝配当	単勝率	複勝率	単勝回収率	複勝回収率
芝	233	96	24640	158	21240	41.2	67.8	105.8	91.2
ダート	0	0	0	0	0	-	-	-	-

前走距離差

	買い目	単勝度数	単勝配当	複勝度数	複勝配当	単勝率	複勝率	単勝回収率	複勝回収率
−800m 超	0	0	0	0	0	-	-	-	-
−800m 以内	0	0	0	0	0	-	-	-	-
−600m 以内	0	0	0	0	0	-	-	-	-
−400m 以内	10	4	950	6	750	40.0	60.0	95.0	75.0
−200m 以内	93	37	9280	66	8890	39.8	71.0	99.8	95.6
0	130	55	14410	86	11600	42.3	66.2	110.8	89.2
+200m 以内	0	0	0	0	0	-	-	-	-
+400m 以内	0	0	0	0	0	-	-	-	-
+600m 以内	0	0	0	0	0	-	-	-	-
+800m 以内	0	0	0	0	0	-	-	-	-
+800m 超	0	0	0	0	0	-	-	-	-

前走オッズ

	買い目	単勝度数	単勝配当	複勝度数	複勝配当	単勝率	複勝率	単勝回収率	複勝回収率
1 倍台	19	11	2600	15	1910	57.9	78.9	136.8	100.5
2 倍台	42	17	3890	26	3380	40.5	61.9	92.6	80.5
3 倍台	38	14	3650	25	3270	36.8	65.8	96.1	86.1
4 倍台	32	10	2480	20	2710	31.3	62.5	77.5	84.7
5 倍台	19	9	2150	12	1590	47.4	63.2	113.2	83.7
6 倍台	18	7	1840	13	1750	38.9	72.2	102.2	97.2
7 倍台	11	3	740	6	930	27.3	54.5	67.3	84.5
8 倍台	9	4	1060	6	820	44.4	66.7	117.8	91.1
9 倍台	6	4	1150	6	840	66.7	100.0	191.7	140.0
10 倍台	1	1	230	1	130	100.0	100.0	230.0	130.0
11 倍台	6	3	700	5	620	50.0	83.3	116.7	103.3
12 倍台	2	1	590	1	230	50.0	50.0	295.0	115.0
13 倍台	5	3	720	4	510	60.0	80.0	144.0	102.0
14 倍台	0	0	0	0	0	-	-	-	-
15 倍以上	25	9	2840	18	2550	36.0	72.0	113.6	102.0

前走順位

	買い目	単勝度数	単勝配当	複勝度数	複勝配当	単勝率	複勝率	単勝回収率	複勝回収率
1位	36	12	2990	25	3530	33.3	69.4	83.1	98.1
2位	94	38	8490	65	8250	40.4	69.1	90.3	87.8
3位	45	21	5100	31	4000	46.7	68.9	113.3	88.9
4位	14	7	1880	12	1620	50.0	85.7	134.3	115.7
5位	14	4	1360	7	950	28.6	50.0	97.1	67.9
6位	11	6	1910	8	1220	54.5	72.7	173.6	110.9
7位	6	3	940	3	450	50.0	50.0	156.7	75.0
8位	4	2	550	3	410	50.0	75.0	137.5	102.5
9位	1	1	450	1	210	100.0	100.0	450.0	210.0
10位以降	8	2	970	3	600	25.0	37.5	121.3	75.0

前走上がり順位

	買い目	単勝度数	単勝配当	複勝度数	複勝配当	単勝率	複勝率	単勝回収率	複勝回収率
1位	47	19	4690	37	4860	40.4	78.7	99.8	103.4
2位	38	17	3800	31	3950	44.7	81.6	100.0	103.9
3位	29	15	4130	18	2500	51.7	62.1	142.4	86.2
4位	25	4	850	14	1900	16.0	56.0	34.0	76.0
5位	23	14	3440	17	2280	60.9	73.9	149.6	99.1
6位	12	4	1110	6	810	33.3	50.0	92.5	67.5
7位	19	8	1650	12	1520	42.1	63.2	86.8	80.0
8位	12	4	1390	8	1110	33.3	66.7	115.8	92.5
9位	5	4	1140	4	580	80.0	80.0	228.0	116.0
10位以降	23	7	2440	11	1730	30.4	47.8	106.1	75.2

6.1.4　絞り込み条件を課すためのプログラム

　本節の集計に用いたプログラムは 5.1 節で解説した All_shukei.py に追記する形で作成することができます。具体的には、すべての絞り込み条件に合致するかを判定するために条件分岐文の深い入れ子構造を作ります。

プログラムソース●絞り込み条件プログラム（All_shukei_joken.py）

```
 ⋮
for UMA_RACE in UMA_RACEs:
```

```
# 人気を取得
if( UMA_RACE["Ninki"] != Ninki ): continue
# 文字列整形
text = ""
text += UMA_RACE["Year"] + UMA_RACE["MonthDay"] + " "
text += UMA_RACE["RaceNum"] + "R "
text += UMA_RACE["Bamei"] + " \t\t"
text += str(int(UMA_RACE["Ninki"])) + "番人気 "
text += " (" + str(int(UMA_RACE["Odds"])/10) + "倍) "
text += UMA_RACE["KakuteiJyuni"] + "位 "

# 前走馬毎レース情報
zensoUMA_RACE = U.getZensoUMA_RACE( UMA_RACE["KettoNum"], UMA_RACE["Year"],
                                              └ UMA_RACE["MonthDay"])
if( zensoUMA_RACE == False ): continue
# 前走レース情報
zensoRACE = U.getZensoRACE( UMA_RACE["KettoNum"], zensoUMA_RACE)
if( zensoRACE == False ): continue
# 脚質取得
Kyakushitu = U.getUmaKyakushitu( UMA_RACE["KettoNum"], UMA_RACE["Year"],
                                              └ UMA_RACE["MonthDay"])
# レース間隔取得
Interval = U.getRaceInterval( UMA_RACE["KettoNum"], UMA_RACE["Year"],
                                              └ UMA_RACE["MonthDay"])
# 前走上がり順位取得
zensoAgariJyuni = U.getZensoAgariJyuni( UMA_RACE["KettoNum"], zensoUMA_RACE )
# 整数化オッズ取得
Odds_int = int(int(UMA_RACE["Odds"])/10)
# 馬体重増減取得
if( (UMA_RACE["ZogenSa"] == "999" or UMA_RACE["ZogenSa"] == "") ): continue
ZogenSa = int(UMA_RACE["ZogenSa"])
if(UMA_RACE["ZogenFugo"] == "-"): ZogenSa = - ZogenSa
# 前走距離差取得
zensoKyoriSa = int(RACE["Kyori"]) - int(zensoRACE["Kyori"])
# 牝馬限定フラグ取得
KigoCD = RACE["KigoCD"]
HinbaGentei = True if(KigoCD[1] == "2") else False
# 馬場状態取得
BabaCD = RACE["SibaBabaCD"] if(int(RACE["TrackCD"]) <= 22)
```

```
                                          └ else RACE["DirtBabaCD"]
    # 前走競馬場取得
    zensoJyoCD = zensoRACE["JyoCD"]
    # 前走オッズ
    zensoOdds_int = int(int(zensoUMA_RACE["Odds"])/10)
    # 前走順位
    zensoJyuni = int(zensoUMA_RACE["KakuteiJyuni"])
    # 購入フラグ
    flag = False  <----------------------------------------------------- (※1-1)
    # 141/424 85.6
    if(RACE["JyuryoCD"] != "1"):  <------------------------------------- (※2-1)
        # 137/404 86.9
        if(RACE["GradeCD"] != "B"):  <---------------------------------- (※2-2)
            # 137/404 86.9
            if(int(UMA_RACE["Barei"]) <=6):  <------------------------- (※2-3)
                # 110/294 97.0
                if(int(UMA_RACE["Wakuban"])<=6):  <-------------------- (※2-4)
                    # 102/267 99.3
                    if( (440 <= int(UMA_RACE["BaTaijyu"]) < 450) == False ):
                                                     <------------- (※2-5)
                        # 99/255 100.3
                        if( ( 8 < ZogenSa <= 16) == False ):  <---------------- (※2-6)
                            # 96/233 105.8
                            if( -400 <= zensoKyoriSa <= 0):  <----------------- (※2-7)
                                flag = True  <----------------------------- (※1-2)
    if(flag == False): continue  <-------------------------------------- (※3)
```

(※1) はじめ購入フラグを False で初期化しておき、絞り込み条件をすべてクリアーした場合のみ、購入フラグを True にします。

(※2) 前項で示した絞り込み条件を上記のように条件分岐の入れ子で記述します。

(※3) 購入フラグが False のままの場合、continue 文を用いて繰り返し文の後の部分をスキップします。

6.2　単勝馬券投票条件の構築

6.2.1　単勝馬券投票条件の検討

　前項の結果を踏まえて、実際に単勝馬券を投票するか否かを決定する単勝馬券投票条件を考えます。条件は以下の3つとします。

（1）単勝回収率が120％、かつ複勝回収率90％以上
（2）単勝回収率と複勝回収率がともに100％以上
（3）単勝数が2以上

　単勝回収率が非常に高くとも複勝回収率が低い（90％未満）の場合というは、統計的な有利・不利を反映した結果とは言えない可能性があるため、今回は除外するとします。また、単勝数が1しか存在しない場合も除外するとします。この条件をまとめたのが下表です。この条件のいずれかに該当する場合のみ購入するとします。

東京競馬場芝1400m、1番人気：単勝馬券投票条件リスト

投票条件	買い目	単勝度数	単勝配当	複勝度数	複勝配当	単勝率	複勝率	単勝回収率	複勝回収率
種別：サラ3上	57	24	7090	37	5310	42.1	64.9	124.4	93.2
種別：サラ4上	45	21	6010	30	4360	46.7	66.7	133.6	96.9
牝馬限定：○	28	14	4030	23	3250	50.0	82.1	143.9	116.1
重量：定量	97	44	12510	64	9220	45.4	66.0	129.0	95.1
条件：2勝クラス	47	24	6720	32	4550	51.1	68.1	143.0	96.8
条件：3勝クラス	22	10	2750	15	2190	45.5	68.2	125.0	99.5
馬場状況：重	9	5	1190	6	850	55.6	66.7	132.2	94.4
馬場状況：不良	6	4	1160	4	590	66.7	66.7	193.3	98.3
馬齢：5歳	30	17	5010	23	3290	56.7	76.7	167.0	109.7
馬齢：6歳	4	2	970	2	420	50.0	50.0	242.5	105.0
性別：牝馬	100	43	11010	71	9650	43.0	71.0	110.1	96.5
性別：騙馬	6	3	1250	5	790	50.0	83.3	208.3	131.7
オッズ：3倍台	65	24	7850	41	6310	36.9	63.1	120.8	97.1
オッズ：5倍台	3	2	1110	2	430	66.7	66.7	370.0	143.3
馬体重：450kg台	27	12	3190	20	2720	44.4	74.1	118.1	100.7
馬体重：500kg台	16	10	2650	14	1890	62.5	87.5	165.6	118.1

投票条件	買い目	単勝度数	単勝配当	複勝度数	複勝配当	単勝率	複勝率	単勝回収率	複勝回収率
馬体重：520kg 以上	6	3	1070	4	660	50.0	66.7	178.3	110.0
レース間隔：中3週	38	17	5060	26	3600	44.7	68.4	133.2	94.7
レース間隔：中9～12週	22	11	2480	16	2200	50.0	72.7	112.7	100.0
競馬場：京都競馬場	17	8	2230	11	1600	47.1	64.7	131.2	94.1
競馬場：阪神競馬場	25	14	3930	19	2680	56.0	76.0	157.2	107.2
前走オッズ：1 倍台	19	11	2600	15	1910	57.9	78.9	136.8	100.5
前走オッズ：8 倍台	9	4	1060	6	820	44.4	66.7	117.8	91.1
前走オッズ：9 倍台	6	4	1150	6	840	66.7	100.0	191.7	140.0
前走オッズ：11 倍台	6	3	700	5	620	50.0	83.3	116.7	103.3
前走オッズ：13 倍台	5	3	720	4	510	60.0	80.0	144.0	102.0
前走オッズ：15 倍以上	25	9	2840	18	2550	36.0	72.0	113.6	102.0
前走順位：4 位	14	7	1880	12	1620	50.0	85.7	134.3	115.7
前走順位：6 位	11	6	1910	8	1220	54.5	72.7	173.6	110.9
前走順位：8 位	4	2	550	3	410	50.0	75.0	137.5	102.5
前走順位：9 位	1	1	450	1	210	100.0	100.0	450.0	210.0
前走上がり順位：2 位	38	17	3800	31	3950	44.7	81.6	100.0	103.9
前走上がり順位：5 位	23	14	3440	17	2280	60.9	73.9	149.6	99.1
前走上がり順位：9 位	5	4	1140	4	580	80.0	80.0	228.0	116.0

6.2.2　単勝馬券投票条件を課した場合の成績

　先述のとおり、単勝馬券投票条件のいずれかを満たした場合の回収率を年度ごとに集計した結果を示します。10 年間平均で的中率 42.9%、回収率 110% です。この結果は、6.1.3 項で示した絞り込み条件のみを課した的中率 41.2%、回収率 105.8% からあまり改善されていません。これは該当数を見ると 233 → 217 となっているだけで、絞り込み条件を課した後の 9 割強は購入している結果となっているため、変化が少ないと言えます。この投票条件を満たさなかったのは該当数 16 に対して的中数 3 だったので、回収率向上に貢献していることは間違いないのですが、このままでは単勝馬券投票条件を課す意味が希薄であることは否めません。

東京競馬場芝 1400m、1 番人気：単勝馬券投票条件を課した場合の年度別成績

年度	該当数	的中数	的中率	回収率	傾斜投票結果			
					投票数	的中票数	投票効率	回収率
2010	21	5	23.8	57.6	77	19	24.7	62.3
2011	18	8	44.4	123.3	60	32	53.3	168.7
2012	18	3	16.7	50.6	68	16	23.5	71.2
2013	22	9	40.9	91.4	75	37	49.3	108.8
2014	21	9	42.9	128.6	81	46	56.8	182.7
2015	26	8	30.8	81.9	97	30	30.9	91.6
2016	25	12	48.0	112.8	102	47	46.1	118.8
2017	18	9	50.0	112.8	74	37	50.0	117.3
2018	19	12	63.2	180.5	83	58	69.9	232.0
2019	29	18	62.1	155.5	119	75	63.0	166.7
合計	217	93	42.9	110.5	836	397	47.5	133.4

　そこで、先に上げた単勝馬券投票条件に合致した「数」に着目して、この条件合致数に比例した傾斜投票を行ってみましょう。つまり、1 レースごとに合致条件数に応じて投票数が変化させます。その結果が、上表の右側列です。投票数に対する的中票数の割合を「投票効率」と表記しています。10 年間平均で投票効率 47.9%、回収率 133% となり、大幅な改善を達成することができました。年度別の傾向から新しい年度の方が条件がマッチしているように見えます。ただし、100%を割り込んだのは 3 年もありこの東京芝 1400m だけでは安定性が高いと言えません。このコースは東京競馬場で開催されるレースの 1 割程度であることを考慮して他のコースも同様の結果が得られるならば、馬券投資の対象として可能性があると言えます。

6.2.3　単勝馬券投票条件を課した場合の 2020 年度成績

　これまで、絞り込み条件や単勝馬券投票条件は 2010 年から 2019 年までの 10 年間の結果を踏まえて検討してきました。最新の 2020 年度を加えなかった理由は、「はじめに」で述べたとおりですが、過剰適合を防ぐためです。とは言え、この条件を満たした 2020 年度のレース結果が惨敗では全く意味をなしません。検証を行いやすくするために、2020 年度の全該当レース全成績を示します。投票数は条件合致数、払戻額は的中時に投票数に対する金額を表しています。

東京競馬場芝 1400m、1 番人気：単勝馬券投票条件を課した場合の 2020 年度該当レース全成績

No	年月日	レース番号	馬名	オッズ	順位	投票数	払戻額
1	2020/02/08	09R	シベール	4.1	5	3	0
2	2020/02/09	12R	フォッサマグナ	2.4	4	5	0
3	2020/02/22	12R	エスタジ	2.8	3	5	0
4	2020/04/25	10R	アビーム	2.2	1	7	1540
5	2020/04/26	05R	イヴ	1.8	1	5	900
6	2020/05/03	10R	スイープセレリタス	2.6	1	7	1820
7	2020/05/09	08R	カルリーノ	2.4	1	6	1440
8	2020/05/17	04R	クァンタムリープ	2.4	2	1	0
9	2020/05/17	07R	トロシュナ	3.7	1	5	1850
10	2020/05/23	04R	ユールファーナ	2.4	4	2	0
11	2020/05/23	10R	リリーバレロ	2.1	1	5	1050
12	2020/06/07	08R	コウソクスピード	3	4	6	0
13	2020/06/20	10R	ヴェスターヴァルト	3.1	2	5	0
14	2020/06/21	01R	オオシマサフィール	3.2	3	3	0
15	2020/06/21	12R	ダンシングチコ	2.6	14	6	0
16	2020/10/25	05R	リフレイム	2.6	1	3	780
17	2020/11/08	02R	ディアマンテール	1.4	5	2	0
18	2020/11/08	12R	レッドクレオス	2.2	2	3	0
19	2020/11/15	02R	ジネストラ	3.1	1	3	930
20	2020/11/22	03R	ユキノファラオ	3.2	5	2	0
21	2020/11/28	12R	セルフィー	3.4	1	8	2720
						92	13030

　上記の結果をまとめたのが次表です。2020 年度の該当は 21 レース、的中率は 42.9%、傾斜投票時の回収率は 141.6% という結果を得ることができました。この結果は 10 年間の平均と比較して高い結果ではありますが、年度別の近年の傾向と一致しているようにも見えるため、来年度も同程度の結果を期待できるかもしれません。また、これは偶然かもしれませんが、条件合致数が少ない（2 個以下）場合に該当数 4 に対して的中率が 0%、条件合致数が多い（7 個以上）場合には該当数 3 に対して的中率が 100% という結果となりました。条件合致数に合わせた新しいアルゴリズムも検討できるかもしれません。

東京競馬場芝 1400m、1 番人気：単勝馬券投票条件を課した場合の 2020 年度成績

年	該当数	的中数	的中率	回収率	投票数	的中票数	投票効率	回収率
2020	21	9	42.9	113.8	92	49	53.3	141.6

単勝馬券投票条件を課すためのプログラム

単勝馬券投票条件の合致数をカウントするための変数を用意して、単勝馬券投票条件に合致するたびに1づつ加算していくことで実装します。最後に、条件合致数が0の場合にはcontinue文で処理をスキップし、条件合致数が1以上の場合には条件合致数分だけ投票します。

プログラムソース●単勝馬券投票条件を課すためのプログラム（All_kenshou.py）

```python
    ⋮
# 条件合致数
m = 0
# 141/424 85.6
if(RACE["JyuryoCD"] != "1"):
    # 137/404 86.9
    if(RACE["GradeCD"] != "B"):
        # 137/404 86.9
        if(int(UMA_RACE["Barei"]) <=6):
            # 110/294 97.0
            if(int(UMA_RACE["Wakuban"])<=6):
                # 102/267 99.3
                if( (440 <= int(UMA_RACE["BaTaijyu"]) < 450) == False ):
                    # 99/255 100.3
                    if( ( 8 < ZogenSa <= 16) == False ):
                        # 96/233 105.8
                        if( -400 <= zensoKyoriSa <= 0):
                            if(RACE["SyubetuCD"] == "13"):
                                m += 1
                            if(RACE["SyubetuCD"] == "14"):
                                m += 1
                            if(HinbaGentei):
                                m += 1
                            if(RACE["JyuryoCD"] == "4"):
                                m += 1
                            if(RACE["JyokenCD5"] == "010"):
                                m += 1
                ⋮
# 条件合致数のチェック
if(m == 0): continue
```

6.3　さらなる高みを目指して：差し優位

　6.1.3 項で示した絞り込み条件結果を課した後の集計結果の「脚質」に着目すると、全単勝数 96 レースのうち、半数以上の 50 レースの勝ち馬の脚質が「差し」であることがわかります。絞り込み条件結果を課した段階ですでに単勝と複勝の回収率がそれぞれ 115%、97% とすでに高いレベルにあり、東京競馬場芝 1400m は短距離ではありますが、少なくとも 1 番人気に推されるレベルの馬であれば、逃げ一辺倒ではなく中盤までは抑えた競馬ができる馬が良い結果を残していると言えます。本節では脚質が差し馬に限った傾向を調べることで、さらなる高み目指して見ましょう。

6.3.1　「絞り込み条件」＋「脚質：差し」の集計結果

　「絞り込み条件」＋「脚質：差し」を課した後の集計結果を示します。これまでは可も不可ない成績だった項目で「差し」に限定することで跳ね上がるものもでてきました。例えば、競走グレードが「リステッド」に注目すると、全脚質の合計では該当数 73、単勝数 25、複勝数 48、単勝回収率 94%、複勝回収率 89% だった結果が、脚質を「差し」に限定することで該当数 30、単勝数 14、複勝数 20、単勝回収率 130%、複勝回収率 96% となりました。これは、条件戦の中でもある程度格のある競走のほうが良いこと意味します。反対に、成績が下がる項目もあるので、これらを差し引きして改めて単勝馬券投票条件を検証する必要があります。

東京競馬場芝 1400m、1 番人気：「絞り込み条件」＋「脚質：差し」を課した後の集計結果

種別

	買い目	単勝度数	単勝配当	複勝度数	複勝配当	単勝率	複勝率	単勝回収率	複勝回収率
サラ2才	17	7	1460	11	1450	41.2	64.7	85.9	85.3
サラ3才	37	16	3660	29	3700	43.2	78.4	98.9	100.0
サラ3上	33	15	4440	23	3360	45.5	69.7	134.5	101.8
サラ4上	25	12	3420	16	2350	48.0	64.0	136.8	94.0
	112	50	12980	79	10860	44.6	70.5	115.9	97.0

牝馬限定

	買い目	単勝度数	単勝配当	複勝度数	複勝配当	単勝率	複勝率	単勝回収率	複勝回収率
○	14	6	1900	10	1540	42.9	71.4	135.7	110.0
×	98	44	11080	69	9320	44.9	70.4	113.1	95.1

重量

	買い目	単勝度数	単勝配当	複勝度数	複勝配当	単勝率	複勝率	単勝回収率	複勝回収率
ハンデ	0	0	0	0	0	-	-	-	-
別定	2	1	220	1	120	50.0	50.0	110.0	60.0
馬齢	53	22	4900	39	5030	41.5	73.6	92.5	94.9
定量	57	27	7860	39	5710	47.4	68.4	137.9	100.2

条件

	買い目	単勝度数	単勝配当	複勝度数	複勝配当	単勝率	複勝率	単勝回収率	複勝回収率
新馬	0	0	0	0	0	-	-	-	-
未勝利	35	15	3520	25	3250	42.9	71.4	100.6	92.9
1勝クラス	36	13	3040	25	3300	36.1	69.4	84.4	91.7
2勝クラス	30	16	4700	22	3230	53.3	73.3	156.7	107.7
3勝クラス	9	5	1500	6	960	55.6	66.7	166.7	106.7
オープン	2	1	220	1	120	50.0	50.0	110.0	60.0

グレード

	買い目	単勝度数	単勝配当	複勝度数	複勝配当	単勝率	複勝率	単勝回収率	複勝回収率
条件戦	82	36	9080	59	7980	43.9	72.0	110.7	97.3
特別戦	0	0	0	0	0	-	-	-	-
リステッド	30	14	3900	20	2880	46.7	66.7	130.0	96.0
G無し重賞	0	0	0	0	0	-	-	-	-
GIII	0	0	0	0	0	-	-	-	-
GII	0	0	0	0	0	-	-	-	-
GI	0	0	0	0	0	-	-	-	-

馬場状況

	買い目	単勝度数	単勝配当	複勝度数	複勝配当	単勝率	複勝率	単勝回収率	複勝回収率
良	92	40	10480	63	8590	43.5	68.5	113.9	93.4
稍重	12	5	1190	10	1400	41.7	83.3	99.2	116.7
重	7	4	970	5	700	57.1	71.4	138.6	100.0
不良	1	1	340	1	170	100.0	100.0	340.0	170.0

馬齢

	買い目	単勝度数	単勝配当	複勝度数	複勝配当	単勝率	複勝率	単勝回収率	複勝回収率
2 歳	17	7	1460	11	1450	41.2	64.7	85.9	85.3
3 歳	50	20	4750	37	4830	40.0	74.0	95.0	96.6
4 歳	28	12	3690	19	2880	42.9	67.9	131.8	102.9
5 歳	16	11	3080	12	1700	68.8	75.0	192.5	106.3
6 歳	1	0	0	0	0	0.0	0.0	0.0	0.0
7 歳〜	0	0	0	0	0	-	-	-	-

性別

	買い目	単勝度数	単勝配当	複勝度数	複勝配当	単勝率	複勝率	単勝回収率	複勝回収率
牡馬	56	28	7020	40	5430	50.0	71.4	125.4	97.0
牝馬	53	21	5680	37	5200	39.6	69.8	107.2	98.1
騸馬	3	1	280	2	230	33.3	66.7	93.3	76.7

枠番

	買い目	単勝度数	単勝配当	複勝度数	複勝配当	単勝率	複勝率	単勝回収率	複勝回収率
1 枠	21	10	2340	16	2200	47.6	76.2	111.4	104.8
2 枠	13	4	1090	9	1110	30.8	69.2	83.8	85.4
3 枠	27	12	2950	19	2670	44.4	70.4	109.3	98.9
4 枠	17	10	2770	12	1690	58.8	70.6	162.9	99.4
5 枠	14	5	1370	11	1500	35.7	78.6	97.9	107.1
6 枠	20	9	2460	12	1690	45.0	60.0	123.0	84.5
7 枠	0	0	0	0	0	-	-	-	-
8 枠	0	0	0	0	0	-	-	-	-

オッズ

	買い目	単勝度数	単勝配当	複勝度数	複勝配当	単勝率	複勝率	単勝回収率	複勝回収率
1 倍台	17	11	1790	14	1610	64.7	82.4	105.3	94.7
2 倍台	46	22	5390	35	4520	47.8	76.1	117.2	98.3
3 倍台	38	14	4430	26	4000	36.8	68.4	116.6	105.3
4 倍台	10	2	850	3	530	20.0	30.0	85.0	53.0
5 倍台	1	1	520	1	200	100.0	100.0	520.0	200.0

脚質

	買い目	単勝度数	単勝配当	複勝度数	複勝配当	単勝率	複勝率	単勝回収率	複勝回収率
逃げ	0	0	0	0	0	-	-	-	-
先行	0	0	0	0	0	-	-	-	-
差し	112	50	12980	79	10860	44.6	70.5	115.9	97.0
追込	0	0	0	0	0	-	-	-	-

馬体重

	買い目	単勝度数	単勝配当	複勝度数	複勝配当	単勝率	複勝率	単勝回収率	複勝回収率
430kg 未満	10	4	1040	7	940	40.0	70.0	104.0	94.0
430kg 台	9	4	900	6	760	44.4	66.7	100.0	84.4
440kg 台	0	0	0	0	0	-	-	-	-
450kg 台	10	6	1890	9	1270	60.0	90.0	189.0	127.0
460kg 台	27	9	2310	16	2340	33.3	59.3	85.6	86.7
470kg 台	19	10	2560	13	1700	52.6	68.4	134.7	89.5
480kg 台	13	4	1140	8	1170	30.8	61.5	87.7	90.0
490kg 台	14	6	1410	12	1550	42.9	85.7	100.7	110.7
500kg 台	5	5	1250	5	690	100.0	100.0	250.0	138.0
510kg 台	4	1	160	2	280	25.0	50.0	40.0	70.0
520kg 以上	1	1	320	1	160	100.0	100.0	320.0	160.0

馬体重差

	買い目	単勝度数	単勝配当	複勝度数	複勝配当	単勝率	複勝率	単勝回収率	複勝回収率
−24kg 超	0	0	0	0	0	-	-	-	-
−24kg 以内	0	0	0	0	0	-	-	-	-
−16kg 以内	3	3	800	3	390	100.0	100.0	266.7	130.0
−8kg 以内	40	17	4570	27	3690	42.5	67.5	114.3	92.3
0	23	8	2360	15	2210	34.8	65.2	102.6	96.1
+8kg 以内	46	22	5250	34	4570	47.8	73.9	114.1	99.3
+16kg 以内	0	0	0	0	0	-	-	-	-
+24kg 以内	0	0	0	0	0	-	-	-	-
+24kg 超	0	0	0	0	0	-	-	-	-

レース間隔

	買い目	単勝度数	単勝配当	複勝度数	複勝配当	単勝率	複勝率	単勝回収率	複勝回収率
連投	0	0	0	0	0	-	-	-	-
中 1 週	22	12	2900	15	1970	54.5	68.2	131.8	89.5

	買い目	単勝度数	単勝配当	複勝度数	複勝配当	単勝率	複勝率	単勝回収率	複勝回収率
中2週	25	9	2320	18	2470	36.0	72.0	92.8	98.8
中3週	26	15	4520	20	2860	57.7	76.9	173.8	110.0
中4週	3	0	0	2	280	0.0	66.7	0.0	93.3
中5〜8週	21	7	1560	14	1880	33.3	66.7	74.3	89.5
中9〜12週	10	5	1210	7	990	50.0	70.0	121.0	99.0
中13〜16週	4	1	190	2	300	25.0	50.0	47.5	75.0
中17〜20週	0	0	0	0	0	-	-	-	-
中21週〜	0	0	0	0	0	-	-	-	-

前走競馬場

	買い目	単勝度数	単勝配当	複勝度数	複勝配当	単勝率	複勝率	単勝回収率	複勝回収率
札幌競馬場	2	1	310	1	190	50.0	50.0	155.0	95.0
函館競馬場	0	0	0	0	0	-	-	-	-
福島競馬場	0	0	0	0	0	-	-	-	-
新潟競馬場	9	2	390	7	970	22.2	77.8	43.3	107.8
東京競馬場	59	30	7870	41	5530	50.8	69.5	133.4	93.7
中山競馬場	20	9	1970	15	1990	45.0	75.0	98.5	99.5
中京競馬場	8	1	310	5	680	12.5	62.5	38.8	85.0
京都競馬場	6	1	300	3	440	16.7	50.0	50.0	73.3
阪神競馬場	8	6	1830	7	1060	75.0	87.5	228.8	132.5
小倉競馬場	0	0	0	0	0	-	-	-	-

前走芝・ダート

	買い目	単勝度数	単勝配当	複勝度数	複勝配当	単勝率	複勝率	単勝回収率	複勝回収率
芝	112	50	12980	79	10860	44.6	70.5	115.9	97.0
ダート	0	0	0	0	0	-	-	-	-

前走距離差

	買い目	単勝度数	単勝配当	複勝度数	複勝配当	単勝率	複勝率	単勝回収率	複勝回収率
−800m 超	0	0	0	0	0	-	-	-	-
−800m 以内	0	0	0	0	0	-	-	-	-
−600m 以内	0	0	0	0	0	-	-	-	-
−400m 以内	2	0	0	1	110	0.0	50.0	0.0	55.0
−200m 以内	44	21	5470	32	4540	47.7	72.7	124.3	103.2
0	66	29	7510	46	6210	43.9	69.7	113.8	94.1

	買い目	単勝度数	単勝配当	複勝度数	複勝配当	単勝率	複勝率	単勝回収率	複勝回収率
+200m 以内	0	0	0	0	0	-	-	-	-
+400m 以内	0	0	0	0	0	-	-	-	-
+600m 以内	0	0	0	0	0	-	-	-	-
+800m 以内	0	0	0	0	0	-	-	-	-
+800m 超	0	0	0	0	0	-	-	-	-

前走オッズ

	買い目	単勝度数	単勝配当	複勝度数	複勝配当	単勝率	複勝率	単勝回収率	複勝回収率
1 倍台	8	3	830	5	710	37.5	62.5	103.8	88.8
2 倍台	19	11	2660	14	1850	57.9	73.7	140.0	97.4
3 倍台	18	8	2170	12	1610	44.4	66.7	120.6	89.4
4 倍台	15	2	470	9	1220	13.3	60.0	31.3	81.3
5 倍台	11	6	1540	7	970	54.5	63.6	140.0	88.2
6 倍台	8	5	1310	6	840	62.5	75.0	163.8	105.0
7 倍台	4	1	310	3	530	25.0	75.0	77.5	132.5
8 倍台	4	2	470	3	380	50.0	75.0	117.5	95.0
9 倍台	5	3	820	5	670	60.0	100.0	164.0	134.0
10 倍台	0	0	0	0	0	-	-	-	-
11 倍台	1	1	200	1	110	100.0	100.0	200.0	110.0
10 倍台	1	0	0	0	0	0.0	0.0	0.0	0.0
13 倍台	4	2	500	3	390	50.0	75.0	125.0	97.5
10 倍台	0	0	0	0	0	-	-	-	-
15 倍以上	14	6	1700	11	1580	42.9	78.6	121.4	112.9

前走順位

	買い目	単勝度数	単勝配当	複勝度数	複勝配当	単勝率	複勝率	単勝回収率	複勝回収率
1 位	20	6	1880	14	2160	30.0	70.0	94.0	108.0
2 位	47	21	4780	35	4510	44.7	74.5	101.7	96.0
3 位	21	11	2810	13	1740	52.4	61.9	133.8	82.9
4 位	9	6	1670	8	1160	66.7	88.9	185.6	128.9
5 位	8	2	580	4	500	25.0	50.0	72.5	62.5
6 位	3	2	700	3	490	66.7	100.0	233.3	163.3
7 位	3	2	560	2	300	66.7	66.7	186.7	100.0
8 位	0	0	0	0	0	-	-	-	-
9 位	0	0	0	0	0	-	-	-	-
10 位以降	1	0	0	0	0	0.0	0.0	0.0	0.0

前走上がり順位

	買い目	単勝度数	単勝配当	複勝度数	複勝配当	単勝率	複勝率	単勝回収率	複勝回収率
1位	29	11	3140	21	2940	37.9	72.4	108.3	101.4
2位	20	11	2630	16	2140	55.0	80.0	131.5	107.0
3位	15	8	2230	10	1430	53.3	66.7	148.7	95.3
4位	13	2	470	7	1010	15.4	53.8	36.2	77.7
5位	9	7	1500	8	1020	77.8	88.9	166.7	113.3
6位	6	4	1110	4	560	66.7	66.7	185.0	93.3
7位	6	3	750	4	540	50.0	66.7	125.0	90.0
8位	7	1	360	5	650	14.3	71.4	51.4	92.9
9位	1	1	260	1	150	100.0	100.0	260.0	150.0
10位以降	6	2	530	3	420	33.3	50.0	88.3	70.0

6.3.2 「脚質：差し」単勝馬券投票条件の検討

前項の結果を踏まえて、実際に単勝馬券を投票するか否かを決定する単勝馬券投票条件を考えます。条件は該当レース数がもともと少ないことを考慮して 6.2.1 項の第 3 条件（単勝数 2 以上）を削除した以下の 2 つとします。

（1）単勝回収率が 120%、かつ複勝回収率 90% 以上
（2）単勝回収率と複勝回収率がともに 100% 以上

「脚質：差し」単勝馬券投票条件を 6.2.1 項からの差分で表したリストを以下に示します。新しく追加された条件と、取消となった条件を打ち消し線で表しています。「脚質：差し」に限定することで「馬齢 4 歳」「1 枠」「前走距離差：−200m 以内」などが追加となりました。「前走京都競馬場」が条件から外れて「前走東京競馬場」が加わったのも興味深いです。また、前走上がり順位も 6.2.1 項で示した「2 位」も含めて「3 位以内」であればかなり期待できそうです。よく見ると、前走上がり順位が「4 位」以外で「7 位以内」のときの回収率が高いですが、本来この「4 位」だけを外す根拠が特にありません。そのためデータ数が少なすぎるために起こる過剰適合の可能性が高いと思われますが、本書では単勝馬券投票条件を構築する際にできるだけ恣意性を下げるために敢えて考慮しません。

東京競馬場芝 1400m、1 番人気：「脚質：差し」単勝馬券投票条件リスト（6.2.1 項からの差分）

投票条件	買い目	単勝度数	単勝配当	複勝度数	複勝配当	単勝率	複勝率	単勝回収率	複勝回収率
グレード：リステッド	30	14	3900	20	2880	46.7	66.7	130.0	96.0
馬齢：4 歳	28	12	3690	19	2880	42.9	67.9	131.8	102.9
馬齢：6 歳	1	0	0	0	0	0.0	0.0	0.0	0.0
性別：騙馬	3	1	280	2	230	33.3	66.7	93.3	76.7
枠番：1 枠	21	10	2340	16	2200	47.6	76.2	111.4	104.8
馬体重：490kg 台	14	6	1410	12	1550	42.9	85.7	100.7	110.7
馬体重差：－16kg 以内	3	3	800	3	390	100.0	100.0	266.7	130.0
競馬場：東京競馬場	59	30	7870	41	5530	50.8	69.5	133.4	93.7
競馬場：京都競馬場	6	1	300	3	440	16.7	50.0	50.0	73.3
前走距離差：－200m 以内	44	21	5470	32	4540	47.7	72.7	124.3	103.2
前走オッズ：1 倍台	8	3	830	5	710	37.5	62.5	103.8	88.8
前走オッズ：2 倍台	19	11	2660	14	1850	57.9	73.7	140.0	97.4
前走オッズ：6 倍台	8	5	1310	6	840	62.5	75.0	163.8	105.0
前走オッズ：8 倍台	4	2	470	3	380	50.0	75.0	117.5	95.0
前走順位：7 位	3	2	560	2	300	66.7	66.7	186.7	100.0
前走順位：8 位	0	0	0	0	0	-	-	-	-
前走順位：9 位	0	0	0	0	0	-	-	-	-
前走上がり順位：1 位	29	11	3140	21	2940	37.9	72.4	108.3	101.4
前走上がり順位：3 位	15	8	2230	10	1430	53.3	66.7	148.7	95.3
前走上がり順位：6 位	6	4	1110	4	560	66.7	66.7	185.0	93.3
前走上がり順位：7 位	6	3	750	4	540	50.0	66.7	125.0	90.0

6.3.3 「脚質：差し」単勝馬券投票条件を課した場合の成績

　「脚質：差し」単勝馬券投票条件を満たした場合の回収率を年度ごとの結果を示します。該当レースはおよそ半分（217 → 111）となりましたが、傾斜投票回収率は向上（133.4% → 140.8%）しました。大変興味深いのは、傾斜投票数を見ると該当レース数は半分程度に減っているのにも関わらず 836 から 623 までしか減っていない点です（約 25% 減）。これは結果的に、もとの単勝馬券投票条件の多くが「脚質：差し」と関連あるものとなっていたと言えます。この意味では、敢えて「脚質：差し」に改めて絞る必要はないとも言えますが、さらなる回収率向上につながる可能性があり、新たなアルゴリズム構築に役立つと言えます。

東京競馬場芝 1400m、1 番人気：「脚質：差し」単勝馬券投票条件を課した場合の年度別成績

年度	該当数	的中数	的中率	回収率	傾斜投票結果			
					投票数	的中票数	投票効率	回収率
2010	10	3	30.0	67.0	53	15	28.3	61.7
2011	9	4	44.4	102.2	42	19	45.2	114.0
2012	8	3	37.5	113.8	49	24	49.0	148.2
2013	13	4	30.8	74.6	61	24	39.3	94.8
2014	12	4	33.3	91.7	67	28	41.8	128.4
2015	14	6	42.9	109.3	83	33	39.8	110.6
2016	12	6	50.0	120.0	57	31	54.4	138.2
2017	7	5	71.4	168.6	48	35	72.9	176.0
2018	15	9	60.0	180.0	99	72	72.7	235.6
2019	11	6	54.5	141.8	64	34	53.1	143.4
合計	111	50	45.0	116.9	623	315	50.6	140.8

6.3.4 2020 年度の集計結果

　最後に「脚質：差し」単勝馬券投票条件を課した場合の 2020 年度該当レース全成績を示します。2020 年度の該当は 10 レース、的中率は 60.0%、傾斜投票時の回収率は 189.8% という結果を得ることができました。この結果は 10 年間の平均と比較してかなり高く、近年と比較しても高い結果ではあり、2021 年はどうなるでしょうか。また、条件合致数が少ない（3 個以下）場合に該当数 1 に対して的中率が 0%、条件合致数が多い（7 個以上）場合には該当数 5 に対して的中率が 80% という結果となりました。「脚質：差し」に限った場合でも条件合致数に合わせた新しいアルゴリズムも検討できるかもしれません。

東京競馬場芝 1400m、1 番人気：「脚質：差し」単勝馬券投票条件を課した場合の 2020 年度該当レース全成績

No	年月日	レース番号	馬名	オッズ	順位	投票数	払戻額
1	2020/02/22	12R	エスタジ	2.8	3	8	0
2	2020/04/26	05R	イヴ	1.8	1	4	720
3	2020/05/09	08R	カルリーノ	2.4	1	8	1920
4	2020/05/17	04R	クァンタムリープ	2.4	2	3	0
5	2020/05/17	07R	トロシュナ	3.7	1	7	2590
6	2020/05/23	04R	ユールファーナ	2.4	4	4	0
7	2020/05/23	10R	リリーバレロ	2.1	1	7	1470
8	2020/11/08	12R	レッドクレオス	2.2	2	6	0

No	年月日	レース番号	馬名	オッズ	順位	投票数	払戻額
9	2020/11/15	02R	ジネストラ	3.1	1	6	1860
10	2020/11/28	12R	セルフィー	3.4	1	10	3400
						63	11960

東京競馬場芝 1400m、１番人気：「脚質：差し」単勝馬券投票条件を課した場合の 2020 年度成績

年	該当数	的中数	的中率	回収率	投票数	的中票数	投票効率	回収率
2020	10	6	60.0	165.0	63	42	66.7	189.8

索 引

B

bool 型 57
break 文 60

C

complex 型 57
continue 文 60

D

dict 型 57

E

EveryDB2 4

F

float 型 57
for 文 58

G

getCodeValue 関数 68

I

if 文 59
int 型 57

J

JRA 公式データ iii
JRA-VAN データラボ 2
JV-Data 仕様書 16
JV-LINK 7

L

list 型 57

P

PupSQLite 15

S

SELECT 文 75
set 型 57
setData 関数 193
SQLite 74
SQLite ファイル 15
str 型 57

T

tuple 型 57

V

Visual Studio Code 54

あ

上がり順位 121
馬記号コード 44
馬毎レース情報 22
演算子 57, 59

か

会員登録 2
改行コード 61
カラム 15
関数の定義 60

騎手成績 103
騎手マスタ情報 34
脚質 177
競走記号コード 38
競走グレード 162
競走種別 158
競走種別コード 38
競走条件 161
競走条件コード 39
競走馬成績 95
競走馬マスタ情報 30
繰り返し文 58
グレードコード 37
競馬場コード 36
競馬場データ 45
毛色コード 43
今週データ 13

さ

辞書型 57
絞り込み条件 252
集計データの構造 190
集合型 57
重量種別 160
重量種別コード 40
条件分岐文 59
小数型 57
真偽値型 57
整数型 57
性別 169
性別コード 43
セットアップデータ 9
前走上がり順位 186
前走オッズ 183
前走距離差 181
前走競馬場 179
前走芝・ダート 182
前走順位 185

た

タプル型 57
単勝馬券投票条件 262
通常データ 13
データの準備 65
データベース構築 4
データベース仕様書 16
テーブル一覧 17
天候コード 42
東西所属コード 44
独自ライブラリ 111
トラックコード 40

な

並び替え 64

は

配列 57
馬体重 172
馬体重増減 174
馬場状態 165
馬場状態コード 42
払戻情報 26
馬齢 168
日付の扱い 63
牝馬限定 166
ファイルオブジェクト 60
ファイル書き込み 62
ファイル読み込み 60
フォルダ生成 62
複素数型 57
プログラムの実行 55
変数の型 57

ま

文字列型 57

ら

リスト型 57

利用キー 7

レース間隔 175

レース結果詳細情報 86

レース詳細情報 18

レコード 12

連想配列 57

わ

枠番 170

■ 著者プロフィール

遠藤 理平（えんどう・りへい）

東北大学大学院理学研究科物理学専攻博士課程修了、博士（理学）。
有限会社 FIELD AND NETWORK 代表取締役、特定非営利活動法人 natural science 代表理事。利酒
道二段。宮城の日本酒を片手に競馬データ解析による馬券購入シミュレーションが趣味。

JRA 公式データを用いたデータ分析マニュアル

2021 年 4 月 20 日　　初版第 1 刷発行

著　者	遠藤 理平
発行人	石塚 勝敏
発　行	株式会社 カットシステム
	〒 169-0073 東京都新宿区百人町 4-9-7　新宿ユーエストビル 8F
	TEL（03）5348-3850　　FAX（03）5348-3851
	URL　https://www.cutt.co.jp/
	振替　00130-6-17174
印　刷	シナノ書籍印刷 株式会社

Cover design Y.Yamaguchi　　© 2021 遠藤理平
Printed in Japan　ISBN978-4-87783-505-7